Christian und Christine Schneider

Himmel und Straßenstaub

*Unser Leben als Familie
in den Slums von Manila*

BRUNNEN
Verlag Giessen · Basel

2. Auflage 2011

© 2011 Brunnen Verlag Gießen
www.brunnen-verlag.de
Lektorat: Willi Näf und Eva-Maria Busch
Umschlagfoto: privat
Umschlaggestaltung: Daniel Böhm
Satz: DTP Brunnen
Druck: CPI – Ebner und Spiegel, Ulm
ISBN 978-3-7655-1798-3

Für Rose Pecio-Salve,
die mit ihrer Familie freiwillig im Slum lebt
und für all unsere engagierten Freunde
in den Philippinen steht.

Und für Ernst „Aschi" Bucher-Läng,
der mit seiner Familie
in einem abgelegenen Tal der Alpen lebt
und für all unsere Freunde steht,
denen die Armen dieser Welt nicht gleichgültig sind.

Stimmen zum Buch

Die Geschichte von Christine und Christian Schneider ist aufregend und aufrüttelnd. Sie ist ein wuchtiger Appell, die Höllen auf diesem Planeten nicht zu ignorieren. Sie erinnert daran, dass der christliche Glaube kein Fahrstuhl in den Himmel ist. Sondern der Motor, etwas zu bewegen. Hier und jetzt. Für Gott und Menschen. *Shane Claiborne, Autor*

Ich kann sie beim Lesen riechen – die üblen Gerüche der Slums von Manila. Nichts wird ausgelassen oder beschönigt. Über allem aber leuchtet Hoffnung auf. Sie gibt uns den Mut, nie aufzugeben. Weder uns selbst noch einen anderen.
Ruedi Josuran, Coach und Moderator

Schneiders schildern große Verbrecher und kleine Halunken, Mörder, Stricher und Junkies als ihre – jawohl! – liebenswürdigen Nachbarn. Im Wortsinn: Der Liebe Gottes würdig.
Andreas Malessa, Autor, Hörfunk- und Fernsehjournalist

Christine und Christian Schneider haben zehn Jahre lang in den Slums von Manila gelebt. Jeden Tag haben sie mit den Ärmsten die Armut geteilt, um ihnen die Würde zurückzugeben – und neue Hoffnung. *Lise Favre,*
ehem. Schweizer Botschafterin auf den Philippinen

Ich finde das Buch hervorragend. Spannend. Sehr gut lesbar. Anrührend. Überhaupt nicht frömmelnd. Wegweisend für Christen im 21. Jahrhundert.
Dominik Klenk, Journalist und Prior der
ökumenischen Kommunität Offensive junger Christen

Inhalt

7

8

9

Zu diesem Buch

Es war ein heißer Tag im Sommer 1988, als ich mit wenig Ahnung und klopfendem Herzen in das philippinische Bagong Silang einzog. Jenes Slum-Umsiedlungsgebiet von Manila wurde zu meinem ersten Zuhause auf meiner Reise mit den Armen. Vier Jahre lang wohnte ich als Single in den Slums, neun Jahre zusammen mit meiner Familie. Hautnah begegnete ich dort Elend und Not, Schönheit und Lebensfreude. Vor allem jedoch traf ich Menschen, deren Gastfreundschaft, Überlebenswille und Glaube mich verändert haben. Von diesen Begegnungen erzähle ich.

Vor gut sieben Jahren sind wir als Familie in die Schweiz zurückgekehrt. Wir leben wieder in der Wohlstandsgesellschaft mit ihrem Zwang zu Konsum und Produktivität. Und mit dem fürchterlichen Stress, den man hat, wenn man bequem, luxuriös und abgesichert leben will.

Das Buch ist mein Versuch, wertvolle Erinnerungen festzuhalten, bevor sie endgültig in der Geschäftigkeit unseres westlichen Alltags verblassen. Beim Stöbern in Briefen und Tagebucheinträgen fiel mir auf, dass vieles davon nur Momentaufnahmen sind: Wie die Geschichten jener Menschen weitergingen, weiß ich oft nicht.

Auch wenn wir als Familie wieder in der Schweiz leben – ein Teil von uns ist in den Slums geblieben. Die Perspektive der „urban poor" werden wir wohl nie mehr verlieren, und das ist gut so. Regelmäßige Besuche in Manila lindern mein „Heimweh". Dann treffe ich die Menschen aus jener Zeit und Erinnerungen werden wach. Viele solche Wiedersehen sind ermutigend, andere stimmen mich traurig. In den meisten Fällen habe ich den richtigen Namen verwendet, nur in einigen Ausnahmefällen habe ich ihn zum Schutz der Betroffenen geändert.

Christian Schneider

9. Juni 1988. Schier endlos reihen sich die merkwürdigsten Behausungen auf dem leicht hügeligen, von der Tropensonne ausgemergelten Land aneinander. Über Tausenden von Wellblechdächern flimmert heiße Sommerluft. Die besseren Behausungen bestehen aus rohen Zementbacksteinen oder dünnen Sperrholzplatten. Sie werden umso behelfsmäßiger, je weiter wir uns von der Hauptstraße entfernen.

Rob Ewing, ein schlanker, blonder Australier, aus dessen hellblauen Augen der entschlossene Blick eines Siedlers leuchtet, führt mich immer tiefer in die Armensiedlung hinein. Wir ziehen vorbei an abgewrackten Hütten. Einige zeigen sich uns wie bunte Collagen aus alten Reissäcken, Plastikplanen und Pappkartons. Wie ein Flüchtlingslager in Kriegsgebieten, denke ich, und ein beklemmendes Gefühl packt mich. Als Weißer bin ich für die Menschen hier zuerst einmal reich. Ein Fremdkörper. Und trotzdem bin ich nun mit meinem Begleiter unterwegs zur Unterkunft einer Familie, in der ich für die nächsten Monate leben soll.

Bagong Silang liegt gut eine Autostunde außerhalb des Stadtzentrums von Manila. 140 000 Menschen leben hier, schätzt Rob, aber kaum einer freiwillig; die Menschen wurden hierher deportiert, weil die illegalen Stadt-Slums, in denen sie vorher hausten, neuen Quartieren weichen müssen.

„Bagong Silang bedeutet neues Leben", erklärt mir Rob. „Aber viele werden hier krank, und täglich sterben Menschen durch verschmutztes Wasser oder an Hunger." Rob Ewing lebt mit seiner Frau Lorraine und ihrer kleinen Tochter bereits seit drei Jahren in diesem Gebiet. Um die australische Familie im Dienste der SERVANTS hat sich eine kleine Gemeinde von 60 bis 80 Gläubigen gebildet, die „Living Spring Christian Fellowship" (wörtlich: die „Gemeinschaft der Christen zur lebendigen Quelle"). Entstanden sind zudem ein kleiner Kindergarten und eine Suppen- und Reisküche, wo ausgemergelte Mütter einmal am Tag ihre unterernährten Kinder hinbringen. Diese kleine Hilfe erscheint mir in Anbetracht des Massenelends wie ein schlechter Witz.

Auch den Menschen von Bagong Silang hat man Starthilfe versprochen. Ein paar Quadratmeter karges Land und eine Toilettenschüssel aus Keramik sind dann aber auch schon alles, was die Regierungsbevollmächtigten den Vertriebenen ins neue Leben mitgeben.

Gleichmäßig verteilt ragen fünf Meter hohe Wassertürme über das ausgedörrte Land. Die Tanks sind leer und rosten vor sich hin. Um nicht zu verdursten, versorgen sich die Bewohner aus selbst geschaufelten Löchern. Das Wasser darin ist verschmutzt durch unzählige Kotgruben, wo die Menschen in nächster Umgebung sich ihrer Notdurft entledigen.

Bei den Armen geht man langsam. Und man geht im Spreizschritt – die Pfade zwischen den Häusern sind schmal, und in der Mitte verläuft ein Regenwasserkanal, dessen Abdeckplatten von den unfreiwilligen Siedlern gern als Baumaterial zweckentfremdet werden.

Wir erreichen das Haus von Nanay (Mutter) und Tatay (Vater) Rinion. Sofort entsteht ein kleiner Menschenauflauf. Ein paar kleine Kinder nehmen ohne zu fragen meine Hände und drücken sie. Neugierig und liebevoll zwicken sie mit kleinen, schmutzigen Fingerchen in meine Arme. Eine wuchtige Frau, gut über fünfzig, baut sich vor mir auf. Kreischend und rudernd scheucht sie die Kinder weg. Dann schaut sie mir in die Augen. Ich fasse ihre Hand, neige meinen Kopf und führe ihren Handrücken an meine Stirn. So bitte ich um ihren Segen; eine schöne alte Geste, die hierzulande Nähe und Respekt zu älteren Menschen ausdrückt.

„Das ist also Chris aus der Schweiz", sagt sie in gebrochenem Englisch. „Keine Sorge, Rob, wir werden gut auf ihn aufpassen." Ich zweifle keine Sekunde daran. „Chris, du bist jetzt mein Sohn ... und dass du es gleich weißt, ich bin deine Mutter." Sie lacht mit rauer Stimme und wirft diskret ihren abgebrannten Zigarettenstummel weg. „Mutter" bedeutet in diesem Fall wohl so viel wie Boss.

Bevor ich irgendetwas sagen kann, zieht sie mich in den kühlen Schatten ihrer „Sala", der Wohnstube. Mit schätzungsweise fünfundzwanzig Quadratmetern entspricht der Raum dem quadratischen Grundriss des Hauses. Er ist Schlafzimmer, Esszimmer, Küche, alles in einem. Der Boden besteht aus gestampfter Erde, die Wände aus unverputztem Zementbackstein. Über der viel zu niedrigen Holzlattendecke liegt ein Obergemach aus dünnem Sperrholz, gedeckt mit Wellblech. Offene Aussparungen mit vorgehängten Reissäcken dienen als eine Art Fenster. Dies wird also einige Monate lang mein Zuhause sein.

Mir fällt auf, dass es in der Hütte weder Hausaltar mit Kerzen und Essensopfern noch Heiligenfiguren gibt. Das deutet darauf hin, dass sich die Eltern vom traditionellen, synkretistisch geprägten Katholizismus abgewandt haben. Mutter Nanay Rinion stellt herrlich kaltes Wasser auf den wackligen Holztisch – die Familie besitzt einen Kühlschrank. Und einen alten Fernseher. Diese beiden Kostbarkeiten stammen aus dem Ersparten von Noel, dem ältesten Sohn der sechs Rinion-Kinder. Sechs lange Jahre arbeitete Noel auf Baustellen in der Wüste von Saudi Arabien. Von seinem Ersparten ist nichts mehr übrig geblieben, abgesehen von dem Fernseher und eben diesem Kühlschrank, der nun ununterbrochen Eis produziert, außer wenn der Strom ausfällt. Das kommt sehr oft vor, manchmal tage- oder wochenlang. „Blackouts" nennen sie diese Überraschungen. Doch wenn es Strom gibt, verpackt Tatay Rinion das Eis in Plastik und verkauft es für ein paar Centavos pro Stück an die Nachbarn. Ein willkommener Nebenerwerb, wie es scheint.

Noel spricht das beste Englisch in der Familie und soll mein

Sprachhelfer werden. Zusammen mit seiner Frau Josslin und ihrem sechs Monate alten Baby wohnen und schlafen sie auf dem einzigen mit Vorhang geschützten bettartigen Holzgestell in der Sala. Pura, die noch ledige, erwachsene Tochter, und die zwei Teenagersöhne Beda und Jon-Jon rollen zum Schlafen ihre „Banig"-Bastmatte aus, wo immer sie Platz finden. Die anderen beiden Kinder sind bereits ausgezogen und haben eigene Familien, dafür leben jetzt an ihrer Stelle zwei Hunde und fünf Tauben unter demselben Dach. Letztere sind das Hobby von Jon-Jon, dem Jüngsten. An der Außenwand des Hauses steht ein altes Sofa, geschützt von einem Vordach aus Plastikplanen. Hier schlafen die Eltern.

Nanay Rinion unterhält sich eifrig mit Rob. Die Sprache der Filipinos gefällt mir. Aber wie ich selber eines Tages diese fremden und komplizierten Laute beherrschen soll, kann ich mir herzlich wenig vorstellen. Dabei soll genau dies das Hauptziel meines ersten Jahres sein: im Zusammenleben mit diesen Menschen ihre Sprache und Lebensweise zu erlernen.

Vermutlich verhandeln Rob und Nanay über die Ausgaben der Rinion-Familie. Meinetwegen. Ihre aktuelle Wohnsituation soll so weit verbessert werden, dass sie für mich erträglich wird. Rob hat ihnen Geld gegeben, damit sie das WC mit einer verschließbaren Tür versehen können. Das WC ist ein Keramiksiphon, über dem man sein Geschäft in Kauerstellung erledigt. Die unter der Hütte gelegene Sickergrube scheint mit einer Betonplatte dicht gemacht. Ein gefüllter Wassereimer mit leerer Konservendose vervollständigt das Ganze zum Duschraum. Ein Grand Hotel ist es nicht gerade, aber ich werde es wohl schaffen.

Während wir unter dem Blechdach mit etwas Sperrholz einen kleinen Schlafplatz einrichten, der mich vor fremden Blicken schützen soll, trifft Robs Frau Lorraine ein. Sie ist schlank und rothaarig, durch ihre Körpergröße und ihr helles, sommersprossiges Gesicht unterscheidet sie sich erheblich von den Filipinofrauen. „Hast du Interesse, auf ein paar Krankenbesuche mitzukommen?", lacht sie mich einladend an. Sie weiß um meine Ausbildung als Pflegefachmann.

Kurze Zeit später halte ich ein runzliges Häufchen mit großen dunklen Augen in meinen Händen. Es ist das schwer unterernährte Neugeborene eines Teenagers, für das jetzt die junge Großmutter sorgen muss. Die kleine Maribell hat eine Missbildung an Mund und Rachen, die offensichtlich eine ausreichende Nahrungsaufnahme verhindert. Ohne professionelle Hilfe hat das Kind keine Chance.

„Es muss sofort ins Spital", höre ich mich sagen, realisiere aber im gleichen Augenblick, wie dumm der Ratschlag ist. Als ob die Familie das Geld für einen langen Krankenhausaufenthalt hätte! In den staatlichen Spitälern müssen die Angehörigen Pflege und Verpflegung selbst bezahlen, ebenso den Transport und die Medikamente, die hier genauso teuer sind wie im reichen Westen. Lorraine weist mich darauf hin, dass die Großmutter regelmäßig Milchpulver aus dem Ernährungsprogramm der SERVANTS bezieht.

Was können wir also tun? Wir legen unsere Hände und Arme auf die traurigen Menschen mit ihrem schönen Lächeln und beten – gegen die Hoffnungslosigkeit und für die Genesung.

Wir treten ins Freie und strecken unsere Glieder; viele der Hütten sind zu niedrig für uns Europäer. „Magst du nach einem weiteren kranken Mädchen sehen, gleich nebenan?", fragt Lorraine. Vom einen kranken Mädchen zum andern ist es nicht sehr weit in Bagong Silang.

„Die Mutter wird bald wieder zurück sein", erklären uns ein paar Kinder, die uns ihre Köpfe aus einer Maueröffnung des Hauses entgegenstrecken. „Sie ist zu einem teuren Doktor gegangen mit unserer Schwester, sie hat wieder einen ihrer Anfälle gehabt."

„Bald zurück", so viel habe ich jetzt schon begriffen, kann

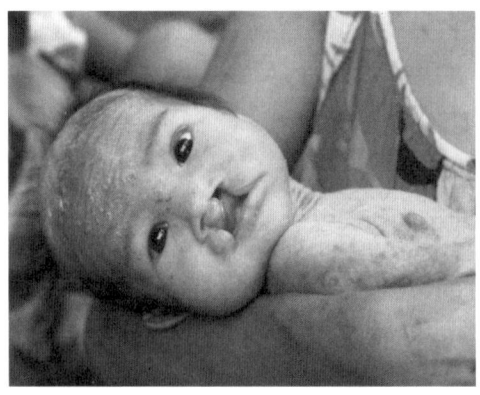

Maribell 1988:
Wird sie
überleben?
Siehe Seite 298

alles heißen. Warten scheint hier zum Leben zu gehören.
Die Menschen besitzen fast nichts außer Zeit, davon aber
im Überfluss. Wir lassen uns auf improvisierten Sitzen aus
Gummireifen und Bambushockern nieder. Wenn nicht die pe-
netranten Angriffe der Moskitos wären, könnte ich die frische
Abendbrise genießen. Es ist bereits später Nachmittag. Nahe
am Äquator bricht die Nacht plötzlich herein, nach einer kurzen, aber farbenprächtigen Dämmerung. Für die meisten ist
dies die angenehmste Zeit am Tag. Jung und Alt kommen aus
ihren Hütten ins Freie und schwatzen und spielen und streiten
und lachen.

Auf einmal nähert sich uns eine kleine Gruppe von Menschen. Allen voran springt uns eine junge Frau entgegen, in
ihrem Gesicht nackte Verzweiflung. Auf ihren Armen trägt sie
ihre Tochter; das sechsjährige Mädchen ist unterwegs an einem epileptischen Anfall erstickt. Kinder in jedem Alter und
auch Erwachsene drängen sich nun um die kleine Leiche. Viele
berühren das noch weiche Körperchen ein letztes Mal. Es wird
laut gebetet und geweint. Wir weinen und beten mit.

Benommen schreiten wir auf dem Rückweg dahin, jeder für
sich in Gedanken versunken. Ich ahne, dass sich an diesem Ort
niemand wirklich um die genaue Todesursache des Mädchens

kümmern wird. Plärrende Verstärker von alten, überdrehten Radios und TV-Anlagen und Stimmengewirr unzähliger Menschen beherrschen die Nachtstimmung im Elendsviertel. Plötzlich sagt Rob trocken: „Willkommen in Bagong Silang." Er weiß, was mich beschäftigt, und gibt Antwort auf nicht gestellte Fragen. „Merkwürdig ist, dass Leiden und Sterben dieser Kleinen manchmal dazu führen, dass Menschen sich in ihrer Verzweiflung an Gott wenden und dort Trost und vielleicht sogar Kraft für eine Neuorientierung finden."

Später am Abend sitze ich unter meinem Moskitonetz und schwitze. Unter meiner Schlafecke herrscht ein Riesenlärm. An die vierzig Kinder und Jugendliche der Nachbarschaft drängen sich um den Fernseher der Rinions. Durch die offene Türe und die beiden Fensterlöcher zwängen sich Köpfe und kommentieren mit Gebrüll das aktuelle Meisterschaftsspiel im Basketball. Für sie war dies ein normaler Tag.

Trotz Müdigkeit und ungewöhnlichem Schlaflager spüre ich eine Gewissheit, dort angekommen zu sein, wohin ein anderer mich geführt hat, ohne dass ich danach gesucht hätte. Wie absurd – und wie wohltuend. Einer alten Gewohnheit folgend, lese ich noch einige Sätze aus der Bibel, bevor ich mich schlafen lege. Sie tun mir gut. Meine Ruhe kommt mir absurd vor. Es ist ja nicht einmal der Tod, der mich beschäftigt; mit sterbenden Erwachsenen war ich als Krankenpfleger und Sterbebegleiter oft konfrontiert. Was mir nachgeht, ist die Sinnlosigkeit *dieses* Todes *dieses* Mädchens, während andere Teile derselben Welt im Überfluss ersaufen. *Das* ist absurd, und nicht die Ruhe in mir.

Ich hoffe, dass ich die Ruhe zu bewahren vermag, solange ich hier bleiben werde. Ich richte mich auf meinem engen Lager halbwegs bequem ein. Zumindest daran wird's nicht liegen. Mit wenig Platz und wenig Intimsphäre auszukommen, das habe ich schon als Kind gelernt …

Kindheit in Basel

Als Junge teilte ich mir mit meinen zwei älteren Brüdern ein kleines Zimmer. Wir wohnten als achtköpfige Familie in einer Vierzimmer-Sozialwohnung am Stadtrand von Basel. Der Spielraum im Freien war dafür fast unbegrenzt. Da gab es die Kiesgrube, wenige Fußminuten entfernt auf französischem Boden, die zu betreten verboten war, daneben weite, unbebaute Felder mit wilden Hecken und verwachsenen Schützengräben aus den Weltkriegen. Für uns war das Gelände ein echter Abenteuerspielplatz. Hier rauchten wir unsere ersten Zigaretten, übten wir uns an Pfeil und Bogen, Steinschleudern und recht gewalttätigen Prügeleien mit andern Kindern, die uns das Revier streitig machen wollten.

Die Schule war dagegen nur eine lästige Nebensache. Wichtiger als der Unterricht erschien es mir, auf dem Pausenhof der Stärkste zu sein. Draußen war das Abenteuer, drinnen war nur Langeweile. In meinen Zeugnissen fanden sich Bemerkungen wie „Betragen unbefriedigend" und „nur probeweise versetzt".

Jeden Mittwoch allerdings besuchte ich eine „Kinderstunde". Wir hörten Geschichten aus der Bibel, stets mit der Botschaft, dass Gott mich lieben würde und seinen Sohn Jesus extra meinetwegen auf die Welt geschickt habe, damit er mein Herz rein mache. Weil ich oft mit Schuldgefühlen zu kämpfen hatte, sprach mich das mächtig an. Eines Tages blieb ich mit der Kinderstundenfrau zurück und folgte ihrer Einladung, mit einem Gebet „Jesus ins Herz hineinzulassen". Ich war sieben Jahre alt, und von jenem Tag an wusste ich tief in mir, dass da ein Gott war, dem ich nicht gleichgültig war und der mich nie verlassen würde.

Auf meine Freizeitvergnügen hatte dieser „Jesus im Herzen" allerdings kaum Einfluss. Dazu gehörten auch Vandalismus und Ladendiebstähle. Erwischt wurde ich nie; ließ sich das Diebesgut nicht sofort spurlos verzehren, warf ich es vorsichtshalber meistens weg. Es machte mir Spaß, abends mit Steinen elektrische Straßenlampen zu zerstören. Einmal wollte ein älterer Junge immer nur mit den andern Jungs spielen, was mich so verletzte, dass ich bei seiner selbst gebauten Spielhütte Feuer legte und mich davonmachte. Als ich von Weitem die Rauchsäule sah und die Feuerwehr hörte, war mir allerdings nicht mehr so wohl …

Zu einer Wende kam es mit meinem Beitritt in den „Cevi" oder die „Jungschar", wie wir den „Christlichen Verein junger Menschen" (CVJM) im Volksmund nannten. Ich war elf Jahre alt, und es gab kaum mehr einen Samstagnachmittag, an dem ich nicht hinging. Die Leiter interessierten sich für mein Leben, sie brachten mir die Stadt und die umliegenden Hügel und Wälder näher, und ihre väterliche Freundschaft empfand ich wie ein unbekanntes neues Lebensglück. Sie erzählten uns Jungs aus der Bibel, und ich begann, neben den Romanen von Karl May und Comics auch in der Bibel zu lesen.

Die sogenannten Kinderfreizeiten wurden zu den Höhepunkten meines Lebens. Ich schloss Freundschaften mit Jungs, die aus „gutem Hause" kamen und ins Gymnasium gingen. Es schien im CVJM keine sozialen Unterschiede zu geben. Ich begann über alles in meinem Leben mehr oder weniger intensiv mit Gott zu sprechen. Dass ich meine Kleptomanie ablegen konnte, empfand ich als große Gebetserhörung. In den Jahren zuvor hatte ich mich oft mit Schuldgefühlen in den Schlaf geweint, weil ich das Stehlen nicht lassen konnte.

Nach der Schule startete ich eine Berufsausbildung zum Bauzeichner. Daneben pflegte ich zwei Leidenschaften: das Klettern und den CVJM.

Gründe zur Flucht in die Berge und in den CVJM hatte ich genügend: Der eine ältere Bruder rutschte vollends in die

Drogenszene ab, der andere unternahm mehrere Selbstmord-versuche. Glücklicherweise hatten wenigstens meine drei jüngeren Geschwister in der Jugendarbeit des CVJM einen Halt im Leben gefunden. Es gab für mich nichts Schöneres, als mitzuerleben, wie andere Menschen den Weg zu jenem Gott fanden, den ich selbst kennengelernt hatte, und wie sie daraus Kraft und Lebensfreude schöpften. Dafür wollte ich leben, und so übernahm ich in der christlichen Jugendarbeit immer größere Verantwortung.

Meine Eltern trennten sich, viel zu spät, wie mir schien, denn immer wieder hatte es heftigen Streit zwischen ihnen gegeben. Mit achtzehn mietete ich mir ein Zimmer, schloss meine Lehre zum Bauzeichner ab und entschied mich für eine zweite Ausbildung zum Pflegefachmann. Finanziell war es ein schwieriges Jahr, doch immer wieder fanden sich in meinem Briefkasten Umschläge mit Geld, hineingelegt von Leuten, denen ich von meiner überaus knappen Kasse nie erzählt hatte und die mir auch nicht besonders nahestanden.

Die dreijährige praktische Ausbildung im Spital machte mir von Anfang an klar, dass Pflegefachmann mein „Traumberuf" war. Auch das gemeinsame Leben in zwei Wohngemeinschaften empfand ich als große Bereicherung. In meiner Freizeit ließ ich mich im Geländesport, Skifahren und Bergsteigen zum Jugendleiter ausbilden.

1980 beauftragten mich meine Freunde beim CVJM, in einem reichen Vorort von Basel, Riehen, eine neue Kinderarbeit zu gründen. Mit einem jüngeren Freund zog ich auf die andere Stadtseite und begann eine eigene Jungschararbeit. Darüber hinaus mieteten wir eine alte Zehn-Zimmer-Villa mit großem Garten, die schon nach kurzer Zeit von einer illustren Schar bewohnt wurde. Mein gebrechlicher Großvater, meine inzwischen geschiedene Mutter, mein alkoholkranker Onkel, zeitweise mein aus der Drogenrehabilitation kommender Bruder Roland, Freundinnen aus dessen Drogenszene, gestrandete

Menschen oder ledige Mitarbeiter der Jungschar wohnten hier mit uns zusammen. Die meiste Arbeit in der WG übernahm wohl meine Mutter, die mir aber immer wieder versicherte, es mache sie glücklich. Sie hatte ihren unerschütterlichen Glauben an Gott, eine unerhörte Großzügigkeit schwachen Menschen gegenüber und eine enorme Lebenskraft, die mich prägte.

Mein Leben – bestehend aus Spital, Jungschar, WG und Bergabenteuern (Letztere erlebte ich meist mit meinem besten Freund Urs Mayer) – nahm eine Wende, als zwei Theologiestudenten in unsere WG zogen. Ralf Dörpfeld und Volker Heitz nahmen mich mit auf die Plätze und Straßen Basels, wo sie mit Theater und Liedern predigten und das Gespräch mit Passanten suchten. Für mich bedeutete es Mutprobe und Abenteuer, mich in meiner Heimatstadt öffentlich zum Christsein zu bekennen; zugleich gab es meinem Glauben neuen Aufschwung. Ich half mit beim Start einer neuen Freikirche, die schnell wuchs und später unter dem Namen „Evangelische Gemeinde Basel (EGB)" bekannt wurde.

Mein vier Jahre jüngerer Bruder Erich, ebenfalls im CVJM aktiv, verliebte sich in dieser Zeit in eine junge Frau, Christine Tanner. Sie erwiderte allerdings seine Gefühle nicht. Die Gründe waren mir schleierhaft, denn er war ein gut aussehender, sportlicher Typ. Erich hatte eine ausgesprochen künstlerische Begabung, weshalb er die Kunstgewerbeschule Basel absolvierte. Ich war ziemlich stolz auf meinen Bruder, Christine empfand ich hingegen als kühle und unnahbare Schönheit.

Nach vier Jahren rieten mir Freunde, meinen Beruf an den Nagel zu hängen und meine Stärken vollzeitlich in einer christlichen Arbeit einzusetzen. Man empfahl mir eine Schulung für „Gemeindebau" in England, mit deren Abschluss ich später an einem bekannten „Mission College" Theologie und kulturübergreifende Kommunikation studieren könnte. Aber das wollte ich nicht. Erstens liebte ich meinen Pflegeberuf, und zweitens wollte ich mein Geld nicht als „Berufs-Christ" verdienen. Darum bewarb ich mich an drei Fachschulen für Krankenpflege als Lehrer – mit berufsbegleitender Lehrerausbildung. Zu meiner Überraschung erhielt ich von allen drei Schulen eine Zusage. Zur gleichen Zeit allerdings wurde in meinem Darm ein Geschwür entdeckt. Ich bagatellisierte, doch meine Ärztin mahnte, die Diagnose sei nicht ungefährlich, und ich solle doch bitte etwas Tempo vom Gaspedal nehmen …

Ich zog Bilanz: Ich war 27 Jahre alt, die Jungschar Riehen, angewachsen von 18 auf 80 Kinder, hatte fähige Mitarbeiter und immer noch die stete Unterstützung älterer Christen vor Ort. Der Mietvertrag unserer WG-Villa würde in einem Jahr auslaufen. Darum ließ ich mich überzeugen und zog 1984 mit dem Segen der Gemeinde, der WG und der Jungschar nach England.

England und Manila

England war eine neue Welt. Im ersten Jahr geriet ich mitten in einen geistlichen Aufbruch einer evangelischen Freikirche, die sich „Ichthus"-Bewegung nannte. Die Leute übten sich in neutestamentlichen Gaben wie Krankenheilungen oder dem Beten in fremden Sprachen. In Schulhallen wurden moderne Gottesdienste mit viel Musik und spannenden, alltagstauglichen Bibelauslegungen veranstaltet. Ich war bei der Gründung kleiner Tochtergemeinden im Südosten Londons dabei. Eifrig zogen wir durch die von Graffiti gezeichneten Wohnsilos mit den dunklen Sozialwohnungen und versuchten, mit den Menschen ins Gespräch zu kommen.

In den nächsten zwei Jahren belegte ich am „All Nations Christian College" ANCC unweit von Cambridge einen Diplomkurs. Weil das akademische Jahr in England aus dreimal zehn Wochen besteht, blieben mir jeweils zwanzig Wochen, um in der Schweiz als Krankenpfleger zu arbeiten und dadurch das Studium zu finanzieren. Außerdem behielt ich so den Kontakt zu meinen Freunden und meiner Familie in Basel.

Im Studium inspirierten mich nebst der Theologie vor allem die Themen über andere Religionen und Kulturen. Die Hälfte der Dozenten kam aus der Dritten Welt. Sie warfen öfter Fragen auf, als welche zu beantworten. Das erweiterte meinen Horizont und mein Denken, auch und gerade in Glaubensfragen.

Zum zweiten Studienjahr gehörte ein Praktikum. Ich war beeindruckt von den Vorlesungen über „Urban Mission" und hörte von einer kleinen verwegenen Gruppe aus Neuseeland, den „SERVANTS", die in den Slums von Manila unter einfachsten Verhältnissen mit den Armen lebten. Ich bekam das Buch „Companion to the Poor" („Mit den Armen leben") von Viv Grigg in die Hände. Darin berichtet er über seine Monate mit den Armen in den Slums und fordert Christen heraus, sich mit ihrem Leben mit den Armen zu solidarisieren.

Zur gleichen Zeit erhielt ich die Einladung zu einem Einsatz mit einem bekannten nordamerikanischen Missionswerk, dessen Missionare in traditioneller Weise unter verwahrlosten Kindern und Jugendlichen arbeiteten. Ich flog nach Manila und stellte mir die Aufgabe, zwei grundverschiedene Missionskonzepte zu vergleichen.

Das nordamerikanische Missionswerk war eine eindrückliche Erfahrung: Von den vierzig ausländischen Mitarbeitern lebten die meisten mit ihrem ganzen amerikanischen Luxus in den streng bewachten reichen Stadtvierteln. Die Arbeit auf den Straßen, in den Gefängnissen und Heimen wurde hingegen von 160 Filipinos geleistet. Mit fünf von ihnen, alles ledige Männer, lebte ich fünf Wochen in einem von Riesenschaben verseuchten fensterlosen Verschlag. Unter einem Wellblechdach und über einer Garage. Wir hatten Strom, Wasser, WC und eine verschlossene Stahltür. Es war also kein Slum, aber doch sehr erbärmlich, laut und stinkig, und wir schliefen auf Holzpritschen.

Die einheimischen Mitarbeiter waren bettelarm, aber gebildet, was man an ihrem Englisch erkannte. Sie nahmen mich mit auf ihre Einsätze in die Gefängnisse, zu den Jugendbanden und Straßenkindern und in das Rotlichtmilieu, wo sie nachts eine Teestube betrieben. Was ich dort erlebte, erschütterte mich zutiefst. Not gab es auch in Basel und London, doch Manila war eine andere Liga. Kinder und ganze Familien lebten buchstäblich im Schmutz der Straße. Zum ersten Mal begegnete ich Menschen, die Hunger und Demütigungen ganz real erleiden mussten, die von der Gesellschaft ignoriert oder als unterbezahlte Arbeitskräfte missbraucht wurden und sich das Recht zum Leben täglich neu erkämpfen mussten. Ich sah Kinderarbeit, Bettler und Prostitution. Vorher schien ich ausgeblendet zu haben, dass es Menschen gab, die konkret und wirklich hungerten. Das passte nicht in meine Theologie. Diese Begegnung mit den Armen kostete mich beinahe meinen Glauben an einen gütigen Gott.

Bald hatte ich das Vertrauen einiger einheimischer Mitarbeiter des Missionswerks. Ich spürte neben ihrem Eifer für die ganz Armen auch Vorbehalte und sogar unterschwellige Bitterkeit über die tiefe wirtschaftliche Kluft zwischen den Missionaren aus den USA und Kanada und ihnen selbst, den Filipinos. Es war grotesk: Weiße Mitarbeiter fuhren bei Arbeitssitzungen in ihren zum Teil brandneuen Geländewagen vor, während die philippinischen Mitarbeiter nicht einmal die gesetzlich vorgeschriebenen Minimallöhne und Sozialleistungen erhielten. Wenige Jahre später wurde das Missionswerk von philippinischen Mitarbeitern beim Arbeitsgericht verklagt, verlor den Prozess und musste seine Arbeit aufgeben.

Das Missionskonzept von SERVANTS sah völlig anders

aus: Am Ende meines Praktikums besuchte ich drei Familien und ein paar Singles aus Neuseeland und Australien, die im Auftrag der SERVANTS inmitten verschiedener Slums von Manila lebten. Ich übernachtete zweimal bei ihnen in ihren Wellblechhütten und nahm an ihren gemeinsamen Zeiten in einem Gästehaus außerhalb der Armenviertel teil. Was ich dort hörte, ließ mich nie mehr los. Die SERVANTS hatten einerseits Spaß zusammen, andererseits wurden aufwühlende Erlebnisse ausgetauscht. Es gab ein echtes Miteinander – mit Raum für brutale Ehrlichkeit und Streit, für Trost und Gebet. Ich wurde vorbehaltlos mit hineingenommen in ihr Ringen darum, einen Weg mit den Armen in den Slums zu gehen.

Die SERVANTS hatten kein großartiges Programm wie das nordamerikanische Missionswerk. Stattdessen lernten sie die Sprache der Einheimischen, es entstanden Freundschaften mit den Nachbarn in den Slums. Es gab bescheidene Selbsthilfeprojekte und Gottesdienste in drei jungen kleinen Gemeinden. Alles war bescheiden und experimentell, es kam ständig zu irgendwelchen Rückschlägen. Aber sie waren im wahrsten Sinne des Wortes „Diener", sie hatten Zeit und ließen sich ihr Engagement mehr kosten als nur Geld. Und sie träumten davon, dass Gott die Dinge verändern würde. Dieses Miteinander erschien mir als eine Art „Jesus-Weg".

Zurück in der Schweiz, fielen meine Berichte dementsprechend aus, und sie taten ihre Wirkung. Ein Jahr später wurde ich von der jungen EGB-Gemeinde und den Freunden aus dem CVJM Basel in einem schönen Gottesdienst verabschiedet. Sie versicherten mir, ich sei ihr „verlängerter Arm" zu den Armen. Ich fühlte mich getragen.

Zuerst flog ich nach Neuseeland zu einem siebenwöchigen Kurs für Slumworker. Anschließend ging es weiter auf die Philippinen …

Und hier bin ich nun, am 9. Juni 1988 – in einem engen Verschlag unter einem Blechdach in einem Slum bei Manila.

Nehmen ist selig

„Gusto kong matuto ng Tagalog, dahil gusto ko maging kaibigan ninyo." Mein Sprachhelfer Noel, der Älteste meiner Gastfamilie Rinion, hat mir den Satz beigebracht: „Ich möchte gerne Tagalog lernen, damit ich euer Freund werden kann."

Mit diesem Sätzchen hausiere ich nun schon seit Wochen von Hütte zu Hütte und sorge für Heiterkeit. Ich habe die fremdartigen Wörter nachgeahmt und eingeübt, aber offensichtlich klinge ich reichlich komisch, meine Zuhörer jedenfalls amüsieren sich köstlich. Aber da muss ich mich durchstrampeln, denn die Sprache ist im Moment das Wichtigste. Bei den SERVANTS gilt als eiserne Regel, im ersten Jahr keine Hilfsaktionen oder Projekte anzureißen, sondern ausschließlich die einheimische Sprache, Tagalog, zu lernen.

Über die Fröhlichkeit und den Humor der Einheimischen bin ich erleichtert. Für sie repräsentiere ich den starken und reichen Weißen, der dem kleinen Braunen „Hilfe" zu bringen hat. Aber nun stehen sie vor einem dieser „Americanos", wie sie uns alle nennen, und stellen überrascht fest, dass der ja gar keine Hilfe bringt. Im Gegenteil, der ist sogar auf Hilfe angewiesen – auf *ihre* Hilfe! Jetzt sind *sie* die Profis, *sie* kennen die Sprache, *sie* wissen, wie man hier das Leben bewältigt. Der Rollentausch gefällt ihnen, sie helfen mir gern. Mir dagegen fällt es nicht immer leicht, meine Hilflosigkeit zu ertragen. Oft genug bin ich angespannt, weil ich zu wenig Privatsphäre habe und zu viel Lärm um mich herum. Auf Schritt und Tritt begegne ich Ungerechtigkeit, Krankheit, Tod. Ich fühle mich machtlos und frustriert, reagiere laut oder ungeduldig oder ziehe mich traurig zurück. Die Leute spüren, wie überfordert und verletzlich ich bin. Das schafft Vertrauen – und Freundschaften.

Gestern sind mir hartnäckig drei junge „Baklas" gefolgt, homosexuelle Transvestiten, und haben mich angemacht. „You are so handsome … I want to marry you … come on … let's just have some fun …" Ich hatte die größte Mühe, sie abzuschütteln. Und mit einem Mal spürte ich etwas von der Demütigung, der eine Frau ausgesetzt ist, die zum Lustobjekt degradiert wird. In diesen ersten Wochen habe ich bereits viele unerwartete Situationen erlebt, die mich ins Schleudern brachten.

Aus irgendeinem Grund zieht auf meinem Spaziergang eine winzige Hütte meine Aufmerksamkeit auf sich. Ich werfe einen Blick hinein: Es ist dunkel und feucht und riecht nach Kot und Urin. Was für ein Dreckloch, schießt es mir durch den Kopf. Dann entdecke ich mitten im Schmutz drei Kinder, das kleinste etwa zwei, das älteste höchstens fünf Jahre alt. Sie sind unterernährt und verwahrlost. Weit und breit keine Eltern. Entsetzt springe ich zu Nanay Rinion und frage sie, was mit den Kindern sei.

„Der Vater ist Alkoholiker, er hat die Mutter verlassen."

„Und wo ist die Mutter?"

„Die hat es wohl nicht ausgehalten, mitanzusehen, wie ihre Kinder hungern, und ist mit dem jüngsten Baby auch abgehauen."

Es schüttelt mich. „Aber wer füttert jetzt die Kinder? Hast du die Hungerbäuchlein gesehen?"

„Nun, wir Nachbarn stellen ab und zu einmal etwas zum Essen hin. Sie tun uns ja auch leid, verdammt noch mal. Diesen Vater sollte man umbringen!"

„Nanay, die Kinder werden so nicht lange überleben."

Nanay liest meine Gedanken und sagt schließlich: „Also gut, bring sie her. Wir haben zwar keinen Platz, aber bis wir einen neuen Ort für sie gefunden haben …"

Von wegen „im ersten Jahr nur Sprache" … Mir kommt schon der erste Monat viel zu lang vor. Sie können doch nicht von mir verlangen, wegzuschauen! Als medizinisch ausgebildeter Pflegefachmann bin ich es gewöhnt, Leben zu erhalten. Darum lasse ich mich immer wieder zu kleinen Hilfsaktionen hinreißen, organisiere lebenswichtige Medikamente, Reis oder Milchpulver. Das zieht aber sogleich einen ganzen Rattenschwanz mit sich. Zum einen bin ich dann doch wieder „Helfer", zum andern wollen die Nachbarn, dass ich ihnen ebenfalls helfe. Eifersucht ist ein großes Problem hier und kann gefährliche Folgen haben.

So zwinge ich mich, die Spannung so gut als möglich zu ertragen und mich mit Hilfsaktionen weitgehend zurückzuhalten. Ich höre einfach zu und leide stumm mit. Wenigstens darf ich für die Leute beten. Hier glauben alle an Gott, und Gebet erleben sie als konkrete Form von Zuwendung und Anteilnahme. Dass ich für sie beten darf, tut mir vermutlich ebenso gut wie ihnen.

Jon-Jon, der Teenager

Letzte Nacht habe ich entdeckt, wie die alten Eltern Rinion es schaffen, zu zweit auf dem schmalen Sofa unter dem kleinen Vordach vor der Hütte zu schlafen, ohne herunterzufallen: Sie liegen verkehrt zueinander, mit ihren Füßen jeweils in der Kopfgegend des Partners. Ich habe nie begriffen, weshalb die Rinions ihr Haus auch noch mit Haustieren teilen müssen. Es ist so schon eng genug ...

Wenn Besuch da ist, wird es noch enger, und Besuch ist ziemlich oft da. Dann legt sich Jon-Jon, einer der Teenager, dem die Haustiere gehören, zum Schlafen auch schon mal kurzerhand zu mir auf meine Holzpritsche unter dem Blechdach. Oder er kommt, weil einer der beiden Ventilatoren im Haus auf meine Pritsche gerichtet ist und die Hitze der Sommernacht lindert. Dann schläft er tief und fest, während ich ständig aufwache, um mich von einem Arm oder Bein zu befreien.

Für mich Europäer ist diese Nähe gewöhnungsbedürftig, für die ledigen Filipino-Männer jedoch so alltäglich, dass sie sogar eine eigene Bezeichnung dafür haben: „Makitulog" („zusammen schlafen"). Aber Makitulog und Enge zum Trotz, Jon-Jon habe ich in diesen fünf Wochen seit meiner Ankunft fest in mein Herz geschlossen. Er ist ein fröhlicher Junge, immer zu einem Unfug oder Witz bereit.

Heute haben mein Sprachhelfer Noel und seine Frau Josslin ihr Baby Jonel getauft. Ich habe das Fest allerdings verpasst, weil ich zu einem Teamtreffen der SERVANTS in der Stadt war. Als ich zurückkomme, sitzt Jon-Jon unter der Fensteraussparung und starrt bedrückt ins Leere. Normalerweise hat er in dieser Stimmung seinen besten Freund bei sich, seinen Hund. Doch er ist allein.

„Bakit", frage ich, „warum?" Jon-Jon schluckt. Ich setze mich neben ihn und lege behutsam meinen Arm um seine Schultern.

„Sie haben meinen Hund aufgegessen", sagt er und bricht in Tränen aus.

Sie haben diesen dreckigen, kranken Köter tatsächlich als Festmahl zur Taufe des kleinen Jonel aufgetischt. Vor Jon-Jon hatten sie es zuerst verheimlicht, aber es dauerte nicht lange, bis er merkte, woher das Fleisch stammte. Mich schaudert es. Zum Glück war ich bei der Feier nicht dabei. Ich hätte von dem Fleisch ebenfalls essen müssen, und bei jedem Bissen hätte ich das sieche alte Tier vor mir gesehen. Andererseits brauchen die Leute hier dringend Proteine, und Fleisch ist ein großer Luxus.

Jon-Jon schluchzt hemmungslos. Ich halte ihn noch ein wenig fest. Vielleicht hat dieser Verlust bei ihm eine alte Wunde aufgerissen. Er hatte mir vor einiger Zeit erzählt, wie sie sich vor drei Jahren in jenem Innercity-Slum, in dem er aufgewachsen war, gegen die gewaltsame Umsiedlung nach Bagong Silang gewehrt hatten. Zusammen mit den Nachbarn hatten sie Barrikaden errichtet gegen die Schlägerbanden der Landeigentümer, die vor den Bulldozern hergingen, um mit Schlagstöcken und Schusswaffen den Widerstand der Slumbevölkerung zu brechen und sie zu verjagen, damit die Bulldozer ihre Hütten niederwalzen konnten. Damals war es zu einer blutigen Auseinandersetzung mit der Schlägertruppe gekommen, es hatte Verletzte und zwei Tote gegeben. Eines der Opfer war ein Teenager, der an einer Schusswunde verblutete – Jon-Jons bester Freund.

Was wird aus einem Menschen, der schon als Teenager einen Verlust nach dem andern erleben muss? An diesem Abend schlafe ich nachdenklich und müde ein.

Nora und Boy

Ich spaziere an einer offenen Hütte vorbei und lächle der jungen Mutter zu, die gerade am Kochen ist. „Kain tayo", ruft sie vergnügt, lädt mich ein, zum Essen zu bleiben. „Salamat", antworte ich, lehne dankend ab. Aber es spricht nichts dagegen, mit ihr ein paar neue Tagalog-Sätzchen auszuprobieren, solange sie am Kochen ist.

Irgendwie kann ich ihr das verständlich machen und schließlich sagt sie, in überraschend gutem Englisch: „No problem, I am Nora, go ahead …" Wer hier Englisch kann, zeigt es gerne. Englisch gehört zum guten Ton und zeugt von guter Ausbildung. Und Nora will die Gelegenheit beim Schopf packen – also mich – und ihr Englisch auffrischen.

Im weiteren Verlauf unseres gegenseitigen Sprachunterrichts wiederholt Nora die Einladung zum Essen. Ihre Gestik ist unmissverständlich. Ich habe keine Chance zu entkommen und gebe klein bei. Nora tischt eine dünne Reissuppe auf, und ich ahne, dass das die ganze Mahlzeit einer sehr armen Familie ist. Die Kinder, die herumtollen, sind süß, aber unglaublich dünn. Wenigstens scheinen sie gesund, geht es mir durch den Kopf.

Während wir an der heißen Suppe schlürfen und uns über die lustigen Kinder amüsieren, streckt plötzlich eine junge Frau den Kopf in die Hütte – die Tür steht weit offen, was wichtig ist, wenn ein lediger Mann und eine junge Frau sich im selben Raum befinden.

„Vater!", schreien die Kinder wie aus einem Mund. „Sieh nur, der Americano hier ist unser neuer Freund." Jetzt realisiere ich, dass das hübsche und stark geschminkte Frauengesicht mit entsprechender Frisur einem jungen Mann gehört, der offensichtlich der Vater der Familie ist. Natürlich lasse ich mir meine Überraschung nicht anmerken.

„Das ist Boy", stellt mir Nora ihren Ehemann vor, als wäre seine Verkleidung als Frau das Normalste der Welt. „Er kommt eben aus der Stadt, von seiner Arbeit."

Am Abend erzähle ich meiner Gastfamilie von der komischen Begegnung.

„Der Vater hat eben nur als Frau Arbeit gefunden, also macht er sich für die Arbeit zur Frau", erklärt mir die alte Mutter Rinion. „Welche Art von Arbeit?", frage ich und merke im gleichen Augenblick, wie naiv ich bin. Nanay seufzt schwer und sagt langsam: „Wenn Kinder hungern, sind viele Eltern zu jeder Art Arbeit bereit."

Der Satz geht mir auch am Abend auf der Holzpritsche noch nach. Die Kinder hungern, aber wenn draußen ein „Americano" vorübergeht, laden auch die ärmsten Filipinos ihn mit einem „kain tayo" ein: „Lass uns zusammen essen." Wenn jemand sein „kain tayo" mindestens dreimal wiederholt, dann ist es ihm ernst mit der Einladung und es wäre sehr unhöflich, sie abzulehnen.

Sogar die einfachsten Slumhütten sind innen oft peinlich

sauber gehalten. Und weil die Umgebung gewöhnlich alles andere als sauber ist, bin ich als Gast verpflichtet, die Schuhe auszuziehen, bevor ich eintrete. Meist wird Wasser zum Trinken angeboten. Wenn ich aus Angst vor verschmutztem Wasser ablehne, kommt es vor, dass der Gastgeber schnell im nächsten „Sari-Sari", so nennt man den an jeder Ecke vorhandenen kleinen Familienladen, eine Cola organisiert. Dafür macht er notfalls kurzerhand Schulden. Einen Fremden zu bewirten bedeutet ihm viel.

Wenn ich mich etwas vorsehe und diese innere Verpflichtung meines Gastgebers vorausahne, tue ich gut daran, selber schnell eine große Cola oder ein paar Früchte, am besten gleich für die ganze Familie, zu organisieren. Das nennen sie „pasalubong" und bedeutet so viel wie „Mitbringsel". Ob manche darauf bereits hoffen, wenn sie die Einladung aussprechen? Mag sein. Aber angesichts ihrer erbärmlichen Lebensumstände würde ich ihnen das nicht verübeln. Ich jedenfalls erlebe die spontane Gastfreundschaft als echt und eindrücklich.

Jonels Tod

Sieben Wochen bin ich nun schon in Bagong Silang. Zeit für einen kurzen Rückzug ins SERVANTS-Haus. Wir Slumworker aus dem Westen müssen hin und wieder auftauchen und Luft holen; das Elend ununterbrochen zu ertragen wäre zu viel verlangt. Diesmal werde ich wohl drei Tage weg sein.

Bevor ich gehe, erkläre ich Noel und Josslin noch, wie sie die WHO-Dehydrationslösung „Orisol" zubereiten und verabreichen sollen, für alle Fälle, weil Jonel leichten Durchfall hat. Durchfall ist bei Säuglingen ja nichts Außergewöhnliches. Jonel wird gestillt, er ist gut genährt und vollwangig, oft voller

Lachen und sprudelndem Leben, der Sonnenschein der Hütte. Aber sicher ist sicher. Und dann: raus hier!

Das SERVANTS-Haus ist für uns alle eine Oase. Wir laden ab und tanken auf. Das Haus dient allen als offizielle Wohnadresse, mitsamt Telefon, Fax und einem Tresor für Pässe und Papiere. Eine Sekretärin und eine Hausangestellte halten uns den Rücken frei; zusammen mit einem Hausleiter-Ehepaar geben sie uns Slumworkern ein wenig Heimat, stehen für Gespräche und Besuche zur Verfügung, bieten die Möglichkeit zum Übernachten.

Wir sind etwa zwanzig Slumworker, Familien mit Kindern genauso wie Singles aus Neuseeland, Australien und England. Alle paar Wochen treffen wir uns hier, hören uns gegenseitig zu, weinen und lachen, sprechen einander Segen und Mut zu. Das Ausmaß an Elend, mit dem wir konfrontiert sind, bringt uns an unsere Grenzen und kehrt bei jedem das Beste und das Schlechteste von innen nach außen. So blickt man in andere Welten hinein und lässt andere in die eigene Welt hineinblicken. Diese Offenheit und dieses Vertrauen befreien und tragen, keiner braucht sich etwas vorzumachen, und vorgetäuschte Stärken und Souveränitäten zerschellen bald einmal an der Wirklichkeit. Manchmal kommt es vor, dass müde oder ausgebrannte Mitarbeiter genötigt werden, ausgiebig Urlaub zu nehmen – oder endgültig nach Hause zurückzukehren. Die Neuen werden besonders intensiv betreut.

Wir pflegen in unserem Haus einige Rituale. Das Gebet gehört dazu, oft auch eine kleine Bibellektüre. Konfessionelle Gewohnheiten gibt es keine, angesichts der hiesigen Realität wäre so etwas läppisch. Wir zelebrieren das Gemeinsame und lassen dabei die Unterschiedlichkeiten zu.

Abhängige sind wir sowieso alle, auch finanziell. Wir leben von der Unterstützung der Freunde und Kirchgemeinden in der Heimat. Die Idee ist, dass wir alles miteinander teilen, wie die ersten Christen. Inzwischen staune ich nicht einmal mehr,

35

dass das auch wirklich funktioniert, ob bei privaten Auslagen oder bei Projektkosten. Was „genügsam leben" konkret bedeutet, darüber sprechen wir immer wieder.

Das Abendmahl wird diesmal von einem Australier gestaltet, und zwar mit Chips und Cola. Jesus Christus ist auch da, da bin ich mir sehr sicher, er lächelt und freut sich. Dafür fehlt ein katholischer Bruder: Vom Abendmahl respektive von der Kommunion schließt er sich jeweils konsequent aus. Weil er uns in Erinnerung rufen will, wie schmerzhaft der konfessionelle Bruch in der Christenheit sei. Mich beschäftigt anderes wesentlich mehr. Aber ich schätze es, dass er mich an seinem Empfinden teilhaben lässt, wie es umgekehrt ja auch der Fall ist. So bringen wir uns gegenseitig weiter.

Wir lachen viel in diesen drei Tagen, essen gut und machen sogar einen kurzen Ausflug. Entsprechend entspannt tauche ich darum wieder ein in „meine" Hütte in „meinem" Slum. Doch als ich meine Gastfamilie fröhlich begrüßen will, schnappe ich nach Luft. An der Wand, an der normalerweise Noel und Josslin schlafen, liegt Jonel. Aufgebahrt.

Wie benommen setze ich mich auf die einzige Holzbank und starre auf das weiße, aufgedunsene Gesichtchen der kleinen Leiche. „Wir haben alles nach Vorschrift verabreicht", versichern mir Noel und Josslin, ohne dass ich sie gefragt hätte. „Aber der Durchfall ist stärker geworden und Jonel zusehends schwächer. Dann sind wir mit ihm den weiten Weg in die Stadt, ins Spital gerast, aber es war zu spät."

Das darf nicht wahr sein. Nicht in „meiner" Familie! Ich bin wie gelähmt, nicht einmal heulen kann ich. Noel entgeht es nicht, und dann sagt er doch tatsächlich: „Jesus hatte Jonel so lieb, er hat ihn zu sich genommen." Jetzt tröstet er mich auch noch – er mich statt ich ihn.

Nach dem ersten Schock packt mich die Wut über eine unfähige und zynische Regierung, die die Menschen an einen Ort umsiedelt, nein aussetzt, an dem es kein sauberes Wasser und keine Arbeit gibt, keine Mittel zum Leben. Und über die ganze Welt, die dieses Elend untätig zulässt, und über die hunderttausend Christen dieser Stadt, deren Christsein darin besteht, es in ihren klimatisierten Mittelklassekirchen auszusitzen!

Neun Tage lang liegt das tote Kind dann im Haus. Verwandte aus der Provinz reisen an. Alle sollen ausgiebig trauern und Abschied nehmen können. Der kleine Sarg ist verschlossen, man kann das verstorbene Kind nur noch durch ein kleines Glasfenster sehen. In das kleine Körperchen haben sie Formalin gespritzt, um die Verwesung zu verzögern. Ich nehme trotzdem Verwesungsgeruch war.

Auf dem Tisch liegen ein paar verwelkte Blumen, neben einer brennenden Kerze und einer offenen Büchse, als Sammelkasse. Das Geld soll der Familie bei den Beisetzungskosten helfen. Vor der Hütte haben Rinions mit Schnüren ein Dach aus einer Stoffplane gespannt, das die Besucher und die Nachbarn tagsüber vor der Sonne und nachts vor dem Tau schützen soll. Die Nachbarn betreiben darunter fast ununterbrochen ein Glücksspiel. Ein Anteil der Einnahmen geht an die Trauerfamilie. Die Stimmung ist sonderbar. Die Leute weinen und lachen, spielen und trinken, die ganze Nacht bis zum Morgengrauen. Nur Josslin sitzt da und starrt wie abwesend vor sich hin. Zwischendurch schluchzt sie laut auf.

Während der Tage der Trauer darf der Boden nicht gekehrt werden. Bei Missachtung würde ein anderes Glied der Familie dem Toten folgen und ebenfalls sterben. Die Familienangehörigen sollten eigentlich nicht schlafen, so will es eine alte animistische Überlieferung. Physisch durchzustehen ist das allerdings kaum. Waschen darf sich die Trauerfamilie auch nicht. Die Rinion-Geschwister Mira, Beda, Pura und Jon-Jon halten sich allerdings nicht daran, was mich nun nicht im Geringsten stört ... Offensichtlich haben die drei aktiven Christen von der Living-Spring-Gemeinschaft meines australischen Freundes

Rob ihre Angst vor den Geistern weitgehend abgelegt und sind dabei, sich von den Unterwerfungen des Animismus loszulösen. Mit ihrer Gitarre singen sie auch immer wieder frohe Lieder und bringen damit etwas Licht in die bedrückte Stimmung.

Ich fühle mich müde und krank, habe mir eine Erkältung eingefangen ... ein absurdes Wort bei dieser Hitze. Aber ich bekomme zur richtigen Zeit ein Geschenk des Himmels, in Form meines Schweizer Freundes Christian Auer, der für eine gute Woche auf Besuch kommt. Er ist Student des Schweizerischen Tropeninstituts und wird sich anschließend den „Smokey Mountains" widmen, einem besonders grässlichen Slum, wo er für seine Diplomarbeit Parasiten und den Impfzustand bei Kindern untersucht. Das Gespräch mit Christian und das gemeinsame Gebet tun mir gut. Sie helfen mir, richtig zu trauern. So komme ich einigermaßen über die Runden.

Meine kleine Klinik

Mitte August. Neun Wochen. Und dreiundvierzig dauert es noch, bis mein Sprachlehrjahr gemäß der eisernen Regel der SERVANTS vorbei ist und ich mich der „eigentlichen" Arbeit widmen kann. Aber was spricht denn dagegen, jetzt schon ein wenig mit der „eigentlichen" Arbeit zu beginnen, abgesehen von der eisernen Regel? Als Krankenpfleger zu arbeiten, würde meinen Sprachunterricht doch auch unterstützen!

„Rob, hör mal, was denkst du über eine kleine ambulante Klinik? Eine Gesundheitsversorgung, die ich wenigstens an zwei Tagen der Woche führen könnte?"

Rob und seine Frau Lorraine zeigen sich mäßig begeistert. Andererseits wissen sie selber, wie schwer es fällt, sich mit der Sprache zu beschäftigen statt mit der Not. Und sie wissen, wie wohl es tut, etwas zu tun. Wenn ich Lorraines Kindergarten sehe, in welchem viele Kinder für die Grundschule vorbereitet werden, und ihr Ernährungsprogramm, in dem von 220 unterernährten Kindern schon im ersten Jahr 108 ihr Normalgewicht erreicht haben ...

Vor meiner Ankunft hatte Joan, eine ältere SERVANTS-Mitarbeiterin, in Bagong Silang eine Art Pflaster- und Salbenklinik unterhalten. Nach ihrer Rückkehr nach Neuseeland hatte sie eine Lücke hinterlassen. Rob und Lorraine wussten das. „Ich könnte mich an den übrigen Tagen bestimmt besser auf das Sprachstudium konzentrieren", versichere ich Rob, „und den kranken Nachbarn würde ich nicht immer sofort helfen, sondern sie jeweils auf die Klinikzeiten verweisen."

Nach einigem Hin und Her willigen Rob und Lorraine ein. Ich bin begeistert! Die Arbeit wartet, es gibt ja weit und breit kein Spital und kaum Ärzte. Noch vor einigen Wochen hat ein Privatarzt hier gearbeitet, gegen Bezahlung – bis er infolge einer „Electrocution" ums Leben kam. So nennen es die Slumbewohner, wenn man illegal eine fremde Stromleitung anzapft und dabei einen Fehler macht ...

Tage später ist es so weit: „Meine" Klinik ist eingerichtet, eine niedrige Holzhütte mit Wellblechdach. Mittendrin stehe ich und schwitze. Links ein Übersetzer, rechts ein aufgeschlagenes Handbuch mit dem treffenden Titel „Where there is no Doctor" („Wo der Arzt fehlt"). Daneben rudimentäre chirurgische Instrumente für die Wundversorgung, ein Gaskocher für deren Sterilisation, Blutdruckgerät, Ohrenspiegel, eine Kiste mit viel Paracetamol gegen Schmerzen und Fieber, diverse Antibiotika, Mittel gegen Durchfall, Desinfektionslösung, Verbandmaterial und eine Menge Salben. Ein Bild von unfreiwilliger Komik. Zu lachen gibt es allerdings wenig, angesichts der realen Nöte der Menschen draußen. Die Warteschlange ist lang, und ich bin überfordert.

Man lernt. Schon in den ersten Tagen stelle ich fest, dass

manche Patienten merkwürdigerweise bereits Arztverordnungen mitbringen. Sie hatten irgendwo einen Gratis-Regierungsarzt gefunden, der sie untersucht und ihnen ein Rezept ausgestellt hatte, ohne sich darum zu kümmern, ob sie die verordneten Medikamente auch würden bezahlen können (was so gut wie nie der Fall ist). Oft verschreiben diese Ärzte mehr oder weniger dieselben drei Dinge: ein Schmerz- und Fiebermittel, ein teures Vitaminpräparat und ein noch teureres Antibiotikum. Ein schlechter Witz: Die Vitamine könnten sich die Menschen hier statt mit teuren Präparaten mit den vergleichsweise billigen kleinen Zitrusfrüchten zuführen, den „Calamansi", oder mit einheimischem Gemüse.

Antibiotika wiederum bekommt man relativ problemlos, in jeder Dosierung und ohne Rezept. Allerdings auch ohne Aufklärung über die richtige Anwendung. Viele Patienten machen dann keine Kur, sondern schlucken einfach mal zwei, drei Tabletten. Statt schnell gesund werden sie dann langsam resistent, sodass die Antibiotika früher oder später gar nicht mehr wirken. Da ist viel Aufklärungsarbeit zu leisten.

Wir sind ein gutes Team: Pura, Vinnya und Noel, drei junge Leute aus der Living-Spring-Gemeinschaft, außerdem Lorraine und ich. Mit der Zeit entwickelt sich in unserer Klinik so etwas wie ein System: Draußen bei den Wartenden gibt es Gebet und medizinische Aufklärungsarbeit, drinnen gibt es Behandlung, die Schwerkranken kommen zuerst dran, und am Nachmittag organisieren wir ein Fahrzeug, das die Notfälle ins städtische Regierungsspital bringt. Finanziert wird das kleine Projekt durch Spender in Europa, die ich mit Briefen auf dem Laufenden halte. Ich erinnere mich oft daran, was meine Freunde in der EGB und im CVJM beim Abschied gesagt hatten: Ich sei ihr verlängerter Arm zu den Armen.

Sie tragen einen Jungen herein. Er hat an beiden Füßen große Wunden von Verbrennungen dritten Grades, und natürlich sind sie dreckig und entzündet. „Wie um Himmels willen ist das passiert?", frage ich erschrocken. „Das Kind hatte Hunger, schrie oft und zankte sich mit den Geschwistern", sagt mein Übersetzer, „der Vater war betrunken, verlor die Nerven, goss ihm Benzin über die Füße und zündete sie an."

Ich schnappe nach Luft. „Wir müssen ihm die Kinder wegnehmen", sage ich wütend, „alles andere kann man nicht verantworten!"

„Keine Sorge", erklärt mein Übersetzer, „der Mann hat seine Lektion bekommen. Als die Nachbarn von dem Vorfall erfuhren, haben sie ihn halb totgeschlagen. Der wird nun besser für seine Kinder sorgen."

Am Abend besuche ich die Familie. Ich betrete einen löchrigen Bretterverschlag auf nacktem feuchtem Lehmboden und sehe einen offenen Lattenrost zum Schlafen, zwei Bastmatten, einen Wassereimer aus Plastik und einen Holzkohlenkocher. Und ich sehe zwei kleine Kinder und eine völlig abgemagerte Mutter mit einem Säugling an der Brust. Als ich die Hütte verlasse, breche ich in Tränen aus.

Auch wenn ich nur drei Tage pro Woche in der Klinik bin, spüre ich doch schon bald, wie die Arbeit mich aufzufressen beginnt. Abszesse öffnen, Eiterzähne ziehen, Wunden versorgen und nähen, Ausschläge baden, Würmer bekämpfen, Fieber senken, einmal mit Erfolg, einmal ohne, und manchmal erfahren wir es nicht einmal. Oft habe ich das Gefühl, wir müssten uns Erfolge richtiggehend erkämpfen. Umso schöner, wenn wir sie dann auch miterleben können. So wie bei Jolli.

Die Zehnjährige war mit Verbrennungen an Bauch und Unterleib zu uns gekommen. Unsere Behandlung mit Silbersulfat schlug bei ihr gut an. Dann kam es jedoch zu einem Rückschlag: Jolli wollte plötzlich nicht mehr essen, dabei war sie schon vorher unterernährt. Wir brachten sie ins Spital, wo sie sich schnell erholte. Seither haben wir ihr regelmäßig Medikamente gegen Tuberkulose verabreicht. Es schlägt an, Jolli nimmt endlich wieder zu. Und sie lächelt wieder.

Dass die Klinik mich bei meinem Sprachstudium unterstützen würde, ist natürlich eine Illusion. Allerdings bekomme ich in diesen Sprechstunden Kontakt zu vielen Familien und ihren Tragödien. Ich lerne viel und stoße immer wieder an Grenzen. Oft erscheinen Patienten, für die es unter den gegebenen Bedingungen keine medizinische Hilfe mehr gibt. Manchmal mache ich in meiner Hilflosigkeit Fotos von merkwürdigen Krankheiten und schicke sie mit ein paar Erklärungen an meine Hausärztin in die Schweiz.

Die meisten Menschen, die sich bei uns behandeln lassen, sehen wir nie wieder. Manchmal bedrückt mich das. Heute vor dem Sonntagsgottesdienst kommt allerdings eine Mutter auf mich zu und bedankt sich, dass wir ihrem Kind das Leben gerettet haben. Ich freue mich riesig. Solche seltenen Rückmeldungen entschädigen einen für die langen und mühsamen Tage.

Später, in der Kapelle, stellt eine andere Mutter stolz ihr sechsjähriges Mädchen vor die versammelten Menschen hin und berichtet, Gott hätte es durch ein Wunder geheilt. Ich erinnere mich an das Kind; vor fünf Tagen war es zu uns gebracht worden mit blutigen und eitrigen Geschwüren an Kopf und Bauch. Wir hatten ihm die Hände aufgelegt und um Heilung gebetet. Und jetzt steht die Kleine da vorn, ihre frischen Narben zeugen von einer ungewöhnlich schnellen Heilung. Wenn wir solche Gottesgeschenke nur öfter erleben könnten!

Mrs. Mercy, diese Kuh

Ich habe meinen Sprachhelfer verloren: Noel und seine Frau Josslin sind weg. Fast unbemerkt haben sie unser Umsiedlungsgebiet verlassen und sind in jene Provinz zurückgezogen, in der die Familie früher über Generationen hinweg vom Fischen lebte. Mutter Rinion ist natürlich traurig, aber ich kann Noel und Josslin verstehen. Mit Jonel haben sie vor ein paar Wochen ihr einziges Kind verloren, und die gespenstische Szenerie mit dem aufgebahrten kleinen Leichnam in der Hütte hat sich wohl nicht nur mir eingebrannt. Ich hätte diese Hütte und diese todbringende Armut auch nicht mehr ertragen. Nun wollen Noel und Josslin anderswo ein neues Leben beginnen. Hoffentlich schaffen sie es.

Für jeden, der das Umsiedlungsgebiet verlässt, kommen zehn Neue. In Sichtweite meines neuen Zuhauses fahren fast jeden Tag rostige gelbe Lastwagen vor. „Demolition-Team" steht darauf, „Abbruchgruppe". Die offenen Lastwagen halten an und spucken Familien aus. Heute sollen es etwa zweihundert Personen sein, habe ich gehört. Rob geht hin, ich gehe mit.

Die Deportierten bieten einen traurigen Anblick. Mit großen Augen sitzen sie da, durstig und mit leerem Bauch, auf einigen Habseligkeiten und den Überresten ihrer einstigen Slumhütten aus der Innenstadt – Holzbalken und Wellbleche.

Eine wohlgenährte Dame steigt auf eine Holzkiste und stellt sich als Mrs. Mercy vor – Frau „Gnade" ... ausgerechnet! Rob kennt das Szenario: Frau Gnade ist die lokale Regierungsvertretung und wird die Neuankömmlinge offiziell begrüßen, während der Slum, in dem die Leute bis vor wenigen Stunden gelebt haben, von Bulldozern geschleift wird.

„Zwar haben wir noch kein Wasser", lacht Frau Gnade etwas verlegen, „und auch elektrischer Strom fehlt noch, im

Augenblick wenigstens. Aber dafür haben wir hier viel frische Luft im Vergleich zu Manila." Ein paar Leute lachen. Ich begreife es nicht. Spüren sie die Verlegenheit der „wichtigen Dame" und lachen wohlwollend über ihren Galgenhumor? Beneiden oder bewundern sie sie? Bemerken sie den Zynismus nicht?

„Nun darf ich Ihnen aber unser neues Lebenserhaltungs-Projekt vorstellen", posaunt die Frau mit den farbenfroh geschminkten Pausbäckchen fröhlich in die Menge: „Alle, die willig sind, bilden wir im Basteln von Weihnachtsengeln aus, für den Export nach Germany!" Sie streckt einen Weihnachtsengel in die Luft: „In fünf Wochen könnt ihr bis zu zwei Pesos die Stunde damit verdienen!"

Niemand lacht mehr. Ich schnappe nach Luft. Acht Stunden lang Weihnachtsengel basteln ergibt zwei Kilo subventionierten Reis. Ich verspüre Lust, Frau Gnade kräftig von ihrer Holzkiste zu holen. Was die Deportierten hier wirklich wissen wollen, ist, wie man ohne anständiges Baumaterial und mit einem leeren Magen eine Unterkunft baut. Es ist Juni, und die Regenzeit dauert noch bis zum Oktober.

„Rob!", sage ich, „wenn wir wenigstens dieser Gruppe hier ein kleines Willkommensgeschenk machen? Nur Reis und Milchpulver? Das Geld könnte ich vom Spendenkonto von SERVANTS Switzerland nehmen! Damit würden wir ihnen wenigstens in den ersten Wochen das Überleben erleichtern."

Rob überlegt. „Es darf aber nur eine Starthilfe sein und keinesfalls mehr", erklärt er schließlich, „wir dürfen auf keinen Fall langfristige Abhängigkeiten schaffen."

Später bereue ich meinen Vorstoß: Weil Rob aus strategischen Gründen Mrs. Mercy von der Regierung nicht umgehen will, vertraut er den Geldbetrag für den Einkauf der Notrationen ihr an. Doch Frau Gnade verschwindet mit dem Geld und ward nie mehr gesehen. Ich merke: In diesem Slum gibt es jede Menge Gelegenheiten, um aus Fehlern zu lernen. Schließlich können wir den Neuankömmlingen doch noch helfen – diesmal zusammen mit vertrauenswürdigen Freunden, die selbst hier wohnen. Rob hat schon einige Erfahrung mit Selbsthilfeprojekten, und ich werde meine wohl auch noch machen, so viel ist klar.

„Gib dem Hungrigen einen Fisch und er ist einen Tag satt; lehre ihn fischen und er wird nie mehr hungern." Ich gebe zu, das klingt sehr weise. Und dass der Ansatz nicht ganz dumm ist, hat sich inzwischen herumgesprochen, besonders in Europa. Aber später steht man dann in Bagong Silang und fragt sich, wie man jemanden das Fischen lehren soll, der am Verhungern oder alkoholabhängig oder schwer krank ist … und der keine Angel hat, geschweige denn das Anglerpatent für den See, der nicht ihm gehört. Das Anglerpatent gehört nämlich einem korrupten Beamten in diesem Land, und der See gehört dem Satten, bei dem die Hungrigen Schlange stehen, um für ihn fischen zu dürfen. Und wird der Hungrige ein Satter, weil er zu einem See gekommen ist, dann handelt er möglicherweise genauso. So wie Jun, der Korbmacher, von dem Rob mir auf dem Heimweg erzählt.

Jun besuchte Robs christliche Gemeinschaft, und dieser vermittelte ihm den Kontakt zu einem Rattan-Exporteur in Manila. Sogar etwas Startkapital bekam er von Rob geliehen. Jun stellte zwei Korbmacher ein, legte los, hatte bald zehn Arbeiter und ein Bäuchlein und zahlte die Raten seines Kredits pünktlich zurück. Seine Arbeiter behandelte Jun aber immer schlechter. Ihr Hungerlohn lag weit unter dem Existenzminimum. Es gab in Bagong Silang aber stets genügend Verzweifelte, die bereit waren zu solcher Sklavenarbeit. Als Jun das ganze Startkapital zurückgezahlt hatte, tauchte er in der Gemeinde nicht mehr auf. „Ich hatte gehofft, dass Jun Verantwortungsbewusstsein entwickeln würde", sagt Rob. „Wertebildung ist Kernauftrag jeder guten Entwicklungsarbeit. Und ich will keine Leute im Gottesdienst haben, die nur auf materielle Hilfe hoffen, oder die, so wie Jun, nur darum kommen, weil sie sich mir als Kreditgeber verpflichtet fühlen."

Der kompromisslose Kapitalismus funktioniert offensichtlich nicht nur in der globalisierten Wirtschaft, sondern auch im Slum. Wir sollten nicht Material miteinander teilen, denke ich, sondern das Leben. Nur garantiert dir keiner, dass dieses Leben beim andern auch ankommt und ihn mit Güte beseelt. Außerdem lässt sich das eine nicht so einfach vom andern trennen; zum Leben, das man miteinander teilen soll, gehören auch Brote und Fische.

Frau „Gnade" von der Regierung und Jun, der Kapitalist, werden mich noch eine Weile beschäftigen.

Jolli

Es ist erst zehn Uhr morgens, aber schon brütend heiß. Nicht der kleinste Hauch eines Windes ist zu spüren. Natürlich stehen die Ventilatoren wieder einmal still, schon seit zwei Wochen. Zu viele Siedler haben illegal die Stromleitungen angezapft und damit die Transformatoren überlastet, die dann verbrannt sind. Und weil hier niemand Rechnungen bezahlen kann, werden auch keine neuen Transformatoren montiert.

Ich sitze auf meiner Holzpritsche und wiederhole, wiederhole, wiederhole das Tagalog-Sätzchen mit den neuen Vokabeln. Es ist zum Heulen und zum Fluchen. Ich werde diese Wörter nie in mein unterbelichtetes Hirn kriegen, und ohne neues Wortmaterial kann ich meinen Sprachrundgang vergessen, denn ohne Anwendung werde ich diese Sprache nie lernen, und wenn ich sie nicht lerne, dann kann ich hier nichts ausrichten, und wenn ich hier nichts ausrichten kann, was mache ich dann hier, ausgerechnet ich?

Als ich fünfzehn war, hat mein Französischlehrer mich zur Schulstunde hinausgejagt und mir durch die Korridore des Schulhauses nachgerufen, ich sei ein Sprachenidiot und würde nie eine Fremdsprache lernen, er wolle mich in seiner Klasse nie mehr sehen, und im Abschlusszeugnis hat im Fach Französisch tatsächlich die Bewertung gefehlt. Gut, in den drei Jahren in England habe ich alle Sprachexamen in Englisch bestanden, immerhin. Aber Englisch ist nicht Tagalog, und in England hatte ich ein Bett statt einer Pritsche und frische Luft!

Überall Moskitostiche, alte und frische. Und dann diese bescheuerten Ameisen. In allen Farben und Größen. Manchmal fühlst du sie über deinen Rücken krabbeln. Dabei sind es meist nur Schweißtropfen, die langsam an der Wirbelsäule entlang nach unten gleiten. Es ist heiß und es juckt. Es juckt immer da, wo man mit der Hand nicht hinkommt. In den Geschäftsvierteln dieser Megacity strahlen Millionen von Leuchtreklamen, und wir hier draußen haben nicht mal den Strom für Ventilatoren, es ist zum Heulen.

Jolli ist auch noch gestorben. Ausgerechnet sie, die seit einiger Zeit wieder lächeln konnte. Letzten Sonntag war sie noch im Gottesdienst. Sie hatte Fieber. Ich riet den Eltern, sie ins Spital zu bringen. Dort starb sie dann zwei Tage später. Eine Grippe, sagten die Ärzte.

Richtig wütend gemacht hat mich der Kerl vom Beerdigungsinstitut. 2600 Pesos wollte er für Leichentransport, Sarg, Einbalsamierung und Beerdigung, obwohl ihm klar war, dass Jollis Vater das Geld nie im Leben zusammenbringen würde. Er ist arbeitslos und weiß ja kaum, wie er seine drei verbleibenden Kinder und seine Frau ernähren soll. 2600 Pesos sind zwei Monatslöhne eines Hilfsarbeiters. Sie hätten nur 300 Pesos zusammengebettelt und könnten Jolli nicht richtig beerdigen, hatte Jollis Mutter geschluchzt.

Jollis Familie konnten wir helfen. Aber all die andern? Man ist so ohnmächtig hier draußen. Es ist eine Sackgasse für Körper und Seele. Man wird wütend. *Ich* werde wütend! Dabei geht es mir ja noch weit besser als den Einheimischen. Im Gegensatz zu ihnen lebe ich nämlich freiwillig hier. Und wenn ich es überhaupt nicht mehr schaffe, dann setze ich mich in einen offenen Jeepney, halte mir ein Tuch vor die Nase und bin nach vierzig Minuten Rumpeln und Staub im nächsten Stadtviertel. In einem klimatisierten Restaurant oder Kino. Das nötige Kleingeld dafür habe ich. Meinem Sprachstudium hilft das natürlich nur bedingt. Aber es gibt mir etwas Luft, etwas Abstand zu Bagong Silang, wo es schon um zehn Uhr morgens glühend heiß ist und alle Ventilatoren wieder mal stillstehen. Ich weiß nicht, wie die Leute hier das schaffen.

Doch, eigentlich weiß ich es: Sie sind stärker als ich.

Tod in der Kapelle

Sonntag. Gottesdienst in Robs kleiner Living Spring Christian Fellowship. Das Kirchlein sieht recht solide aus. Zu solide für meinen Geschmack, verglichen mit den Hütten einiger Mitglieder, die zum Teil aus Plastikplanen und Karton bestehen. „Eine Kapelle musste einfach her, die Leute wollten das", erklärt Rob, „das Gotteshaus ist vielen hier wichtiger als ihr eigenes Dach über dem Kopf." Er wird es wissen. Das Gebäude leistet ja noch weitere wertvolle Dienste, wie etwa als Schule und Müttertreff.

Etwa dreißig Erwachsene sind im Gottesdienst, viele Mütter mit ihren Babys, dazu noch etwa doppelt so viele Kinder und ein paar Hunde. Neben mir steht Bic, einer der wenigen gebildeten Bewohner von Bagong Silang. Er hat Architektur studiert, arbeitet aber jetzt als technischer Zeichner und ist froh, überhaupt einen Job zu haben. Seit sie den dreißigjährigen Single zum Vizepräsidenten einer kleinen Selbsthilfe-Nachbarschaftsorganisation gewählt haben, besucht er die Gottesdienste der „Living-Spring-Gemeinschaft". Er hat eine angenehme, stille Art, die man hier nicht allzu oft antrifft.

Leute kommen und gehen, doch das scheint niemanden zu stören. Es ist drückend heiß unter dem Blechdach auf den unverputzten Zementbacksteinen. Wir sitzen Schulter an Schulter auf Holzlatten. Es riecht. Körperpflege ist hier ein Luxus, Seife und Wasser sind Mangelware. Trinkwasser muss in Flaschen abgefüllt oder kanisterweise gekauft werden, und für Wasser zum Baden und Waschen stehen die Leute oft lange an.

Tür und Fenster der Kapelle sind weit geöffnet. Hofft man auf ein Lüftchen? Oder will man der Nachbarschaft Anteil am Geschehen der Versammlung geben? Der einzige Ventilator ist auf den langen Rob gerichtet, der in der Nationaltracht der philippinischen Männer, dem Barong, vorne steht und mit Schweißperlen auf der Stirn die Versammlung leitet.

Wir singen Lieder von Gott und seiner Liebe. Die Hingabe der Leute berührt mich. Manche sind gekommen ohne ein Frühstück im Magen. Nach den Liedern und einer Lesung aus der Bibel hält Rob eine einfache Predigt und lädt, zusammen mit einer Gruppe von einheimischen Verantwortlichen, die Besucher ein, nach vorne zu kommen, um für sich beten zu lassen. Es entsteht viel Bewegung und Lärm, fast alle drängen sich nach vorne. Wo die Not so offensichtlich ist, muss sie niemand mehr verstecken. Einzelne schluchzen. Ich glaube allerdings auch da und dort Freude zu spüren, die sich in die Tränen der Not mischt.

Rob umarmt eine Frau. In ihrem Arm hält sie ein in ein weißes Tuch gehülltes Kind. Es ist ihr vierjähriger Sohn, er besteht nur noch aus Haut und Knochen. Ich kenne die Familie von meiner kleinen Klinik her; eine verarmte Fischerfamilie, vor ein paar Wochen in der Hoffnung auf Arbeit und Hilfe in der Hauptstadt angekommen, aber schließlich hier im Slum gelandet, wie so viele. Der Vater ist gehbehindert, die vier Kinder schwer unterernährt.

„Betet alle mit!", ruft Rob. „Das Kind ist sehr, sehr krank, hier kann nur noch ein Wunder helfen." Wir beten, halblaut. Nach einer Weile wird es ruhiger. Plötzlich schreit die Mutter laut. Mir geht der Schrei durch Mark und Bein. Rob beugt sich über das Kind. Dann sagt er: „Der Junge ist tot."

Es schnürt mir die Kehle zu. Erst letzte Woche waren zwei Kleinkinder in nächster Nachbarschaft gestorben. Einer der verarmten Väter hatte eine kleine Holzkiste gebastelt, neben dem Friedhof ein Erdloch gegraben und das Kind dort „beerdigt". Für einen Platz im Friedhof, wo Verstorbene nach philippinischem Brauch eingemauert werden, fehlte ihm das Geld. Die meisten Hinterbliebenen können auch keinen Priester bezahlen.

Manchmal, wenn ich in der Nacht allein bin, schreie ich Gott an. Oft bleibt eine Antwort aus, so wie diese Woche.

Am nächsten Sonntag sitze ich wieder in Robs kleiner Kirche, da taucht zu meinem großen Erstaunen die Mutter auf, deren Kind eine Woche zuvor in der Kapelle gestorben ist. Sie erzählt, ihr Sohn habe schon seit einiger Zeit nichts mehr essen wollen und können, und er habe auch nicht mehr geredet. An jenem Morgen aber sei er aufgewacht und habe klar und bestimmt gesagt: „Mutter, bring mich in die Kirche, ich möchte heute mit dir in die Kirche."

Für die Mutter und die Gläubigen steht es fest: Das sterbende Kind hat gewusst, dass es in Gottes ewige Welt gehen würde, begleitet von einer betenden Gemeinde. Für mich kam diese Botschaft der Mutter über den Wunsch des sterbenden Kindes wie eine Erleichterung in meine Zweifel hinein. Vielleicht ist Gottes ewige Welt besser für das Kind als dieses lebensfeindliche Bagong Silang. In einem solchen Ausgang der Begebenheit kann ich ein wenig Trost finden …

Noel, der Widerstandskämpfer

Mama Rinion macht sich Sorgen. Nicht genug, dass Noel und Josslin weg sind, nun haben wir auch noch gehört, Noel habe Josslin verlassen und sei in die Berge gezogen. Hinter vorgehaltener Hand vertraut Mama Rinion mir an, er habe sich vermutlich der NPA angeschlossen. Die „New People Army" ist der bewaffnete Arm der illegalen marxistischen Partei der Philippinen. Die Führung der NPA lebt schon seit Jahren in Holland im Exil, doch die rund 25 000 Kämpfer führen einen blutigen und erfolglosen Guerillakrieg, der in den letzten Jahren Zehntausende von Toten forderte. Die Regierungsarmee verfolgt die NPA-Kämpfer erbittert, und mit einem NPA-Kämpfer verwandt zu sein, ist äußerst heikel.

Nachdem Noel nicht mehr da ist, nimmt nun der Zweitälteste, Beda, die Rolle des „Panganay" ein, also des erstgeborenen Sohnes, der in der Familienhierarchie gleich nach dem Vater kommt. Beda ist zwanzig Jahre alt. Wir beide haben schon öfter davon gesprochen, einmal die Heimat der Rinions zu besuchen. Die kleine Stadt Daet liegt in Camarines Norte, einer Provinz des philippinischen Regierungsbezirks Bicolandia, direkt am Meer. Es sei wunderschön dort, schwärmt er mir vor.

Nun gibt es gleich drei Gründe, diese Reise zu tätigen: Mama Rinions Sorge um Noel, Bedas Heimweh nach den unbeschwerten Jahren seiner Kindheit – und mein dringendes Bedürfnis nach einer Auszeit. Wir verbinden also eine Ferienwoche am Meer mit der Suche nach einem Vermissten. Diese Art von Pragmatismus, der im reichen Westeuropa fast schon zynisch anmuten würde, befremdet mich schon gar nicht mehr. Mit dem Bus würde die Reise zehn beschwerliche Stunden dauern. Wir nehmen das Flugzeug, denn Inlandflüge sind billig und damit wird diese Zeit auch wirklich zum Urlaub.

Nach knapp einer Flugstunde kommen wir bereits in Daet an: Es ist wunderschön, idyllisch, unschuldig, eine komplett andere Welt. Ich bin so begeistert wie Beda, der vor Lebensfreude nur so sprüht und mich als stolzer Reiseleiter in alles einführt, was das verträumte Fischernest zu bieten hat: Morgendliche Dauerläufe auf herrlichen, kilometerlangen Sandstränden, Baden im klaren und lauwarmen Meer, Fischen im Paddelboot, die Seele baumeln lassen, Leben im einfachen Bambushüttchen unter Kokospalmen – was gibt es Schöneres?

„Beda", frage ich ihn, „erklär mir eins: Warum in aller Welt haben deine Eltern diesen Ort verlassen?"

Weil Beda Bagong Silang kennt, sieht er das Schöne an Daet genauso farbig wie ich. Aber weil er hier einige Jahre gelebt hat, kennt er auch die schwarz-weiße Seite der Provinz. „Weißt du", sagt er, „hier bewegt sich nichts außer dem Meer und den Palmen im Wind. Mit etwas Fleiß und etwas Glück kannst du dir den Magen mit Früchten und Fisch füllen, aber sonst kommst du nicht vom Fleck. Geld verdienst du hier kaum, und das Land wird knapp für all die Kinder und ihre Familien. Seit die industriellen Großfischer die Buchten leer fischen, reicht es nicht mehr so wie früher. Manchmal kommen die Guerilleros der NPA in die Dörfer und ziehen sogenannte „Kriegssteuern" ein, eine Art Schutzgeld. Und wenn die nicht kommen, dann kommen die Soldaten der Regierung und schikanieren die Leute, weil sie sie verdächtigen, Guerilleros zu decken."

„Aber ist das nicht trotz allem immer noch besser als Bagong Silang?"

„Die Jungen, die von hier fortziehen, träumen doch nicht von Bagong Silang!" Nein, natürlich nicht, Beda hat recht. „Die träumen von Manila. Von Sportwettkämpfen, Konzerten, Kinos und unbegrenzten Möglichkeiten. Was glaubst du, wieso alle Reichen in der Hauptstadt leben? Manila ist das Tor zur großen Welt! In Manila findest du Arbeitsvermittler, die dich in andere Länder schicken, wo du Dollars verdienst, um Haus und Auto zu kaufen oder wenigstens einen Kühlschrank oder einen Fernseher. Und wenn eins der Kinder gut ist in der Schule, dann braucht es die Schulen von Manila, um im Leben weiterzukommen. Hier in Daet findet keiner das große Glück."

Dass die meisten das große Glück auch in Manila nicht finden und schließlich im Slum landen, brauchen weder Beda noch ich auszusprechen. Das wissen wir beide. Umso mehr genießen wir diese Woche am Meer. Mehr als einmal denke ich über das Potenzial dieser Region nach. Ich sehe kilometerweise unbebautes Land. Wenn die Menschen hier vorwärtskommen könnten als Gemüsegärtner, Landwirte und Viehzüchter, dann müssten sie ihr Glück nicht in Manila suchen, um dort dann an verseuchtem Wasser zu sterben. Es bräuchte Entwicklungshelfer, Investoren, Kapital und Geduld.

Am Ende unserer Ferienwoche begeben wir uns wie geplant auf die Suche nach Noel. Bedas Tante erklärt uns den Weg ins Bergland von Bicol und gibt uns als Proviant gekochten Reis in Plastiksäckchen mit. Bei Daet besteigen wir einen Bus. Die Fahrt ist grauenhaft. Die einheimischen Macho-Fahrer jagen mir mit ihrer halsbrecherischen Fahrweise oft mehr Angst ein als die Verbrecher im Slum. Sie machen mich richtig wütend. Man liest ja nicht grundlos immer wieder von fürchterlichen Unfällen mit Reisebussen. Darum bin ich heilfroh, als Beda und ich nach einer langen Stunde aus dem rasenden Rosthaufen aussteigen können.

Weiter geht es zu Fuß. Noch bevor wir die asphaltierte Nationale Hauptstraße verlassen, kommt uns ein Konvoi neuer Militärlastwagen mit Hunderten schwerstbewaffneter Regierungssoldaten entgegen. Am Militär scheint die Regierung nicht zu sparen. Nach einem kurzen Fußmarsch durch eine Bananenplantage stehen wir vor einem breiten Fluss. Im Wasser spielen ein paar splitternackte Kinder, stets begleitet von den wachsamen Augen ihrer Mütter, die am Ufer Kleider waschen und sich laut und lachend unterhalten. Wieder so ein Kontrast zum Militärkonvoi. Dieses idyllische Bild tut mir wohl bis tief in meine Seele.

Am Ufer liegt ein Bambusfloß. Beda handelt mit dem Flößer einen Preis aus und wir können über den Fluss setzen. Dort marschieren wir auf einem schönen Fußweg in zügigem Tempo los. Allerdings nicht allzu lange: Der Fußweg verwandelt sich in einen schmalen Schlammpfad, an manchen Stellen besteht er fast nur noch aus den tiefen Furchen von den Kufen jener Schlammschlitten, die von Wasserbüffeln gezogen werden. Beda zieht die Schuhe aus und geht barfuß, und ich befreie mich laufend von den schweren, roten Lehmschollen an meinen Turnschuhsohlen. Es geht bergauf und bergab, durch Kokospalmenwälder und kahl gerodete Buschlandschaften, und immer wieder zweigen Pfade ab in jede erdenkliche Richtung. Ich kann nur hoffen, dass Beda weiß, wo es langgeht und wo er hinwill.

Mehrfach kommen wir an „Barangays" vorbei, Dörfchen aus armseligen Strohhütten, manche mit Sperrholzwändchen, manche mit Mauern aus „Hallowblocks", unverputzten Zementbacksteinen. Hier gibt es keine Elektrizität mehr, dafür aus Bierflaschen gebastelte rußige Petrolfunzeln. Immer wieder lachen uns neugierige Kinder entgegen. Einige sehen recht schmutzig und verwahrlost aus und betteln uns an. Ein-, zweimal spricht Beda kurz mit Einwohnern im lokalen Dialekt, Bicolano, den ich nicht verstehe. Er scheint sie nach dem Weg zu fragen. Und dann geht es wieder weiter.

Nach rund drei Stunden Marsch, die mir wesentlich länger vorkommen, sehen wir plötzlich eine Gruppe bewaffneter Männer auftauchen. Als sie auf uns aufmerksam werden, steuern sie zielgerichtet auf uns zu. Die Männer tragen zerrissene Tarnjacken und sehen wild und ungepflegt aus. Ich bekomme es mit der Angst zu tun und spüre meinen Pulsschlag bis in den Hals.

„Behalte deine Kamera in der Tasche, das sind NPAs",
zischt mir Beda zu.

Die Männer kreisen uns ein. Sie tragen automatische Waffen und haben die Finger am Drücker. „Wer seid ihr und was
sucht ihr hier?", herrscht uns einer an.

„Wir suchen meinen Bruder, der verschwunden ist", sagt
Beda.

„Und der da?", schnauzt einer der Bewaffneten.

„Ich lebe mit den Armen in den Slums von Manila",
stammle ich in einem Gemisch von Tagalog und Englisch,
„und kämpfe dort für Gerechtigkeit, wie ihr. Allerdings ohne
Waffen, nur mit der Bibel."

Einer der Männer kommt auf mich zu. Er scheint der An-
führer zu sein. Dann streckt er seine Hand aus, an der zwei
Finger fehlen. „Freut mich, Freund, mein Name ist Sergeant
Fox", sagt er in gutem Englisch. „Wir sind auf der Suche nach
ein paar vermissten Kameraden. Vergesst, dass ihr uns getroffen habt." Und so schnell, wie sie gekommen sind, verschwinden sie.

Auch wir machen uns wieder auf. Ich versuche, meine
Gefühle zu ordnen. Die freundliche Geste des Anführers hat
mich berührt. Wer sind hier eigentlich die Guten und wer
die Bösen? Auf der einen Seite sind da die kommunistischen
Guerillakämpfer der chancenlosen New Peoples Army, auf
der andern Seite die Regierungstruppen, die mit westlicher
Waffentechnologie ein korruptes System beschützen, welches
einen großen Teil des Volkes unter der Armutsgrenze leben
lässt und von den reichsten Nationen der Welt trotzdem pro-
fitable Handelspakte zugestanden bekommt.

So einfach sind die Grenzen nicht zu ziehen. Das Böse und
das Gute liegen nahe beisammen, im Herzen jedes Einzelnen.
Egal, auf welcher Seite er steht.

Eine gute Stunde marschieren wir in der schwülen Hitze
weiter, bis wir erneut zu einer kleinen Siedlung gelangen. Und

dort, in einem einfachen Strohhäuschen, finden wir Noel. Er freut sich riesig über unseren Überraschungsbesuch, und doch sieht er irgendwie traurig aus. Er wirkt ausgemergelt, seine tiefliegenden Augen unter den schwarzen Locken lassen ihn um Jahre älter erscheinen.

Die Hütte ist so klein, dass wir uns alle draußen ins Berggras setzen. Es ist still. Wir öffnen ein paar Sardinenbüchsen, mischen den Inhalt mit kaltem gekochtem Reis und trinken dazu heißen süßen Kaffee, den uns Noel auf einem Holzfeuerchen braut. Vom Berg weht eine erfrischende Brise herunter. Beda erzählt Noel das Neueste aus der Verwandtschaft, doch Noel bleibt wortkarg. Ich habe das Gefühl, dass er sich schämt, weil wir ihn hier allein und ohne Josslin vorfinden.

„Ich ertrage das Leben in der Stadt nicht mehr", sagt er, „ich gehöre hier in die Hügel und in den Wald." Als wir ihm von unserer Begegnung mit den NPAs erzählen, lächelt er: „Die müsst ihr nicht fürchten. Ich gehöre selbst dazu."

Diego, der „Bodyguard"

September 1988. Vor zehn Tagen bin ich umgezogen. In mein eigenes Häuschen mit Wänden aus Sperrholz und einem Strohdach. Lampe und Ventilator kann ich an einer Lastwagenbatterie anschließen. Dem heißen Blechdach bei Rinions weine ich keine Träne nach. Außerdem wurde es mir bei Rinions zu eng, äußerlich wie innerlich – wie eine Glucke hatte Mama Rinion die totale Kontrolle über mein Leben gewonnen.

Gebaut haben mir die Hütte ein paar arbeitslose Nachbarn, die froh waren, sich etwas verdienen zu können. Mein Eigenheim steht auf der Landparzelle von James, dem Sohn von Mang Karding, der mit seiner Frau nebenan wohnt. Mang

Karding ist einer der Ältesten der Living-Spring-Gemeinschaft, ein feiner Kerl und zugleich ein geduldiger Berater für Familie und Nachbarn. In gebrochenem Englisch erzählte mir Mang Karding einmal, er sei früher Fahrer gewesen, habe geschuftet wie ein Tier, sei anderen Frauen nachgestiegen, und wenn er besoffen war, habe er gelegentlich seine Kinder gefesselt und verprügelt, damit sie artig würden. Dann sei er vor sechs Jahren Gott begegnet, welcher Liebe in sein Leben gebracht habe. Seitdem habe er keinen Tropfen Alkohol mehr getrunken. Er erzählt dies in Gegenwart seiner Kinder.

Seine Geschichte ist typisch. Die verantwortungsbewussten und guten Väter berichten fast ausnahmslos von einem Gotteserlebnis, das ihrem Leben wieder Sinn und Würde zurückgegeben hat. Die anderen fliehen vor der entwürdigenden Armut oft in den Alkohol. Den hochprozentigen Fusel verdünnen sie sich mit Eiswasser, damit er besser runterläuft. Viele sind arbeitslos oder spielsüchtig oder beides: ein Teufelskreis. Die Mütter tragen dann die Hauptlast der Familie und bemuttern auch noch ihre Männer, weil ihnen gar nichts anderes übrig bleibt. Den Söhnen fehlen dadurch die Vorbilder.

Hin und wieder flüchte ich mich unter meinen Kopfhörer zu Antonio Vivaldi. Wobei es weniger eine Flucht sein mag als vielmehr die Freude an dem, was schön und gut ist in dieser Welt. Ich habe das Gefühl, dass ich mitten in dem stecke, was die andern SERVANTS einen Kulturschock nennen. Alles geht mir grenzenlos auf den Wecker. Ich rege mich auf über alles und jedes, am meisten über mich selbst. Ich erschrecke über meine hässlichen Gedanken und Reaktionen gegenüber Filipinos. Manchmal ertappe ich mich dabei, nur noch den Fatalismus, die Faulheit und Oberflächlichkeit der Menschen hier zu sehen. Dann habe ich das Gefühl, Gottes Perspektive zu verlieren, die guten Träume und damit die Freude am Arbeiten und am Leben.

In den Tagen nach meinem Einzug beobachte ich Teenager, die gelangweilt und ziellos im Gebiet herumlungern. Ich spreche sie an und stelle ein paar holprige Fragen. Das gefällt ihnen, sie haben alle Zeit der Welt für meine praktischen Sprachübungen. Dem „Americano" zu helfen ist cool, von ihm englische Wörter zu lernen ist noch cooler, denn Englisch riecht gebildet und gebildet riecht cool … Kurz: Sie mögen mich und ich mag sie. Sie sind unglaublich offen.

„Du hast keine Familie, also brauchst du Bodyguards", erklären sie mir. „Von jetzt an sind wir deine Bodyguards!"

Nun habe ich also eine Villa mitsamt Bodyguards. Sie selbst bezeichnen meine Sperrholzvilla als „Orphanage", als Waisenhaus. Tatsächlich haben in den letzten Nächten drei Jungs hier in meiner Hütte geschlafen. Fünf bis zehn weitere haben sich zum Schlaflager ungefragt unter mein Vordach gequetscht. Die meisten sind Waisen oder Halbwaisen, andere wurden weggejagt oder sind selbst abgehauen. Willkommen sind sie nirgends. Außer hier.

Manchmal sitzen wir am Abend unter dem Vordach, in der farbenprächtigen Dämmerung vor dem Einbruch der tropischen Nacht, begleitet von Grillenzirpen und Hundekläffen, fast wie im Film. Einige Jungen sind sehr musikalisch. Einer zupft dann die Gitarre, die andern singen oder ahmen bekannte Songs aus aller Welt nach, und dann leuchten die Augen. Außer bei Diego, bei dem leuchtet nur ein Auge. Das andere wurde ihm als kleiner Junge beim Basteln eines Feuerwerkskörpers aus der Höhle gerissen. Darum nennen die andern den Fünfzehnjährigen auch Diego, eben „Einäugiger", obwohl er eigentlich René heißt.

Diego bewohnt mit seinen zwei Geschwistern und seiner Mutter eine unverputzte Zementbacksteinhütte mit gestampftem Lehmboden. Seine offene, manchmal eiternde Wunde im Gesicht war wohl der Grund, weshalb nie jemand es für nötig hielt, ihn in die Schule zu schicken. Stattdessen musste er schon als Kind arbeiten, damit seine vaterlose Familie zu essen hatte. Bis vor einer Woche hat er als Tagelöhner auf Baustellen geschuftet, dann bekam er Fieber und sein Arbeitgeber hat ihn zum Teufel gejagt. Diego ist oft hier. Wir alle schätzen ihn wegen seiner fröhlichen Hilfsbereitschaft.

Diego ist nicht der Einzige ohne richtige Schulbildung. Auch von den anderen Jungs können einige nicht lesen. Sie haben keine Chance im Leben, und das wissen sie. Sie hungern nach persönlicher Zuwendung. Immer wieder erzähle ich ihnen, dass es einen Gott gibt, der sie gewollt hat und sie liebt. Manchmal lesen wir in der Bibel, sie auf Tagalog, ich auf Englisch. Jon-Jon Rinion ist oft mit dabei. Er kann ein wenig Englisch und hilft mir immer wieder mit Erklärungen – mein Tagalog ist noch sehr lückenhaft. Aber um zu sehen, wie tief berührt die Jungs sind, brauche ich kein Tagalog. Da reicht ein Blick in ihre Augen.

Befriedigend ist die Situation trotz allem nicht. Hoffnung wecken reicht nicht, die Jungs brauchen Chancen. Und ich brauche Zeit.

Ruth, die Ärztin

Ich freue mich über eine interessante Unterbrechung in meinem Sprachstudium: Meine Hausärztin, Dr. Ruth Riner aus Riehen, kommt zu Besuch. Wenn alles klappt, werden wir gemeinsam ein Impfprogramm und einen medizinischen Einsatz unternehmen, immer zusammen mit Christen vor Ort, und gleichzeitig Christus verkündigen. Dann stehen auch einige Tage Teamretraite auf dem Programm. Für uns „Slummissionare" ist das Zuhause in verbindlicher Gemeinschaft lebensnotwendig.

Ein paar Tage später ist es so weit: Ruth trifft ein, eine wunderbare, engagierte Frau und eine kompetente Ärztin. Eine

Straße zu unserer kleinen Klinik führt durch Tala, eine Leprakolonie. Meine Freunde meiden diese Straße, aber Ruth macht es genau umgekehrt. Als sie von den Leprakranken hört, will sie sie besuchen.

Ein Lepraspital und mehrere einstöckige Häuser und Baracken dienen den Kranken als Unterkunft. Um diese Gebäude sowie um eine große Kirche herum ist ein Straßendorf mit einigen Tausend Einwohnern entstanden. Die Siedlung wird überwiegend von Angehörigen der Leprakranken bewohnt, die gleich mit hierher gezogen sind, um den Patienten zur Seite zu stehen und sie mit dem Notwendigsten zu versorgen.

Ruth will wissen, wie die Leprakranken leben. Als wir zusammen eine Baracke besuchen, werden wir von einer Gruppe von etwa vierzig Männern empfangen. Das Lepra-Bakterium hat viele von ihnen verstümmelt. Gesichter, auch von jungen Männern, sind zu Fratzen entstellt, Einzelnen fehlen ganze Gliedmaßen.

Als wir mit den Kranken zusammensitzen, zieht Ruth ihren Rock hoch. Seit einem Unfall in der Kindheit trägt sie eine Beinprothese, die sie so gut beherrscht, dass man kaum bemerkt, dass sie nur noch *ein* eigenes Bein hat. Sie klopft auf die Prothese und lacht. „Ich gehöre zu euch, ich lebe auch mit einem Holzbein!"

Die weiße Ruth mit ihrer Prothese und dem ansteckenden Lachen gewinnt augenblicklich die ungeteilte Aufmerksamkeit der Männer. Wie schnell doch Verständigung und damit eine Beziehung entstehen kann! Es ist nichts anderes als die intuitive Umsetzung des zentralen SERVANTS-Prinzips.

Bevor Ruth wieder in ihren stressigen Schweizer Hausarztalltag zurückkehrt, hängen wir noch ein paar Tage Strandurlaub an. Auch mir tut es gut, für eine Weile alles Elend hinter mir zu lassen. Ich genieße diese Ferieninseln mit westlichem Komfort. Und Borocay hält, was die Werbung verspricht: Auf fein

*Ruth Riner aus
der Schweiz
kommt angereist,
um mich etwas zu
unterstützen ...*

körnigem weißem Sand kann man sich angenehm langsam in
das kristallklare tropische Meerwasser gleiten lassen, abends
unter Palmen Früchteshakes schlürfen und den wehmütigen
Klängen begabter Strandsolisten lauschen ...

Nach erholsamen Tagen müssen wir uns den Weg zum Flughafen hart verdienen. Es gibt eine dreistündige Rumpelfahrt
über Naturstraßen, und das in einem überfüllten Jeepney. Ich
ergattere einen luftigen Sitzplatz beim Gepäck auf dem Dach
mit freier Sicht auf die vorbeiziehenden Reisfelder und Berge.
Auf einem Ersatzreifen neben mir klammert sich ein auffällig
wohlgenährter Filipino fest. Sein perfektes Englisch bestätigt
mir, dass er nicht zu den Armen gehört: Harry ist Jurastudent,
steht kurz vor dem Staatsexamen und befindet sich ebenfalls
auf dem Rückweg nach Manila. Als ich ihm erkläre, dass ich
aus der Schweiz komme, aber in Bagong Silang lebe, schüttelt
er den Kopf: „Unmöglich. Dort leben keine Europäer." Dann
zündet er sich an der Glut der eben gerauchten Zigarette lässig
eine neue an. Etwas wichtigtuerisch erklärt er mir, er kenne
die Slums und Umsiedlungsgebiete von seinem Freiwilligen-
einsatz im Bereich Rechtshilfe für die Armen.

„Komm mich besuchen", versuche ich die Konversation zu
beenden. Der Typ gehört wohl zu diesen wohlgenährten Fili-

pinos, die gern und schnell vorgeben, ebenfalls etwas für die Armen zu tun. Er will meine genaue Adresse wissen. Reine Show. Der interessiert sich nicht wirklich. Obendrein erklärt er mir dann auch noch, er sei daran, mit anderen Studienabgängern eine NGO[1] zu gründen, um ihrer Rechtshilfe einen Rahmen zu geben.

Ich staune nicht schlecht, als dieser Harry Roque ein paar Tage später mit seinem Studienfreund Joel Butuyan bei mir im „Waisenhaus" auftaucht. Sein rotes Auto zwischen den armseligen Hüttlein ist ein richtiger Fremdkörper. Zwei Stunden mühsame Fahrt durch die Stadt haben die zwei in Kauf genommen. Wie man sich in Menschen täuschen kann! Wie ich die beiden angehenden Juristen dann mit unseren Jungs auf dem Fußboden sitzen, plaudern und essen sehe, kriege ich den freudigen Eindruck, Harry und Joel könnten nicht das letzte Mal hier gewesen sein. Die Begegnung auf dem Jeepneydach wird noch eine bedeutungsvolle Fortsetzung finden.

James, der Gewerkschafter

Draußen vor meiner Hütte sitzen einige meiner „Bodyguards" und lernen lesen und schreiben. Felix ist ihr Lehrer – auch wieder einer, den ich auf einem Sprachrundgang kennengelernt habe. Der etwa Dreißigjährige ist am Oberarm mit einem Cannabisblatt, am Rücken mit dem Brandmal einer ziemlich berüchtigten Bande tätowiert. Bei einem Messerkampf verlor Felix ein Bein, seit einigen Jahren hat er ein Holzbein. Im Gefängnis begann er zu beten und fand mithilfe eines amerikanischen Missionars eine Anstellung als Hauswart in einer

---

[1] non-governmental organisation, deutsch: Nichtregierungsorganisation

theologischen Ausbildungsstätte, wo er Englisch lernte – und das Lesen in der Bibel.

Als ich ihm begegnete, war er eine Art freischaffender selbst ernannter Pastor ohne geregeltes Einkommen, der sich mit seiner alten Mutter recht und schlecht durchhungerte. Nachdem ich Felix einige Tage beobachtet und ein paarmal mit ihm gesprochen hatte, fragte ich ihn, ob ich ihn als Lehrer für meine immer zahlreicher werdenden „Bodyguards" anstellen dürfe. Er hat gestrahlt wie ein kleiner Junge. Und jetzt sitzt er vor meiner Hütte und bringt den Jungs Lesen und Schreiben bei.

Einer der eifrigsten Schüler ist Diego. Auf diesen Burschen bin ich wirklich stolz. Ich habe ihm erklärt, der Mann an den Kruzifixen, die hier überall herumhängen, sei von den Toten auferstanden, und dieses Leben wolle er auch ihm schenken. Da hat es bei ihm offensichtlich klick gemacht. „Jesus ist jetzt mein Freund", sagt er und blüht auf, dass es eine Freude ist.

Ich wünschte, ich könnte ihm eine Augenprothese beschaffen. Ihm fehlt ein Auge, und an der hässlichen Wunde leidet er ziemlich. Filipinos wissen, dass sie hübsch sind, und legen Wert auf ihre Erscheinung. Viele pflegen sich ausgiebig, auch und gerade hier im Slum.

Meine Arbeit ist sinnvoll: Die Jungs kommen weiter, ich komme weiter. Die Freundschaften beleben uns. Manchmal geht die Initiative zum Lesen der Bibel sogar von den Jungs aus. Auf die Geschichten über Jesus von Nazareth reagieren Einzelne oft mit intensiven Gefühlsausbrüchen. Von bedingungsloser Liebe zu hören übersteigt ihr Fassungsvermögen. Wenn dann an einem dieser Abende vor der Hütte wieder so harte Krusten aufbrechen, geht mir selbst auch wieder auf, wieso dieser Jesus von Nazareth die Menschen seit 2000 Jahren dermaßen beschäftigt.

Auch die Freundschaft mit James, auf dessen Parzelle meine Hütte steht, inspiriert mich. Er ist nur wenig jünger als ich, ebenfalls Single, wohnt nebenan und spricht recht gut Englisch, was mir beim Zusammensein mit den Jungs eine große Hilfe ist. James zählte als Kind immer zu den Besten in der Klasse, schaffte es an die Uni und studierte Kriminologie. Nach einem halben Jahr musste er abbrechen, weil der Familie das Geld ausging. Jahrelang hat er dann für einen Hungerlohn in der Fabrik gearbeitet, völlig unterfordert und trotzdem ohne Chance für einen Aufstieg. Stattdessen gründete und leitete er eine Arbeiterunion.

„Weißt du, wieso ich Marxist geworden bin?", hat er mich einmal gefragt und die wütende Antwort gleich selbst gegeben. „Weil die Arbeiter schuften und schuften und weil es trotzdem nicht reicht. Ich habe so viel gesehen! Einmal habe ich miterlebt, wie der Betriebsarzt einer Gummifabrik die Protokolle der obligatorischen Gesundheits-Checks der Mitarbeiter fälschte. Mitsamt Röntgenaufnahmen. Weil diese Ausbeuter sonst die Arbeitsbedingungen hätten verbessern müssen, was ja zu teuer gewesen wäre."

James' Karriere als marxistischer Gewerkschaftsführer nahm ein Ende, als er eines Nachts von einer angeheuerten Bande zusammengeschlagen wurde. Mehrere Stunden lag er bewusstlos mit einer Schädelfraktur im Straßengraben. Seither lebt James zurückgezogen zu Hause und leidet regelmäßig unter Kopfschmerzen. Außer wenn die Jungs und ich am Abend vor der Hütte sitzen. Dann ist er oft dabei und hört aufmerksam zu. Oft diskutieren wir auch zu zweit, manchmal stundenlang, auf Englisch. Am besten gefällt ihm der Gott, der auf der Seite der Unterdrückten steht. Die Stellen im Buch des Lukas, wo der kommende Erlöser die Stolzen vom Thron fegt und die Reichen leer ausgehen lässt, oder die Passagen von Jakobus über den Schrei der Ausgebeuteten, den Gott hört und Richter und Rächer sein wird – die sprechen ihm aus dem Herzen.

Vor ein paar Tagen hat James mir gesagt, er hätte zum ersten Mal im Leben Frieden im Herzen. Das hat mich wahnsinnig gefreut. Der soziale Sprengstoff der Nächstenliebe scheint mir weit explosiver als jener des Klassenkampfes.

Eine etwas anders geartete Freundschaft pflege ich mit Glenn Miles. Er ist Pflegefachmann und Theologiestudent aus England und für ein paar Wochen bei mir zu Besuch. Einer, der entschlossen ist, die Welt zu verbessern, und der mit jener gewissen Naivität in Bagong Silang angekommen ist, wie die meisten. Nachdem Glenn einmal zugesehen hatte, wie Diego lange in der Hütte vor dem Spiegel stand und traurig das Loch in seinem Gesicht betrachtete, schlug er mir vor, mit Diego in die Stadt zu einem Augenarzt oder Sozialdienst zu gehen.

Bild unten:
Die vernachlässig-
ten Jungs, meine
„Bodygards" ler-
nen bei Felix (hin-
ten) Lesen und
Schreiben

Jeweils rechts
im Bild:
Diego, mit und
ohne Auge!

65

„Okay, mach das", habe ich ihm gesagt – und im Stillen gedacht: Du wirst noch deine Erfahrungen mit den „Sozialdiensten" von Manila machen ...

Wenn ich mit Glenn spreche, merke ich, dass ich selbst im letzten halben Jahr schon einiges gelernt habe. Und dass ich nicht nur in Bagong Silang lebe, sondern auch hier angekommen bin.

Eingebrannte Bilder

Ruth hat mir vor ein paar Tagen in einem Brief geschrieben, sie bewundere mich; neben mir käme sie sich wie ein Wurm vor. „Das beschämt mich", antworte ich ihr, „der Wurm bin nämlich ich, und manchmal frage ich mich tatsächlich, was mich eigentlich noch hier hält. Vielleicht das anerzogene, schweizerische Pflichtgefühl? Oder ist es Gottes Gnade?"

Eins ist sicher: Ich muss wieder einen Zugang finden zu einer intimen Lebensgemeinschaft mit Jesus von Nazareth – sonst frisst die Arbeit mich auf. Rein äußerlich geht es mir gut, abgesehen von meinem Magen, der mir immer wieder Probleme bereitet.

Ganz in der Nähe ist letzte Nacht ein zweijähriger Knirps gestorben. Er hatte eine Woche lang Fieber und bekam keine medizinische Hilfe. Und wir haben erst davon gehört, als es schon zu spät war. Das sind diese erbärmlichen Momente ...

Wie es Brauch ist, wenn in unmittelbarer Umgebung jemand gestorben ist, besuche ich die Familie. Glenn kommt mit. Die kleine Kinderleiche liegt in der armseligen Hütte aufgebahrt. Die Mutter ist völlig aufgelöst. Während wir mit ihr beten, entdecke ich im Halbdunkel das kleinere Schwesterchen des verstorbenen Buben. Es ist völlig ausgemergelt und wirkt sehr fiebrig. Plötzlich übergibt es sich, und ich erschaudere: Es ist ein großes Knäuel von langen, lebenden Würmern, dicker und länger als Regenwürmer. Wir haben keine Medikamente oder Hilfsmittel dabei, versprechen aber, am nächsten Tag wiederzukommen und dann zu entscheiden, wie wir helfen können. Auf dem Heimweg brennt sich das Bild dieses Mädchens tief in mir ein. Trotz einer gewissen Gewöhnung an die Not gibt es doch immer wieder Bilder, die mich heftig erschüttern.

Am Abend weht eine kühle Brise, das Klima bietet sich an zum Briefeschreiben. Ich möchte bei meinen Freunden in der Schweiz eine Art Patenschaftsprogramm auf die Beine stellen. Neben „meinen" Jungs, die Felix unterrichtet, gibt es noch etwa dreißig Kinder und Teens in der Nachbarschaft, denen die Mittel fehlen, um die öffentliche Schule zu besuchen. Denen *muss* geholfen werden! Aber dann taucht eine Mutter auf, im Schlepptau ihren etwa achtjährigen, laut heulenden Filius. Sie entschuldigt sich eines ums andere Mal für die Störung. Schon seit Tagen habe der Bub Bauchschmerzen, sagt sie. Ich taste vorsichtig seinen Bauch ab. Der Blinddarm ist entweder stark entzündet oder bereits geplatzt. In aller Hektik organisieren wir einen Transport ins Spital, und ich spüre wieder diese Wut in mir hochsteigen. 140 000 Einwohner und kein eigenes Spital!

Am anderen Morgen gönne ich mir einen ausgedehnten Dauerlauf. Ich habe endlich eine gute Route gefunden. Wenigstens beim Joggen bin ich allein mit Gott und mit mir selbst. Da tauchen Impulse und Gedanken auf, die über die Betriebsamkeit des Tages hinausgehen und mich weiterbringen. Manchmal laufen auch Zweifel mit, ob das alles Sinn macht oder bloßer Aktionismus ist. Zwei Stunden später stehe ich wieder in unserer kleinen Klinik und habe keine Zeit mehr für Zweifel.

Am Abend sehe ich auf dem Heimweg Diego vor unserer Hütte sitzen. Der Junge erblickt mich, springt auf, rennt mir entgegen und überflutet mich mit einem Schwall Tagalog. Glenn tritt aus der Hütte und erzählt, sie beide seien im Makati Medical Center gewesen. Typisch Glenn, denke ich, marschiert schnurstracks ins teuerste und renommierteste Spital von ganz Manila. Offensichtlich hatte er Erfolg.

„Wir sind durch die Korridore gegangen, bis wir den Chefarzt der Augenklinik gefunden haben. Ein alter Professor in einem edlen und klimatisierten Büro. Ich glaube, er fand uns ein ziemlich merkwürdiges Zweiergespann, ich als Brite und Diego. Jedenfalls hat er uns aufmerksam zugehört, und dann hat er kurz nachgedacht und gesagt: ‚In zehn Tagen werde ich pensioniert. Ich werde dir eigenhändig ein Glasauge anfertigen. Die Kosten lasst meine Sorge sein.'" Glenn grinst.

Kurze Zeit später kommt James heim, völlig aufgewühlt. Ich frage, was los sei. Wir setzen uns vor sein Häuschen und er erzählt: „Endlich habe ich im Jeepney wieder einmal den Platz vorne neben dem Fahrer erkämpft – ausgerechnet heute. Vor dem großen Fabrikareal bei Novaliches, wo ich selber mal gearbeitet habe, kamen wir nicht mehr weiter; vor uns standen sich streikende Arbeiter und eine Gruppe von Sicherheitsbeamten gegenüber. Die Arbeiter fingen an, Steine zu werfen. Und dann haben die Sicherheitsbeamten das Feuer eröffnet. Die haben scharf geschossen, auf die Arbeiter! Unser Fahrer wollte aus dem Schussfeld raus, aber zurück konnten wir nicht, weil sich hinter uns alles staute. Da gab er einfach Gas und ergriff die Flucht nach vorn. Die Frauen im Jeepney haben geschrien wie wahnsinnig. Ich sah mehrere Erschossene, und drei von ihnen habe ich dann aus der Nähe erkannt. Das waren unschuldige Fabrikkumpels!"

Später sitzen wir mit den Teenagern zusammen, aber James wirkt sehr teilnahmslos. Man spürt, wie die alten Narben des einstigen Klassenkämpfers aufgebrochen sind. Auch der „Frieden im Herzen" ist hier zerbrechlich.

Diego lacht. Der alte Professor hat ihm tatsächlich ein Glasauge gemacht – und was für eins! Es sitzt so perfekt in der Augenhöhle, dass er es mit dem noch vorhandenen Muskel sogar ein bisschen bewegen kann, und es ist so täuschend echt, dass man es nur mit Mühe von Diegos natürlichem Auge zu unterscheiden vermag.

„Jetzt, wo du kein Einäugiger mehr bist, passt der Name Diego gar nicht mehr", sage ich. Einstimmig beschließen die Teenager, ihn ab sofort bei seinem richtigen Namen zu nennen, und aus Diego wird René. Er strahlt. So ein Bild lasse ich mir gerne einbrennen.

Ich bekomme Besuch von Ralph und Irene Dörpfeld aus der Schweiz. Ralph ist zusammen mit Volker Heitz der Pastor meiner Heimatgemeinde, der Evangelischen Gemeinschaft Basel. Etwa zwei, drei Wochen werden sie bleiben. Ralph hat fest im Sinn, einen Schweizer Ableger von SERVANTS aufzubauen, SERVANTS Switzerland. Es ist schon großartig, wie geschlossen die EGB hinter mir steht und wie sich die Gläubigen für die Arbeit hier interessieren und einsetzen.

Anderntags brechen wir auf zu unserem kleinen Wochenend-Camp auf Snake Island, der Schlangeninsel in der Bucht von Olongapo. Wir, das sind nebst mir gegen zwei Dutzend Kids, darunter auch ein paar Mädchen, sowie Pepe Gonzales, ein mitreißender Jungpastor in meinem Alter. Die Kids sind euphorisch, auch wir freuen uns. Endlich mal raus aus dem Dreck!

Die Fahrt zur Schlangeninsel dauert mehrere Stunden und ist eine Tortur. Die Jeepneys sind ungefedert und für einen Europäer viel zu niedrig. Mir schmerzen schon nach zehn Minuten Nacken und Kreuz. Der Straßenstaub brennt in den

Augen, die Dieselabgase brennen in der Nase. An der Küste kaufen wir einige große Plastikcontainer Trinkwasser, steigen ins Fährboot und setzen über.

Als wir uns der Insel nähern, bin ich ernüchtert: Es gibt zwar Kokospalmen und Sträucher, aber der Strand ist voll von angeschwemmtem oder liegen gelassenem Müll, und das Wasser ist trüb. Wir werden von einer guten Million Moskitos willkommen geheißen. Die Mädchen und Jungs scheinen das gar nicht zu bemerken. Sie schleppen munter das Wasser an einen schattigen Ort und basteln aus den Plastikplanen die kleinen Zelte zusammen. Anschließend umrunden wir bei einem Spaziergang den Strand entlang der Insel. Bei einem kurzen Badegang mache ich die Bekanntschaft einiger Quallen, deren lange Fäden auf der Haut brennen wie Ameisen.

Gegen Abend kochen wir über dem offenen Feuer Reis. Die Kids sind fröhlich wie selten. Sie müssten Bagong Silang viel öfter entfliehen können. Nach dem Essen sitzen wir im Kreis zusammen und singen Lieder in die Nacht hinaus. Pepe kennt die Lieder und macht den Vorsänger, die Kinder wiederholen die Worte, mehr oder weniger ungeachtet der Tonlage. Mit seiner Leidenschaft und Power steckt Pepe die Kinder richtiggehend an. Außerdem kann er Tagalog …

Ich habe einen Text aus der Bibel vorbereitet, aus dem zweiten Kapitel des Petrusbriefes, nicht nur als Input für die Kids, sondern auch als Sprachlektion für mich selbst. Also setze ich mich hin und erzähle diesen jungen vertriebenen Slumbewohnern, diesen chancenlosen Nobodys, dass sie lebendige Steine seien, mit denen Gott ein Haus baue, damit er bei ihnen wohnen könne: „Jeder von euch zählt, jeder ist wichtig, jeder ist wertvoll."

Plötzlich beginnt einer laut zu weinen. Ich halte kurz inne. Noch jemand fängt an. Eine halbe Minute später weinen fast alle Jungs und Mädchen laut und hemmungslos. Das kommt nun völlig unerwartet. Pepe schaut mich an. Wir sind einen Moment lang still, lassen dem Geschehen seinen Lauf. Einige zittern, ein paar andere knien. Es kommt mir vor, als ob ein Staudamm gebrochen sei und sich eine gewaltige Flut an Schmerz und Frustration und Elend ergießt. Pepe und ich heulen auch los. Dann legen wir einem nach dem andern die Arme um die Schultern, beten und segnen sie.

Es dauert einige Zeit, bis die Flut verebbt. Als ich mich hinlege, habe ich jeglichen Zeitbegriff verloren. Ich mag gar nicht einschlafen, möchte diesen heiligen, befreienden Moment noch ein wenig festhalten. Gott ist da.

Als wir nach unserem kleinen Wochenend-Camp den Rückweg antreten, hat die Insel für mich einen neuen Wert bekommen. Trotz Dreck und Moskitos.

Die Linkskurve

Ich werde nie ein Fan der Jeepneys, ebenso wenig wie von den philippinischen Schlaglöchern und den Fahrern, die darüberbrettern. Auch Carlet fährt sportlich, aber im Vergleich zu andern hierzulande ist sein Stil erträglich. Wir sind schon seit über zwei Stunden unterwegs und die Stimmung an Bord ist überaus gut. Neben fünf Teens der Jugendgruppe und mir sind noch zwei Theologiepraktikanten dabei, Vreni Anliker und Glenn Miles.

Angesagt ist eine Erkundungsfahrt mit Übernachtung an der frischen Luft außerhalb der Stadt. Wir wollen einen geeigneten Ort für die nächste Jugendfreizeit finden. Auch mir tun diese kleinen Ausflüge gut, genau wie die regelmäßigen Atempausen im SERVANTS-Haus. Auf diesen Ausflügen dürfen auch die Gedanken fliegen, und manches sieht man anders aus der Vogelperspektive …

Seit dem Camp auf Snake Island ist viel passiert. Die Schweizer Patenschaften für unsere Schüler sind organisiert. Einigen Teenagern können wir die staatliche Schule finanzieren, andere werden von Felix unterrichtet. Sie kommen mit dem Lesen und Schreiben schneller voran als ich mit Tagalog. Inzwischen haben wir Felix neben seiner Hütte einen Schweinestall gebaut und ihm einige Ferkel gekauft, damit er nicht von meinen Lohnzahlungen abhängig ist. Und entlang unseres eigenen Häuschens haben wir eine kleine Hühnerzucht aufgebaut. Jetzt haben meine „Bodyguards" etwas Arbeit und können sich das Essen mitverdienen.

Unser „Waisenhaus" platzt aus allen Nähten. Ich habe den Jungs mehrfach verboten, Neue in die Jugendgruppe mitzubringen. Trotzdem sind es jetzt an die vierzig Teenager, die sich an drei Abenden pro Woche treffen. Sie kommen her mit nur einer oder zwei Mahlzeiten im Bauch, schließen sich zusammen, fangen unaufgefordert an zu singen und zu beten – als Gruppe haben diese Jugendlichen eine erstaunliche Eigendynamik entwickelt.

Es kommen jetzt so viele, dass ich nicht jeden Einzelnen optimal betreuen kann. Daher bin ich auch nicht unglücklich, wenn ich mal einen von ihnen außerhalb platzieren kann, so wie Reymond. Der Vierzehnjährige machte mit seinem schönen Gesicht ab und zu den Strahlemann, doch meistens spürte man bei ihm eine gewisse Ruhelosigkeit. Es stellte sich heraus, dass er mit seiner Gang sein eigenes Schulhaus demoliert hatte und sich nun bei mir vor der Polizei verstecken wollte. Mir war nicht wohl bei der Sache. Zum Glück konnte ich ihn bei einem Freund unterbringen, den ich von unseren regelmäßigen Retraiten im SERVANTS-Haus kenne. Er arbeitet in einem entfernten Innenstadt-Slum, also genügend weit weg von der hiesigen Polizei.

Oft gibt es mir einen enormen Kick, wenn ich miterleben kann, wie die Jungs sich verändern. Müde bin ich trotzdem

Entlang unseres eigenen Häuschens haben wir eine kleine Hühnerzucht aufgebaut. Jetzt haben meine „Bodyguards" etwas Arbeit und können sich das Essen mitverdienen. Mitten im Bild Jon-Jon.

öfter als mir lieb ist. Die Betreuung und das Monitoring gestalten sich viel aufwendiger, als ich es mir vorgestellt hatte. Die Jungs müssen zwischen zwei Welten hin und her switchen: Hier die Gruppe mit ihrem familiären Charakter, dort das gewohnte Umfeld ihrer Nachbarschaften und Verwandtschaften. Alte Lebensgewohnheiten wie Spielsucht oder Eifersucht zermürben die Jungs und stören das soziale Gefüge. Es kommt schon mal vor, dass das Schulgeld nicht für Schreibhefte oder Schuluniformen ausgegeben wird, sondern auf dem Spieltisch verschwindet – aus der Armut erwächst die Hoffnung, mit etwas Glück mehr Geld zu machen, und die Hoffnung stirbt zuletzt. Ich als Vermittler der Patenschaften kriege dann irgendwelche verschämten Notlügen zu hören.

Sabotiert wird das Patenschaftsprogramm manchmal auch durch Krankheit und Hunger. Ist es nicht verständlich, dass Reis und Milch oder Medikamente manchmal wichtiger sind als Einschreibegebühren oder das Geld für die Jeepney-Fahrt zur staatlichen Schule? Zum Glück unterstützen mich bei der Betreuung der Jungs einige zuverlässige lokale Mitabeiter. Wir sind eingebunden in ihr Ernährungsprogramm und ihre medizinischen Hilfeleistungen. Angesichts der allgemeinen Umstände in Bagong Silang funktioniert unser System einigermaßen gut.

Ein gutes Netzwerk ist wichtig für uns. Dazu gehören die Leute rund um Rob und Lorraine genauso wie die andern Slumworker. Oder europäische Praktikanten, so wie Glenn oder Vreni, die nun neben mir sitzen und offensichtlich dem holpernden Jeepney und dem gut gelaunten Fahrstil von Carlet auch nicht viel mehr Zuneigung entgegenbringen als ich …

Die gute Laune der Jungs ist trotzdem ansteckend, und als sie laut anfangen zu singen, kehren auch meine Gedanken zurück zur Vorfreude auf unser kleines Camp. Wir sind kurz vor dem Ziel und brauchen nur noch einen guten Platz für die Zelte. Die Jungs singen aus Leibeskräften, Carlet begleitet sie fröhlich mit der Autohupe, fährt in eine Linkskurve hinein, und ich spüre instinktiv: Wir sind zu schnell, es wird uns hinaustragen.

Ein Holpern – das rechte Rad ist über den Straßenrand hinausgeraten. Es folgt eine heftige Erschütterung. Das war's, schießt es mir durch den Kopf, und ich drücke mich auf den Boden des Jeepney. Es rumpelt und kracht, gefolgt von einem ohrenbetäubenden Kreischen von aufreißendem Metall. Dann ist es plötzlich still.

Zuerst bin ich benommen. Aber dann sticht mir der Geruch von auslaufendem Dieselöl in die Nase. Mein Puls explodiert förmlich und in kürzester Zeit bin ich draußen. Auch die andern schaffen es aus eigener Kraft, aus dem Wrack zu kriechen. Das Auto liegt auf dem Dach. Noel Mora heult völlig hysterisch nach seiner Mama. Vreni lächelt geistesabwesend, geht ein paar Schritte und kollabiert. Ich leiste kurz Erste Hilfe. Dann lese ich die deutlichen Wagenspuren und rekonstruiere den Unfall: Wir schossen auf einen Mast zu, Carlet steuerte gegen, der Jeepney schleuderte quer über die Hauptstraße Richtung Schlucht, verfehlte knapp die Betonmauer einer Brücke, überschlug sich und schlitterte auf dem Dach etwa zehn Meter über den Asphalt zurück auf unsere Straßenseite, wo er auf der Böschung zum Stillstand kam. Jetzt zittere ich wirklich am ganzen Leib.

Kaum eine halbe Stunde später sind die Verletzten im nahen Bezirksspital. Die Bilanz: Schürfungen und Prellungen, eine größere Schnittwunde und bei Vreni ein gebrochenes Schlüsselbein. Es ist nicht zu fassen: Das ist alles. Man fühlt sich, als ob man ganz frisch ins Leben gerufen worden sei.

Die Tage nach dem Unfall sind intensiver als sonst: Farben, Gerüche, Empfindungen, Gefühle, Menschen. Das Leben ist unglaublich lebendig, und in allem erkenne ich Gott. Es ist ein geschenktes Leben. Ich freue mich über alles und bin dankbar. Besonders oft denke ich an meine Freunde und Verwandten in der Schweiz, von denen ich weiß, dass sie mittragen und für uns beten.

Ich frage mich in diesen Tagen öfter, was eigentlich zählt im Leben. Im Angesicht des eigenen Todes verblasst das eigene Ringen. Mehr als einmal bitte ich Gott um die Fähigkeit, im neuen Leben langsamer zu gehen, damit ich seine Stimme nicht in meiner eigenen Betriebsamkeit versenke. Die Gottesnähe dieser Tage möchte ich unbedingt bewahren, die kleinen Wunder weiterhin als kleine Wunder erleben, sehen, hören, riechen, das Lächeln oder die Berührung eines anderen Menschen empfinden, ein gutes Gespräch bis tief in die Seele hinunter genießen – oder auch nur kühles Wasser an einem heißen Tag.

Reymond, der Teenager

Reymond ist zurück. Bei meinem Freund im Innenstadtslum war es ihm zu langweilig geworden. Er hat sich der Polizei gestellt, die steckten ihn in eine Zelle, verprügelten ihn und drohten ihm mit „Salvaging", wie sie die Lynchjustiz komischerweise nennen. Nach ein paar Tagen ließen sie ihn wieder laufen. Nun ist er wieder häufig bei uns anzutreffen. In die Schule kann er natürlich nicht mehr gehen. Abgesehen von seiner überforderten Mutter hat der wilde Teenager offensichtlich niemanden.

Seit unser „Waisenhaus" vor einem halben Jahr entstand, haben viele Teenager gute Entwicklungen durchgemacht. Aber Reymond scheint blockiert. Er wirkt oft traurig und geistesabwesend, direktem Augenkontakt weicht er nach wie vor aus. Da ich inzwischen in der Lage bin, einfache Gespräche ohne Übersetzer zu führen, packe ich, als wir einmal unter uns sind, die Gelegenheit beim Schopf: „Rey, was ist los mit dir?"

Rey überlegt eine Weile. Dann sagt er: „Ich hasse mich. Ich kann mich nicht mehr ausstehen."

„Ich nehme an, das hat einen Grund."

Rey schweigt.

„Du bist sehr wertvoll. Ich mag dich sehr, Rey, aber noch viel wichtiger ist, dass Gott dich liebt."

„Ich hasse mich, weil ich so schlecht bin", sagt Rey.

„Was macht dich denn so schlecht?", hake ich vorsichtig nach.

Rey zögert wieder, dann sagt er unvermittelt: „Ein Mädchen wollte in unsere Gang. Sie war noch jung und unberührt. Wir haben sie gefragt: ‚Was willst du als Eintrittspreis, Schläge oder Liebe?' Dann haben wir sie vergewaltigt. Der Reihe nach."

Es folgt ein lautes Schweigen. Ich habe schon heftige Geständnisse gehört, aber das hier raubt nun auch mir fast den Atem. Nicht nur, weil in den Philippinen auf Vergewaltigung die Todesstrafe steht, sondern vor allem wegen der Last auf Reys Seele.

„Ich kann nie mehr froh sein wie du", sagt Rey und beginnt zu weinen.

Es muss ungeheuer sein, mit einer solchen Tat leben zu müssen und zu wissen: Nichts kann sie je wieder ungeschehen machen. Da ist dieser hübsche Junge mit seinen großen Kinderaugen, und in seinem Herzen tobt ein solches Drama. Ich bete um die richtigen Worte und um ein Wunder.

„Es gibt nur einen radikalen Weg für dich", sage ich behutsam. „Du brauchst ein neues Herz. So kannst du von innen heraus langsam neu werden." Es folgt ein langes Gespräch. Über die Strafen für Vergehen und über den Gott, der Mensch wurde. „Jesus von Nazareth hat deine Schuld ans Kreuz gehängt", sage ich ihm. Dann beten wir.

Tage später folgt ein Hammer: Rob und Lorraine sind weg. Heim nach Australien, vermutlich für immer. Schon seit einiger Zeit wirkten sie müde und ausgepowert. Erst vor Kurzem hatte ich einen Artikel über eine neuartige Zivilisationskrankheit gelesen, das „Burnout-Syndrom". Jetzt weiß ich, was gemeint ist. Erst brennt dein Herz für etwas, und dann brennt es aus. Der Abgang von Rob und Lorraine beschäftigt mich in diesen Tagen sehr, auch wenn mich Klinik, Jungs, Patenschaftsprogramm und alles andere sehr auf Trab halten. Ganz abgesehen davon, dass es nach Robs Heimkehr auch noch Leute gibt, die von mir erwarten, dass ich Pastor der verwaisten Living-Spring-Gemeinschaft werde. Na toll …

Kurz darauf kriegen wir in Bagong Silang Besuch von Mike, meinem Teamleiter, den ich jeweils im SERVANTS-Haus sehe. Der Neuseeländer haust mit seiner vierköpfigen Familie am Rande eines Flusses in einem hässlichen und elenden Slum mit etwa 10 000 Bewohnern. Dort ist er Pastor einer selbst gegründeten christlichen Basisgemeinde. Kein Honiglecken. Mike ist der Einzige im SERVANTS-Team, der sich ständig durch Fachliteratur auf dem Laufenden hält und selbst Artikel zum Thema Entwicklungszusammenarbeit schreibt.

Normalerweise ist Mike sehr gewissenhaft und diszipliniert. Aber während er sich unsere Arbeit anschaut, verdüstert sich seine Miene zusehends. Als wir dann vor meiner kleinen Hütte sitzen, platzt ihm der Kragen: „In der Entwicklungsarbeit sind wir ja alle Anfänger", schimpft er, „aber du bist der Schlimmste von allen! Du bist mit allem viel zu früh! Zuerst kommen die Sprache und das tiefere Verständnis für die Kultur hier … für die Kultur der Armut und die Kultur der Filipinos. Erst dann kannst du dich richtig hineinknien! Aber so schnell, wie du eingestiegen bist, wirst du Fehler begehen, die nicht wiedergutzumachen sind!"

Meine Rechtfertigungsversuche scheitern kläglich. Mike ist unerbittlich, und – er hat recht. Statt mich in diesem ersten Jahr ganz der Sprache und Kultur zu widmen, bin ich fast ausschließlich in Projektarbeit verstrickt. Ich habe ein Patenschaftsprogramm gestartet, eine Jugendgruppe gegründet, eine Freizeit für Teenager organisiert, ich trage die Verantwortung für eine Notklinik, ich ließ Wasserbrunnen bohren und initiierte zusammen mit Rob die Gründung von Nachbarschaftsorganisationen. Ich war aktiv bei Arbeitsbeschaffungsprojekten, und mein Wohndomizil hat sich in wenigen Wochen in ein „Waisenhaus" verwandelt.

Nachdem mir Mike den Kopf gewaschen hat, sind wir beide etwa gleich deprimiert. Ich sollte ihm glauben. Er trägt die Verantwortung für ein internationales Team von wagemutigen Neulingen. Wie wir alle, lebt auch Mike meistens an seinen Grenzen. Erst vor ein paar Wochen hat er ein eigenes Kind verloren. Seine tapfere Frau Rubi hatte sich während der Schwangerschaft mit einem Virus infiziert, Joseph kam

zu früh zur Welt, war zu schwach und starb ein paar Tage
später.

Wir schweigen eine Weile. Dann sagt Mike: „Du musst raus
aus Bagong Silang, und zwar schnell. Suche dir ein Armenviertel
in der Stadt, wo die Not nicht so erdrückend ist wie hier."

Ich frage mich, ob Mike sich Vorwürfe macht, dass Rob
und Lorraine jetzt nach vier Jahren das Tuch werfen mussten.
Sie waren seine Pionierfreunde von der ersten Stunde an. Sicher will er verhindern, dass mir dasselbe passiert. Mike hat
recht, und ich weiß es. Ich muss noch einmal richtig von vorn
anfangen.

Umzug nach Bagong Barrio

Mein Neustart findet in Bagong Barrio statt. Das Wohnviertel – im Norden von Manila, in der Nähe der Stadtautobahn
gelegen – ist eine ehemalige Slumkolonie auf Regierungsland.
Vor Jahren hatte die Behörde versprochen, den Siedlern das
besetzte Land zu verkaufen. Darum haben die Bewohner inzwischen ihre Hütten zu festen, mehrstöckigen Häusern ausgebaut. Die meisten sind sehr eng, kaum etwas ist geplant und
vieles improvisiert, aber immerhin sind wenigstens die Abwas-
serkanäle gedeckt. Es gibt fließendes Wasser, einige haben sogar ein Telefon. Das Gebiet gilt als „semi-depressed area" und
liegt damit auf der sozialen Hierarchie eine Stufe höher als ein
illegaler Slum, dessen Bewohner ständig von der Vertreibung
bedroht sind.

Durch meinen Umzug bin ich quasi aufgestiegen – in ein
Zimmer aus rohen Zementbacksteinen mit einem Zementboden und einem Wellblechdach. Das klingt stabil, aber alles
ist irgendwie undicht, der Mörtel minderwertig. Regenwasser
fließt in kleinen Rinnsalen durch die Risse.

Was mich mehr stört, sind die Ratten und Riesenschaben, die in den vielen unverputzten und feuchten Fugen ihre Nester bauen und sich offensichtlich wohlfühlen. Vor allem in der Nacht kommen sie heraus und feiern fröhliche Partys, mit viel Bewegung und Lärm. Vor den ekligen Riesenschaben schützt mich ein Moskitonetz, aber gegen die Ratten scheint es kein Mittel zu geben. Immer wieder wache ich auf und kann vor lauter Gequietsche und Gerassel nicht mehr einschlafen. Einmal schrecke ich aus dem Schlaf hoch, weil direkt neben meinem Kopf im Halbdunkel ein Riesenvieh von Ratte quietscht.

Wut steigt in mir hoch, ich ziehe meine Faust auf und schlage mit aller Kraft zu. Natürlich ist die Ratte schneller, und ich donnere meine Faust in die raue unverputzte Zementwand. Die Haut ist wie wegrasiert, die Handknöchel liegen blank, es tut grauenhaft weh und blutet, das Moskitonetz ist heruntergerissen. Ich bin ein Vollidiot.

Ein WC habe ich keines. Aber mein Vermieter wohnt mit seiner Familie nebenan und lädt mich ein, ihr Plumpsklo zu benutzen. Das ist nett und tagsüber auch ganz praktisch. Aber wenn ich mal in der Nacht „muss", finde ich ihre Haustür verschlossen. Die Kinder liegen, eng wie Sardinen, auf dem Fußboden hinter der Tür und schlafen.

Mein schlimmstes WC-Problem erlebe ich allerdings einmal unterwegs. Zusammen mit einem Freund fahre ich im alten Jeep der SERVANTS auf der Hafenstraße Richtung Navotas, wo wir ein Projekt besuchen wollen. Die Hafenstraße führt an jenem kilometerlangen Armenviertel entlang, das unter dem legendären Namen „Tondo" einst als größter Slum Asiens bekannt war. Plötzlich habe ich ein sehr akutes Problem, nämlich Darmkrämpfe, die einen Durchfall ankündigen! Ausgerechnet jetzt und hier …

„Ich muss austreten, dringend und sofort, sonst explodiere ich", rufe ich meinem Begleiter zu. Zuerst grinst er. Aber dann sieht er mein panikerfülltes Gesicht und weiß Bescheid. Wir fahren sofort an die nächsten Slumhütten heran und fragen nach einem WC. „Sorry, Sir, wir haben selbst kein WC hier." – „Okay, schnell weiter", stöhne ich. In meinen Gedärmen rumpelt es. Ich male mir aus, was passieren würde, wenn ... Wir sind mindestens eine Autostunde Schwerverkehr von zu Hause weg, weit und breit kein Baum, nur Menschen, Autos und Hütten!

Nach etwa hundert Metern halten wir wieder an: „Wir brauchen dringend ein WC! Gleich jetzt, bitte, bitte!" Die Antwort ist dieselbe: „Sorry, kein WC hier, schaut weiter, vielleicht weiter oben oder dort drüben." Das darf nicht wahr sein! Tausende von Slumhütten inmitten der Stadt und kein WC! Der alte Begriff „Notdurft" bekommt eine ganz neue Bedeutung. Der Trick mit der Zeitung kommt mir in den Sinn, die „Roll-and-Throw-Methode": Man nimmt eine alte Zeitung, legt sie auf den Boden und verrichtet sein Geschäft darauf. Dann wickelt man die stinkige Sache sorgfältig in die Zeitung ein, steckt sie in eine Plastiktüte und wirft das Päckchen bei nächster Gelegenheit in den Müll oder in den Fluss. Eine Demütigung, die viele Arme täglich erleben müssen.

Aber Roll-and-Throw kommt jetzt kaum infrage, mein Darm steht kurz vor der Explosion. Wieder und wieder versuchen wir vergeblich unser Glück. Ich schimpfe und bete und krampfe und bete und schimpfe, bis mir schwindlig wird. Plötzlich ruft mein Begleiter: „Eine Hütte mit WC!" Ich stürme rein. Es ist besetzt!

Ich gehe vor der WC-Türe zu Boden und krümme mich. In dieser Lage wird jede Sekunde zur Ewigkeit. Die Türe öffnet sich schließlich doch noch, und tatsächlich schaffe ich es noch ... Das Wort „rechtzeitig" ist nach dieser Qual fehl am Platz. Der Rest ist Schweigen, Wasser, Seife, Dankbarkeit und einige Pesos für meine Erlöser. Und die Erkenntnis, wie wenig ein Mensch manchmal braucht, um wieder glücklich zu sein.

Von der Freiheit eines Motorradfahrers

Mein Schwerpunkt in Bagong Barrio liegt wieder auf dem Tagalog. In Jesse Sarol finde ich einen sehr guten Privatlehrer, der
bald auch mein Freund wird. Zum ersten Mal habe ich das
Gefühl, sprachlich Fortschritte zu machen. Endlich!

Natürlich komme ich trotz des Umzugs nicht von Bagong
Silang los. Ich bin jetzt einfach ein Pendler. Inzwischen habe
ich sogar ein eigenes Fahrzeug, ein Motorrad. Generell ge-
hören private Vehikel nicht zu unserer Ausrüstung, aber das
Team hat mir nun in meinem zweiten Jahr den Kauf einer
Honda zugestanden. Meine SERVANTS-Kollegen sind kon-
sequent und bewegen sich wirklich nur mit den öffentlichen
Verkehrsmitteln fort. Mit den Armen zu leben bedeutet ja, mit
dem Gefühl leben zu lernen, auf der Seite der Verlierer zu sein.
Und ein Verlierer fährt nun mal kein Motorrad.

Trotzdem beruhige ich mein schlechtes Gewissen über dieses Privileg, weil der praktische Nutzen überwiegt. Ich betreue
immerhin Gemeinschaften und Projekte an verschiedenen
Orten der Millionenstadt, und ich bin ja nicht nach Manila
gekommen, um meine Zeit mit Warten zu verbringen. Ohne

*Sprachunterricht
mit Jesse Sarol,
in meinem neuen
„Rattenloch" in
Bagong Barrio.
An der Wand
sieht man den
Regen herunter-
fließen.*

Fahrzeug steht man elend lange in der Hitze an gefährlichen Straßenrändern und wartet vergeblich auf einen Bus oder Jeepney. Wenn dann doch mal einer kommt und man mit viel Glück einen Platz ergattert hat, steht man in Menschenmassen eingeklemmt und ist dem Fahrstil eines übermüdeten Drivers ausgeliefert, der sich durch den Verkehr quält und dabei rücksichtslos rast und bremst und hupt. Auf dem Motorrad habe ich das Gefühl, wenigstens im Verkehr der Millionenstadt zu den Gewinnern zu gehören. Geschwindigkeit, Effizienz und Sicherheit: ein Luxus der Reichen.

Nach heftigen Tropenregen sind oft viele Straßen Manilas bis zu einem halben Meter hoch überflutet. Mit meiner Honda, die den Auspuff gleich unter dem Sattel montiert hat, tuckere ich wie ein Boot durch die Fluten an den gestrandeten Passanten vorbei. Außer letzte Woche, als ich kurzerhand und mitsamt der Honda in einem offenen Abwasserkanal versunken bin – in der Dreckbrühe fallen fehlende Kanaldeckel oder Sickergruben natürlich nicht auf. Aber mit Prellungen und Schürfungen an beiden Oberschenkeln und am Brustkorb bin ich noch glimpflich davongekommen. Inzwischen habe ich auch die Honda wieder.

Hin und wieder frage ich mich, ob der Umzug wirklich sinnvoll war. Ich lebe mindestens so sehr in Bagong Silang wie in Bagong Barrio. Die Gemeinschaften, die Kids … Besonders an Reymond habe ich Freude, wenn wir uns regelmäßig in der Bibelgruppe sehen. Es scheint, als hätte er wirklich ein „neues Herz" bekommen. In der Gemeinschaft ist er ein zuverlässiger Freund geworden, dem nichts zu viel ist. Als ich heute nach dem Gesprächskreis auf die Honda steige, steht er da, schaut mir in die Augen und lacht fröhlich. Hei, das genieße ich!

Daheim in Bagong Barrio angekommen, stelle ich zuerst einmal meine neueste Errungenschaft auf: eine Rattenfalle. Ursprünglich wollte ich meinen Feldzug mit Rattengift starten, aber die Nachbarn rieten mir ab: Mit Gift im Bauch verstecken sich die Viecher kurz vor dem Tod an unzugänglichen Stellen. Dort verrotten sie langsam und verpesten das ganze Haus. Drum habe ich mir auf dem Markt eine Rattenfalle besorgt, einen Drahtkäfig mit einer Tür, die zuschnappt. Die stelle ich also auf und lege mich schlafen.

Am andern Morgen quietscht tatsächlich so ein kleines Monster in der Falle. Nur: Was mache ich jetzt damit? Ich frage ein paar Teenager. Die geben mir keine richtige Antwort, sondern nehmen mir die Falle aus der Hand, und noch bevor ich begreife, was sie machen, ist der Käfig samt Inhalt mit Benzin übergossen und steht in Flammen. Die Ratte quietscht, ihr verbrennendes Fleisch stinkt, die Jungen lachen. Mir dreht sich fast der Magen um.

„Es ist ganz einfach", sagt mir Jesse am Nachmittag. „Du musst sie ertränken. Das ist humaner, kurz und schmerzlos."

Als ich zwei Tage später wieder eine Ratte im Käfig habe, schreite ich zur Tat: rein ins Wasser. Aber die Aktion ist fürchterlich, mir kommt es vor, der Todeskampf unter Wasser dauere eine Ewigkeit. Ein Albtraum. Und das Monster, das bin ich. Als die Ratte schließlich doch noch den Geist aufgibt, beschließe ich, es den Millionen von Armen gleichzutun und mit den Ratten in einer Art Koexistenz zu leben. Wenn man Ratten töte, sagt ein Nachbar, dann kämen die Artgenossen erst recht in Scharen, man müsse sich gegenseitig den Platz zum Leben gönnen. Meinetwegen. Mögen die Ratten meinetwegen zur göttlichen Schöpfung gehören, meine Sympathien werden sie trotzdem nicht kriegen.

Beim Joggen habe ich Doc kennengelernt. Ein muskulöser Bursche, 26 Jahre alt, mit freundlichem Gesicht. Mitzuhalten ist völlig unmöglich, Doc ist Marathonläufer und versucht, bei Wettläufen gute Ränge zu erzielen. Dabei gewinnt er hin und wieder ein wenig Bargeld. Das ist ihm sehr willkommen, denn sein Tageslohn reicht gerade knapp fürs Essen. Für 56 Pesos am Tag, was etwa 2 Euro entspricht, putzt er sechs Tage die Woche für jeweils acht Stunden die WCs einer bekannten Radiostation. Dieser „Lohn" ist ein Hohn und entspricht nicht einmal der Hälfte des gesetzlich geforderten Mindestlohns.

Doc wohnt überall, wo er gerade Unterschlupf findet: Als Waisenkind aus der Provinz hat er keine Verwandten in der Stadt. In den letzten neun Monaten diente ihm die Holzbank im Büro seines Vorgesetzten als Bett. „Das ist besser als die Parkbank", erklärt er mir, „der Straßenstaub macht mich nämlich krank."

Doc tut wohl. Er ist nicht so fatalistisch wie viele andere hier, er sucht auch die kleinen Chancen und packt sie an. Vielleicht braucht man dazu schlicht die Ausdauer eines Marathonläufers.

Der Krieg

Normalerweise gehe ich am Morgen noch vor Sonnenaufgang joggen. Gegen Osten grenzt mein neues Wohngebiet an eine Mauer, die den Araneta-Park vor der Öffentlichkeit schützen soll. An einer verdeckten Stelle habe ich ein Schlupfloch gefunden. Da klettere ich seit Wochen jeden Morgen hindurch, um dann auf zementierten Pfaden zwischen den Bäumen zu joggen. Diese einigermaßen frische Morgenstunde genieße ich in vollen Zügen. Wenigstens einmal am Tag kann ich allein sein, mit meinen Gedanken und Gebeten, höre nur mein eigenes Atmen und, aus guter Distanz, den noch erträglichen Lärm einer erwachenden Stadt.

Zwar ist der Park Privatbesitz, aber ich habe trotzdem kein schlechtes Gewissen. Er ist acht Fußballfelder groß und grenzt ostseitig an einen großen Slum, wo die Menschen in dunklen Verschlägen von wenigen Quadratmetern eingepfercht hausen. Aus ihrer Perspektive ist der riesige Park eine einzige Platzverschwendung und eine Provokation sondergleichen.

Heute Morgen beim Aufwachen wird mir allerdings sofort klar, dass ich kaum joggen gehen werde. Von der Straße dringt aufgeregtes Geschrei zu mir herein: „Guierra na, guierra na!" Es ist Krieg? Während ich aufstehe, höre ich Hubschrauberlärm über der Stadt und vernehme dumpfes, fernes Knallen. Ich ziehe mich hastig an. Als ich vor die Tür trete, donnern Kampfflugzeuge im Tiefflug über die Häuser. Der Lärm ist ohrenbetäubend. Was steckt dahinter? Die nächsten Tage hängen wir fast ununterbrochen am Radio oder Fernsehen. Eine kleine Gruppe Aufständischer der Armee unter der Führung von Gregorio Honasan hat Teile der Geschäftsviertel besetzt und liefert sich mit den regierungstreuen Truppen Feuergefechte. Die Regierungstruppen sind natürlich in der Übermacht. Der Offizier Honasan ist jung und populär, hier in Bagong Barrio drücken die Leute dem Rebellen die Daumen. Sie drücken allen die Daumen, die gegen die Regierung sind. Weil sie hoffen, dass sich endlich einmal etwas zum Guten verändert.

Es ist ein Ausdruck von Verzweiflung: Zwanzig Jahre lang hatte Diktator Ferdinand Marcos das Land regiert, unterstützt von den USA, bis er Oppositionsführer Ninoy Aquino umbringen ließ, dadurch ungewollt einen Volksaufstand auslöste und aus dem Land fliehen musste. Die Volksbewegung spülte Ninoys Witwe Corazon Aquino an die Macht, auf der die Hoffnung der Oppositition und der Armen lag. Nach drei Jahren ist vor allem eins geblieben: Bitterkeit.

Wir Ausländer werden aufgerufen, in den Häusern zu bleiben. Ich versuche, per Telefon die Schweizer Botschaft zu erreichen. Keine Antwort. Die meisten Hochhäuser im Geschäftsviertel, wo auch die Botschaften liegen, sind von Rebellen besetzt und werden von den Regierungstruppen beschossen. Derweil geht in unserem Stadtteil der Alltag weiter, als wäre nichts geschehen, abgesehen von der Live-Unterhaltung im Fernsehen über einen Krieg in der gleichen Stadt. Wie grotesk das alles ist!

Die Jungen von Bagong Silang erwarten mich trotz des Kriegsgeschehens zum Bibelgesprächskreis. Ich fahre hin, und es wird ein packender Nachmittag. Uns alle beschäftigt das aktuelle Geschehen. Das Fernsehen bringt aufwühlende Bilder von jungen kämpfenden Filipinos, die in diesen Stunden in den Straßen von Manila verbluten. Manche von ihnen sind nicht viel älter als die anwesenden Jungen.

Von Neuem packen uns in diesem Augenblick all die existenziellen Fragen, die die Bibel aufwirft. Auch wir stehen in einem ständigen Kampf. Die jungen Menschen hier können im Strom der großen Masse, stets den eigenen Vorteil suchend, in der Bedeutungslosigkeit enden. Aber sie können ihr Leben auch einsetzen für Gottes Friedensreich, für Liebe und Gerechtigkeit. Sie können dem Bösen Widerstand leisten, gewaltlos, so wie Jesus. Ich spüre eine ansteckende Freude und Ernsthaftigkeit unter den Jungen. Wir helfen uns gegenseitig darin, im Leben gegen den Strom zu schwimmen. Als ich auf meine Honda steige, bin ich beschwingt und motiviert.

Kurz bevor ich daheim ankomme, fährt ein Auto völlig überraschend aus einem Parkplatz heraus auf die offene Straße – und mich über den Haufen. Ich werde gegen eine schmutzige Straßenmauer geschleudert. Der Fahrer des Wagens ist ein netter Tierarzt. Er nimmt mich sogleich mit in seine Praxis hinter dem Parkplatz und schüttet mir reinen Alkohol auf die aufgeschürfte Schulter. Ich quietsche wie ein Schwein vor der Schlachtung, aber er scheint unbeeindruckt. Na ja, der Mann ist Tierarzt. Wenigstens ist ihm alles sehr peinlich, und er will wissen, was mich als Weißen in diesen Teil von Manila brachte. Schließlich verspricht er mir, nach Bagong Silang zu kommen, unseren Jungen Unterricht zu geben und nach unserer Hühnerzucht zu schauen.

Bic, der Zeuge

Mitten in der Nacht klopft es an meine Tür. Bic steht draußen, völlig verängstigt. In einem Gottesdienst der Living-Spring-Gemeinschaft hatte er mir vor einiger Zeit erzählt, er sei von der Polizei in Bagong Silang in einer Zelle festgehalten und unter Todesdrohung freigelassen worden. Ich bitte ihn herein, wir setzen uns und er berichtet, was passiert ist:

Sie haben wieder eine Razzia durchgeführt. Hütten umstellt, ein paar Jungs in Handschellen abgeführt, ohne Haftbefehl. Die aufgebrachten Eltern sind zu mir gekommen. Ich habe auf Ronn gewartet, um das weitere Vorgehen zu besprechen. Du weißt ja, ich bin nur der Vize, Ronn ist der Präsident unserer Selbsthilfeorganisation. Ronn hat sofort gesagt, er gehe augenblicklich auf die Polizeistation. Du hast ihn doch auch schon getroffen, ein Supertyp, gebildet, mit einer guten Stelle, den die Polizei nicht einfach so außer Gefecht setzt.

Ich habe ihm gesagt, ich würde nachkommen. Ich musste noch etwas zwischen die Zähne bekommen. Dann habe ich auf der Straße einen kleinen Bratspieß gekauft und bin Richtung Polizeistation geschlendert. Dort habe ich mich in die Türöffnung gelehnt, unauffällig am Spieß gekaut und beobachtet, was passierte. Klar war ich nervös. Aber ich dachte, vielleicht lernst du was. Ronn hat ja in solchen Situationen mehr Erfahrung als ich.

Ronn hat sich um ein Gespräch mit dem Diensthabenden hinter dem Pult bemüht. Auf niedrigen Hockern saßen Männer und spielten Karten. Viele leere und angetrunkene Bierflaschen standen herum. Eigentlich ist das auf einer Polizeistation ja verboten. Auf ein Zeichen des Diensthabenden hin stand einer der Männer auf und tastete Ronn von Kopf bis

Fuß nach Waffen ab. Mindestens er war also ein Polizist, in Zivil gekleidet, vermutlich waren es noch mehr.

Ronn stand ruhig und ließ die Leibesvisitation geschehen. Plötzlich gab der Mann, der ihn abtastete, seinem Polizeikollegen ein Zeichen. Ich dachte zuerst, er hätte etwas gefunden. Der Polizist brüllte Ronn an, was sein Problem sei. Ronn blieb ruhig, er wollte denen keine Angriffsfläche bieten. „Sir, ich möchte nachfragen, mit welcher Anklage die Jungs aus dem Quartier 7 verhaftet wurden." Das gehe ihn nichts an, lallte der Polizeioffizier. Ronn sagte ruhig, er sei der Präsident jener Nachbarschaft und vertrete die Eltern der Jungs.

Der Offizier brüllte ihn an, sie täten nur ihre verdammte Arbeit, das sei nicht sein Business und er solle verschwinden. Dann zog er seine Dienstwaffe. Ob er absichtlich schoss, habe ich nicht gesehen, aber der Mann war ja besoffen. Jedenfalls löste sich ein Schuss und traf Ronn am Oberschenkel. Der brach zusammen und aus seiner Jackentasche fiel seine Brieftasche, prall gefüllt mit Banknoten. Geldscheine fielen heraus, und alle Anwesenden sprangen auf und griffen nach den Scheinen.

Dann sah ich, dass einer der anwesenden Zivilisten eine Pistole in die Luft streckte und rief: „Hier schaut, er ist bewaffnet." Er hielt die Pistole in ein Schweißtuch gewickelt. Da wurde mir klar, was hier abging. „Ronn hatte noch nie eine Waffe!", rief ich und stürzte hinein. Ronn lag mitten in dem Chaos in einer Blutlache. Die Kugel hatte vermutlich seine Oberschenkelarterie zerfetzt. Er stöhnte noch und verlor dann das Bewusstsein.

Die Polizisten sperrten mich natürlich ein. Ich sah aber noch, wie sie Ronn auf die Ladebrücke des Polizei-Jeeps hievten. Wie ein Stück Vieh! Nachher haben sie mich gefesselt und mir einen dunklen Sack über den Kopf gestülpt und gesagt, sie würden mich jetzt entsorgen. Dann sind sie mit mir herumgefahren, irgendwo musste ich aussteigen und in die Knie. Sie haben mir einen Revolver auf die Stirn gehalten und abgedrückt, ohne Munition, immer wieder. Ich hatte wahnsinnige Angst und die haben sich amüsiert darüber. Ich wusste nicht, ob sie einfach russisches Roulette spielten und mich am Schluss einfach erschießen. Aber nachher fuhren sie zurück, ließen mich raus und sagten, ich solle aus Bagong Silang verschwinden. Sie würden mich umbringen, wenn ich jemals jemandem erzählen sollte, was auf der Polizeistation geschehen sei.

Bic zittert und mein Herz pocht. Ich sage ihm, er könne natürlich erst einmal bei mir bleiben, und Bic nimmt das Angebot dankend an.

Am anderen Morgen gehe ich wieder joggen, allerdings nicht mehr im Park. Der Parkwächter hat mich mehrfach erwischt und war von Mal zu Mal schlechter gelaunt. Der Park gehört dem Araneta-Clan. Diese Familie sei spanischer Abstammung, sagt Jesse, eine Großgrundbesitzerin und hier ansässig seit der Kolonialzeit. Am Montag hat der Wächter mir schließlich mit der Polizei gedroht. Das ist mir jetzt zu riskant.

Aber für den Araneta-Park habe ich eine feine Alternative gefunden, einen großzügig angelegten Friedhof für Reiche. Meine Erholungszeit zwischen den Gräbern muss ich mir täglich hart verdienen, mit einer Viertelstunde Dauerlauf durch ziemlich schmutzige Straßen, einem Slalom durch den Morgenstau, vorbei an gaffenden Menschen, kläffenden Kötern und stinkenden Abfallhaufen. Ich bin aber nicht der Einzige, der den Friedhof zum morgendlichen Fitnesstraining genießt. Mit einigen anderen Frühaufstehern habe ich bereits Bekanntschaft geschlossen. Der Friedhof tut uns wohl. Zwischen den Gräbern stehen Bäume, der englische Rasen ist wunderschön und gepflegt. Die Reichen leben eben besser als die Armen – sogar noch, wenn sie tot sind …

Tagsüber besuche ich wieder Projekte in Bagong Silang. Auf dem Motorrad wird mir einmal mehr bewusst, dass der Umzug nach Bagong Barrio eigentlich überflüssig war. Ich stecke nicht nur weiterhin in der Projektarbeit, sondern zusätzlich auch noch im Verkehr. Abgesehen davon hatte ich in Bagong Silang weniger Ratten.

Am Abend verabschiede ich mich von meinen Leuten in Bagong Silang. Als ich mich auf die Honda schwinge und Richtung Bagong Barrio aufbreche, rennt plötzlich eine alte Frau auf mich zu und kreischt wie verrückt. Jemand flüstert: „Sei vorsichtig, das ist eine Hexe!" Mir kommt sie eher geistesgestört vor, wie sie da wild gestikuliert und mich mit Flüchen und Verwünschungen überschüttet.

Nach ein paar Minuten Fahrt rennt ein Hund auf die Fahrbahn, geradewegs vor mein Motorrad. Nur mit Mühe kann ich einen Zusammenstoß verhindern. Mit Herzklopfen fahre ich weiter. Zwanzig Minuten später läuft ein kleines Kind vor das Motorrad. Ich mache eine Vollbremsung und gerate ins Schleudern, kann mein Fahrzeug aber auf den Rädern halten. Nach einem Stoßgebet um Schutz fahre ich sehr, sehr vorsichtig weiter Richtung Bagong Barrio. Mir ist nicht ganz klar, ob das ein Hirngespinst ist oder dieses vielbeschworene „magische Denken" von sich selbst erfüllenden Prophezeiungen. Vielleicht ist es viel einfacher und die Alte ist wirklich eine Hexe, die mit irgendwelchen Verfluchungen etwas bewirken kann.

Zwei Stunden nach mir, es ist schon dunkel, kommt Bic herein. Er ist angespannt. Trotz seiner Angst vor der Polizei war er zu Ronn nach Hause geschlichen und hatte von dessen Frau erfahren, dass Ronn tot ist, verblutet an der Oberschenkelwunde. Kurzerhand hat er Ronns Frau angeboten, vor Gericht als Kronzeuge aufzutreten, falls sie die Polizisten anzeigen würde. Unter diesen Umständen ziehe sie das in Betracht, sagt Bic, sie kenne einen Anwalt. Bestimmt würden auch Freunde der Living-Spring-Gemeinschaft zur Verhandlung kommen und ihr und Bic Rückendeckung geben. Bic weiß jetzt auch, woher die prall gefüllte Brieftasche in Ronns Jacke kam: Es war Ronns Monatslohn und das Weihnachtsgeld, das er an jenem Tag von der Arbeit nach Hause bringen wollte.

Umzug nach Potrero

Ich habe mein WC-loses Rattenloch in Bagong Barrio satt. Sechs Monate bin ich schon hier, das reicht! Ich marschiere los Richtung Potrero. Ich will wieder hinter die Mauer. Komisch eigentlich, dass ich in Bagong Barrio mehr Ratten hatte als zuvor in Bagong Silang.

Potrero ist nun wieder ein echter Slum, da ist nicht das Geringste „semi depressed". Eine Anhäufung ineinander verschachtelter Sperrholzhütten mit Wellblechdächern, durch deren Mitte sich eine nicht enden wollende Autokolonne quält. Nicht dass die Armen hier Autos hätten, aber wenn die Stadtautobahn verstopft ist, dann gelangt man über diese enge Holperstraße schneller in den Nordwesten von Manila. Und verstopft ist die Autobahn so gut wie immer. Dafür nutzen geschäftstüchtige Slumbewohner dieses Nadelöhr, um den Automobilisten mittels Sammelbüchsen eine Art Wegzoll abzunehmen. Man kann das wohl als eine Art Entschädigung für den Lärm, die Abgase und den Straßenstaub betrachten, der die Menschen und Behausungen mit einer dicken Schmutzschicht überzieht.

Immer wieder mache ich die nach wie vor erstaunliche Erfahrung, dass man in diesen Slums beliebige Menschen wegen beliebiger Belanglosigkeiten anquatschen kann, ohne dabei komisch zu wirken. Komisch wirke ich hier nur, weil ich ein Americano bin. Es dauert keine zehn Minuten und ich habe eine Traube Menschen um mich herum. Als ich sage, dass ich eine Wohngelegenheit suche, herrscht allgemeine Belustigung.

Man empfiehlt mir das Araneta-Village, jenes bewachte Reichenviertel auf der anderen Seite des Parks, denn: „Dort leben Leute wie du."

„Nein", sage ich, „ich möchte bei euch leben." Ich ernte nur Gelächter, Kopfschütteln und neue Redeschwalle. Ein paar Tage später versuche ich es erneut. Vielleicht merken nun einige, dass es mir ernst ist?

„Ich suche ein Zimmer, es darf auch ganz klein sein", versichere ich den Herumstehenden. Wieder Kopfschütteln und Achselzucken. Dann höre ich plötzlich Rufe aus einer dunklen Slumgasse: „Hey, Jo, komm hier hoch! Ate Lita möchte mit dir sprechen." Unbekannte Americanos werden hier allgemein einfach mal Jo genannt.

Zwei Halbwüchsige führen mich ein paar Schritte auf einem düsteren und von Abwasser getränkten Pfad zu einer wackeligen Treppe und dort zwei Meter hoch in den ersten Stock. Es riecht heftig nach Menschen, Fäulnis und Abwasser. Trotzdem bin ich irgendwie freudig erregt. An der Tür steht eine Frau mittleren Alters, lächelt und nötigt mich herein. Das ist nun Ate Lita.

Nach den üblichen Begrüßungsfloskeln in erstaunlich gutem Englisch erklärt sie: „Das Haus gehört Lola (Großmutter) Bekka, meiner Mutter, und Papa Ramos, meinem Vater. Obwohl wir hier im Slum leben, sind wir rechtmäßige Besitzer dieses Landes und dieses Hauses." Das ist außergewöhnlich.

Ich sehe mich um: Das Haus ist zwar größer als üblich, aber doch sehr verlottert. Die Sala dient zugleich als Küche und Schlafraum für einen Teil der Großfamilie. Sie ist vollgestopft mit in Plastik verpackten Plüschtieren und anderen kitschigen Andenken. In der Mitte steht als Blickfang ein riesiger Farbfernseher, der natürlich ununterbrochen läuft, wie bei vielen Armen. Ein kleines Fenster in die Welt der Reichen. Den sonst üblichen kleinen Hausaltar mit Heiligenfiguren, Kerzen oder Essensopfern suche ich hier vergeblich.

Ate Lita ist ein einziger Redeschwall. In kürzester Zeit hat sie mich über die ganze Situation unterrichtet: Sie könne mit etwas Sperrholz kleine Wändchen für mich einfügen, nämlich um den alten schweren Mahong-Spieltisch herum, den Platz und den Spieltisch bräuchten sie nicht mehr, mit der Spielsucht ihrer Nachbarn wollten sie nicht mehr Geld verdienen, sie sei gläubig geworden in der Bibelstunde einer Freundin, dort hätten sie für die Heilung von Lola Bekka gebetet, die sehr ernsthaft erkrankt gewesen sei, durch ein Loch an der Wirbelsäule sei ständig etwas Flüssigkeit herausgetropft, aber Lola Bekka sei gesund geworden, worauf sie sich allesamt diesem Jesus der Bibel anvertraut hätten, alle außer den Männern, die Heiligenfiguren hätten sie früher wie Götzen verehrt, nun aber aus dem Haus entfernt, sie selber sei Optikerin und müsse für den Lebensunterhalt ihrer Kinder und Eltern sorgen, im Übrigen sei Lola Bekka eine Manghilot, also eine Heilerin mit übernatürlichen Kräften, und falls ich je einmal gesundheitliche Probleme haben sollte, dann könne sie mir helfen, und Papa Ramos sei noch zu Zeiten von Diktator Ferdinand Marcos ein Gemeindepräsident gewesen und sei bis heute für alle Bewohner von Potrero eine Art Papa geblieben, den man aufsuchen würde, wenn man seinen Rat und seine Hilfe brauchen würde ...

Mein neues eigenes Zuhause ist gut fünf Quadratmeter groß. Zwischen Sperrholzwändchen und Decke liegt ein Spalt von einem halben Meter. Gut für die Ventilation, schlecht für die Privatsphäre – an drei der vier Wändchen lebt je eine Familie.

Der ausgediente Spieltisch wird mein Schreib- und Esstisch. Auch einen alten Schrank habe ich, dafür aber keine Pritsche. In der Nacht spanne ich mein Moskitonetz auf und rolle meine Schlafmatte auf dem Boden aus. Das WC befindet sich unmittelbar unter der wackeligen Treppe und wird bewohnt von ein paar Tausend haarigen Riesenschaben. Aber man will ja nicht wählerisch sein, es ist ein WC! Es ist jederzeit zugänglich, funktioniert zugleich als Dusche, und ab und zu kommt auch tatsächlich Wasser aus dem Schlauch!

Hatte ich nicht auch in meiner ersten Nacht damals in Bagong Silang diese merkwürdige Gewissheit, am richtigen Ort angekommen zu sein?

Weihnachtsgeschichten

Weihnachten! Seit wenigen Tagen ist der Rebellen-Spuk vorbei. 180 Soldaten und Zivilisten seien umgekommen, heißt es. Honasan und seine Leute legen ihre Waffen nieder, die Regierung hat ihnen eine Amnestie versprochen. Es werden nicht die letzten „Unruhen" sein.

Als ob sonst Ruhe herrschen würde in diesem Land … Unter Millionen von Armen finden machthungrige Führer immer genügend Freiwillige, die nichts zu verlieren haben. Der eigentliche Krieg, der Guerillakrieg der marxistischen New People Army, dauert schon dreißig Jahre. Wie es wohl Noel gehen mag? Und Josslin, die er verlassen hat, um sich dem Widerstand anzuschließen?

Gestern bin ich von Potrero nach Bagong Silang gekommen, wo ich die Weihnachtstage verbringen werde. Ich habe mich riesig drauf gefreut. „Maligayang pasko" haben mir alte und neue Freunde zugerufen, fröhliche Weihnachten. Und nun sitze ich hier im feierlichen Weihnachtsgottesdienst der Living-Spring-Gemeinschaft, und mir ist kein bisschen nach Feiern zumute.

Heute Morgen hat mir eine Frau weinend erzählt, ihr Mann habe sie verlassen, ohne etwas von seinem Weihnachtsgeld zurückzulassen für sie und ihre sieben Kinder, er sei zu seiner zweiten Frau gegangen. In den letzten Nächten wurden in der näheren Umgebung wieder drei junge Männer ermordet. Scheinbar grundlos. Einer wurde auf offener Straße erstochen, ein anderer zu Hause im Schlaf. Der dritte ist mein Freund Do-Dong, ein junger und freundlicher Bursche, der unsere Gottesdienste besuchte. Nun liegt er aufgebahrt in der Hütte seiner Familie. Er wurde richtiggehend zu Tode gesteinigt – von Drogensüchtigen, sagen die Leute.

Am Ende des Gottesdienstes legen die Besucher die Kollekte zusammen, zugunsten zweier Familien. Der ersten Familie ist die Hütte abgebrannt und damit alles Lebensnotwendige, das sie sich in den letzten Jahren hatten anschaffen können. Der zweiten Familie sind die Kleider gestohlen worden, während sie mit ihren fünf Kindern in der Kapelle beim Morgengebet waren.

Die meisten Gottesdienstbesucher leben selbst weit unter dem Existenzminimum, doch die Sammlung ergibt 250 Pesos, also etwa vier Tagelöhne eines einfachen Arbeiters. Die zweite Familie, deren Vater übrigens arbeitslos ist, überlässt ihren Anteil an der Kollekte vollständig der Familie mit der abgebrannten Hütte – aus solchen Taten besteht Weihnachten. Dank dem Schweizer Missionskonto kann ich einen „Gutschein" in die Kasse legen: für das Material eines neuen Daches.

Ich sollte mir Gelegenheiten schaffen, in der Schweiz persönlich von solchen Begebenheiten berichten zu können. Nicht nur wegen der Spendengelder, sondern um zu zeigen, dass auch und gerade in den traurigsten Ecken der Welt unvergängliche Werte zum Tragen kommen.

Trotz himmelschreiender Not ist Living Spring in Bagong Silang eine ungewöhnlich fröhliche Gemeinschaft. Seit einem halben Jahr sind keine ausländischen Mitarbeiter mehr mit dabei, aber es kristallisiert sich ein harter Kern von Gläubigen heraus, die Verantwortung übernehmen: Felix beginnt mit einer Alphabetisierungsklasse für zwölf Erwachsene. Lilibeth, eine einheimische Ärztin aus einer wohlhabenden Kirchengemeinde in Manila, bietet im medizinischen Ambulatorium Sprechstunden an. Sie wird nur so bestürmt.

Auch als Mitarbeiter von SERVANTS feiern wir Weihnachten, und zwar ganz traditionell mit Weihnachtsliedern, Weihnachtsgeschichte und Geschenkeauspacken. Schließlich sind unter den Mitarbeitern auch Familien mit Kindern. Das Weihnachtsessen besteht aus dem klassischen, angelsächsischen Festmenu: trockener Truthahn mit merkwürdiger Brot-Kräuter-Füllung, trockene Kartoffeln mit grünen Erbsen und Salat ohne Sauce. Zum Dessert gibt es einen soliden Weihnachtskuchen aus einer undefinierbaren dunklen Masse, den die Angelsachsen kurioserweise Pudding nennen und von dem mir nur der süße Guss schmeckt. Alle freuen sich riesig über den Festschmaus, nur ich denke wehmütig an Rahmschnitzel mit Nudeln oder an Speckrösti mit Spiegelei. Ich lasse mir nichts anmerken und versuche mich mitzufreuen. Doch plötzlich hören wir Hilferufe und Geheul vor unserer Tür. Etwas kopflos stürmt unser neuseeländischer Teamleiter Ian hinaus und ich hinterher.

Unversehens befinden wir uns inmitten einer Straßenschlacht. Ian stellt sich vor einen Burschen, der mit einem großen Steinbrocken auf einen bereits am Boden liegenden und blutüberströmten Mann losgeht. Ein anderer Typ richtet seinen Revolver direkt auf uns.

Ian schreit ihn an: „Steck den Revolver ein. Los, steck deine Waffe weg, es ist genug!" Nur langsam wendet sich der Bewaffnete ab und verschwindet endlich zwischen den Hütten. Ich helfe einem Mann mit einer Stichwunde am Bauch in ein Fahrzeug und wir organisieren den Transport ins Spital.

Später diskutieren wir noch lange über Vernunft, Intuition und Verantwortung in so brenzligen Situationen – die harte Wirklichkeit verdrängt an diesem Abend das „Christkindlein". Am Schluss, als wir noch eine Zeit mit gemeinsamem

Gebet verbringen, kommt dann die Friedensbotschaft dieses Jesus von Nazareth mit Wucht zurück. Auch und gerade in diese traurige Ecke der Welt. Wir Menschen sind der Stall, in dem Gott geboren wird, habe ich mal gelesen. Das trifft.

Am Mittwoch bekomme ich einen Brief aus der Schweiz. Meine Mutter schreibt, sie hätte vor etwa zwei Wochen einmal plötzlich Angst um mich bekommen und das Bedürfnis gehabt, intensiv für mich zu beten. Sie nennt den Tag und die Stunde. Ich rechne nach: Es war jener Nachmittag mit der Hexe und meinen „Beinahe-Unfällen". Ich weiß selber nicht, ob ich das für einen Zufall halten soll oder nicht. Ein unheimliches Gefühl ... Aber da halte ich mich dann an Christus fest.

Der Glaube an Übersinnliches und Geister wirkt ja wohl auch nur im Westen lächerlich. Hier aber ist der Geisterglaube in allen Slums präsent, ob in Bagong Silang, Bagong Barrio oder in meinem aktuellen Wohnslum Potrero. Meine „Schlummermutter" Ate Lita hat mir vor einigen Tagen erzählt, ihr Sohn Michael und seine Frau Jessa, die sich ihren Lebensunterhalt als Tänzer in einem Nachtlokal verdienen, seien um zwei Uhr nachts auf dem Heimweg gewesen und hätten dabei in der Slumgasse die „Weiße Mutter" gesehen.

„Bei mir ist das anders geworden", sagt Ate Lita. „Seit ich Christin geworden bin, sehe und fürchte ich die Dämonen nicht mehr."

Am 29. Dezember machen wir einen Tagesausflug mit etwa vierzig Jungen aus Bagong Silang. Die Fahrt geht zu einem Fluss, wir baden, singen und spielen, erzählen einander Erlebnisse mit Gott und schlagen uns den Bauch voll – das tut gut! Für viele Jungen aus dem Elendsviertel bedeutet solch ein Ausflug im Rückblick eines der größten Erlebnisse ihrer Jugendzeit. Ein Jahresabschluss als eine Art Neuanfang.

Ate Lita, die Beterin

In Potrero bin ich gut gestartet. Dass ich eben erst aus dem Spital komme, wo sie mir eine klaffende Wunde auf dem linken Handrücken genäht haben, tut diesem Umstand keinen Abbruch. Schuld ist die Emanzipation. In Ate Litas Haushalt hat mich nämlich von Anfang an geärgert, dass die Männer im Haus sich konsequent für zu fein halten, um bei der Hausarbeit mit anzupacken. Der Idealist in mir geriet in schlechte Laune, machte auf Vorbild und begann immer mal wieder zu helfen. Ehrlicherweise ging es mir aber wohl auch darum, mich für Ate Litas Gastfreundschaft erkenntlich zu zeigen. Von armen Leuten Geschenke anzunehmen, ist nicht einfach.

Meine Haushaltsversuche scheiterten aber kläglich am Sexismus … nicht an dem der Männer, sondern an jenem von Mutter Lola Bekka, die mir regelmäßig wie eine Furie das Geschirr aus den Händen riss, wenn ich wieder einmal abwaschen wollte. Heute Mittag hat sie nun ihre These bestätigt bekommen, dass der Abwasch nicht für Männer gedacht sei: Ich mache mich mit Fingerspitzen und Waschlappen an den schmutzigen Boden eines Trinkglases, drücke dabei die Hälfte meiner großen Hand in das billige Glas, das Glas bricht, die Kante zerschneidet meinen Handrücken, das Riesengeschrei von Lola Bekka lässt das Ganze zum Ereignis des Tages werden, im Spital nähen sie mir die Wunde – und ich werde mich nie mehr auch nur in die Nähe des dreckigen Geschirrs wagen dürfen. Eins zu null für Lola Bekka.

Ate Lita lädt mich immer wieder ein, in ihre Bibelstunde zu kommen. Sie trifft sich regelmäßig mit Freundinnen in der Stube neben meinem Verschlag. Dort beten sie für ihre alkohol- und shabusüchtigen Männer, Söhne, Brüder und Enkel und hoffen auf ein Wunder.[2] Ate Lita hätte gern auch Männer in ihrer Gebetsgruppe. Aber ich finde immer neue Entschuldigungen. Mit dem Sprachstudium und den Projekten bin ich voll beschäftigt. Außerdem will ich mich nicht nochmals so völlig von der Not vereinnahmen lassen wie bei meinem Start in Bagong Silang. Und wie man das Drogen- und Alkoholelend konkret angehen kann, weiß ich auch nicht.

Die Leute in Potrero haben sich an mich gewöhnt. Vor allem die Kinder und Jugendlichen lassen sich gerne von mir anquatschen, sie haben immer Zeit für einen Schwatz, für Witze oder für ein Spielchen mit dem Americano. Ihr Lachen erhellt mein Leben. Die Arbeit mit Jugendlichen liegt mir, ich mag die Kids.

Meine Sprachrundgänge mache ich oft beim „Monumento", einem großen Denkmal an einem riesigen Verkehrskreisel am nördlichen Ende der Stadtautobahn EDSA. Dort stehen entlang der Straße Hunderte von Verkaufsständen. Nicht wenige Bewohner von Potrero schlagen sich als Straßenverkäufer oder fliegende Händler durchs Leben, die Straße bringt die Kundschaft. Die Ärmsten unter den Marktleuten haben kein Geld für Standgebühren und stellen sich irgendwo illegal auf, ihr Auftritt besteht meist aus einer Plastikplane am Boden und einer Kartonkiste mit den Waren. Die Illegalen haben weniger Kundschaft und deshalb mehr Zeit für meine angewandten Sprachübungen.

Wenn ich sie über ihre Tagesgewinne ausfrage, werde ich regelmäßig wütend: Einen großen Teil ihres mageren Gewinns nimmt ihnen die Polizei ab, als Bestechungsgeld. Die Polizisten sind ihrerseits schlecht bezahlt und brauchen solche „Lohnaufbesserungen".

---

[2] Shabu ist eine synthetische Droge aus der Gruppe der Amphetamine und wird oft als „Kokain des armen Mannes" bezeichnet, da es eine ähnlich euphorisierende Wirkung wie Kokain zeigt. Es macht schneller süchtig als jede andere Droge!

Ate Lita war die zentrale Person im Aufbruch von Potrero und ist es bis heute in der neuen Gemeinschaft.

Gestern traf ich einen Mann, der gerade dabei war, bei den Illegalen Geld einzutreiben. Er sprach mich in gebrochenem Englisch an, woher ich komme, er sei Polizist. Ich erklärte mich und fragte vorsichtig zurück, ob er sich denn ausweisen könne. Er riss sein T-Shirt von seinem Bierbauch, zeigte mir den großkalibrigen Revolver in seinem Hosenbund und grölte: „That's my ID."

Vorsichtig erzählte ich ihm von Polizisten, die ohne Haftbefehl in Häuser eindringen, brutale Untersuchungen vornehmen und ohne entsprechende Erlaubnis Halbwüchsige oder auch Kinder verhaften und verschleppen würden. Er antwortete: „Niemand respektiert uns, darum haben wir auch keinen Respekt vor den Leuten. Wir tun unseren verdammten Job, verstehst du? Ich liebe diese Stadt, ich liebe die schlechten Elemente, ich liebe die Korruption – das gehört alles dazu."

So was erschlägt einen. Man fragt sich, wie jemals Recht und Ordnung in ein solches Land kommen soll. Mit einem rigorosen Regime, das dann seinerseits die Menschenrechte verachtet? Vieles scheint so hoffnungslos.

Tage später taucht Bic auf, zurück von der ersten Verhandlung über den Schuss auf der Polizeiwache, bei der Ronn getötet wurde. Er ist bitter enttäuscht: Er war allein vor Gericht erschienen, von Living Spring war niemand gekommen. Nicht einmal Ronns Witwe war anwesend, für die er ja immerhin das Risiko eingegangen war, als Kronzeuge aufzutreten. Sie war von der Polizei mit 50 000 Pesos bestochen worden, damit sie ihre Anklage zurückzog. Für sie war dieses Geld überlebenswichtig. Und weil die Polizei den Kronzeugen Bic vor der Verhandlung nicht mehr erwischt hatte, um ihn einzuschüchtern oder mundtot zu machen, bestach man halt die Anklägerin. So gesehen, hat Bic mit seinem Mut Ronns Witwe immerhin 50 000 Pesos verschafft. Allerdings wäre ihm Gerechtigkeit lieber gewesen.

Er habe beschlossen, sich auf der anderen Seite der Stadt eine Bleibe zu suchen, sagt Bic. Dort sei das Risiko kleiner, den Mördern auf der Polizeistation wieder zu begegnen. Ein trauriger Abschied.

Auch ich werde bald für einige Monate eine andere Bleibe haben: Von Mai bis voraussichtlich Oktober bin ich daheim in der Schweiz. Dort werde ich vor allem eines tun: berichten, schildern, aufklären – und um Engagement, Gebet und Unterstützung für die Armen bitten.

Während dieser Zeit darf ich in Riehen im großen Haus der Familie Schmidhauser ein Zimmer beziehen. Paul, der hör- und sehbehinderte Vater, seine fürsorgliche Frau Rosmarie und die drei Teenager Andreas, Thomas und Christoph sind mir seit der Cevi-Zeit sehr ans Herz gewachsen. Schmidhausers sind es auch, die mir die Reise überhaupt finanzieren. Und Schmidhausers sind es, die ich vor meiner Ankunft in der Schweiz zwei Wochen lang als ihr Reiseführer, Übersetzer und Fahrer des Wohnmobils an der australischen East Coast entlang begleiten darf. Mir, einem Slumworker, schenken sie einen solchen Luxusurlaub! Das ist überwältigend. Und wie ich mich darauf freue!

Wiedersehen mit Christine

Was für ein grünes, sauberes, frisch duftendes Land! In den Supermärkten gibt es nicht nur alles, sondern das auch noch in zwanzig Sorten! Busse kommen pünktlich, und sie fahren nicht, sie schweben geradezu, fast immer findet man freie Sitzplätze, warten muss man kaum. Auf der Straße versteht man alles, sogar das, was einen gar nichts angeht … Und man trifft viele Freunde, insbesondere in meiner Gemeinde, der EGB, die mich unterstützt.

Ich werde in diesem Schweizer Sommer 1990: viertens auftanken, drittens Vorträge halten, zweitens den Schweizer Ableger von SERVANTS mitbegründen und erstens Verwandte und Freunde genießen. Hei, wie ich mich auf sie gefreut habe. Und sie sich wohl auch auf mich.

Apropos Freunde … Immer wieder mal habe ich in den letzten Monaten an Christine Tanner gedacht. Ob sie wohl auch bei einem meiner Vorträge auftauchen wird?

Christine notiert derweil in ihrem Tagebuch:

Typisch. Christian Schneider ist den halben Sommer lang auf Heimaturlaub in Basel, und ich bin natürlich wieder mal denselben halben Sommer weg in Kinderlagern und Jungscharfreizeiten. Na ja, ich bin sowieso nicht die einzige Frau, die sich für diesen Mann interessiert. Aber ich kann mich doch mal kundig machen, wo und wann er Vorträge hält. Vielleicht habe ich ja Glück und irgendein Termin passt. Eine oder zwei Begegnungen müssen einfach drin sein.

Ich spüre eine innere Verpflichtung, den Leuten hier von den Schicksalen in den Slums zu berichten. Was ich erlebt habe, darf und will ich nicht verschweigen. Und sicher spüre ich Freude, wenn es mir gelingt, die Leute mit meinen Erlebnissen zu packen. Auch wenn beim Erzählen wohl manchmal der Eindruck entsteht, mein Leben bestehe nur aus Aktion und Abenteuer. Die Wirklichkeit der vielen öden Tage zwischen Wellblechhütten, wo Hitze, Luft und Zeit stehen bleiben und wo der Zweifel nagt, diese Wirklichkeit ist weit weniger eindrücklich als die Schicksale.

Wichtig ist, dass die Leute den Ernst der Lage begreifen! Wir im Norden haben zu viel, die im Süden haben zu wenig. Wir hätten es in der Hand, etwas dagegen zu tun. Wenn ich sie doch aus den weichen Stühlen hochreißen und einen Abend lang nach Potrero versetzen könnte, damit auch sie einen Eindruck davon bekommen, was in meinen Slums so abgeht, während wir es hier gemütlich haben und bei meinen Geschichten wohlig schaudern können.

Dem Christsein wieder zu seiner eigentlichen Bestimmung zu verhelfen, dafür brenne ich! Wir müssen lernen, die Bibel mit neuen Augen zu lesen. Dann fällt uns vielleicht auf, dass Worte wie „Armut" oder „arm" darin etwa gleich oft vorkommen wie das Wort „Liebe". Eigentlich bin ich in Basel fast noch mehr Missionar als in Manila – dort für Gott, hier für die Armen.

Am intensivsten habe ich mich auf meinen Kurs über „Mission und soziale Verantwortung" vorbereitet, den ich im Martin-Luther-King-Haus in Basel anbiete. Da kann ich die Werte vertreten, die mir wichtig sind, und den Zuhörern viel von dem erzählen, was ich in meinem „anderen Leben" erfahre und begreife.

Unter den Teilnehmern entdecke ich tatsächlich Christine Tanner. Sie scheint mir längst nicht mehr so kühl und unnahbar wie damals, als mein Bruder Erich sie vergeblich umwarb. Sie ist sechs Jahre jünger als ich, also muss sie inzwischen 25 sein. Ihre Wortmeldungen sind intelligent und engagiert. Erstaunlich, dass eine so attraktive und viel beschäftigte Frau wie sie sich so sehr für die Schwachen und Armen der Welt interessiert. Und ihre blauen Augen dünken mich fast noch blauer als früher …

In Christines Tagebuch steht:

Wie Christian Gott und die Welt sieht, das begeistert und berührt mich. Genau so stelle ich mir „Mission" vor: Mit den Armen leben und mitleiden, anstatt vom sicheren Reichenviertel aus „Einsätze" in die Welt der Bedürftigen zu unternehmen. Ob so ein Leben in den Slums von Manila etwas für mich wäre? Vielleicht sogar mit Christian zusammen? Aus seinen Blicken und Gesten schließe ich, dass ich ihm nicht gleichgültig bin.

Besonders freue ich mich auf den Besuch bei meinem Bruder Erich. Er arbeitet in Reichelsheim im Odenwald, wo er schon seit Jahren eine gotische Kapelle und Teile eines Schlosses restauriert. Er ist inzwischen ein tüchtiger Steinbildhauermeister. Mit seiner Familie lebt er in einer großen ökumenischen Kommunität mit dem Namen „Offensive junger Christen" (OJC), die unter dem Dach der Evangelischen Kirche Deutschlands (EKD) eine reformatorische Tradition pflegt. Die Kommunität unterstützt auch meine Arbeit in Manila. Das sind gleich zwei triftige Gründe für einen Besuch in Reichelsheim.

Es ist gut, Erich zu treffen, ich genieße das Gespräch unter uns Brüdern. Das sollte es viel öfter geben! Als ich Erich erzähle, dass Christine Tanner in Basel meinen Kurs besucht hat, sagt er ohne zu zögern: „Sie ist eine besondere Frau. Und falls du auch nur die geringste Chance hast, sie zu heiraten, dann heirate sie."

Aus seinen Blicken und Gesten zu schließen, dass ich ihm nicht gleichgültig bin, das ist ja lächerlich. Also runter von der Wolke. Dieser Mann gehört zu denen, die für alle Leute ein freundliches Wort haben, Männer wie Frauen. Also auch für mich. Was will ich mir da große Chancen ausrechnen …

Erich führt mich in den Rittersaal des Schlosses und zeigt mir eine Skulptur, die er wunderschön in eine rote Sandsteinsäule geschlagen hat: ein Fuchs, der sich aufrichtet und vergeblich versucht, an die prallen reifen Trauben der Weinrebe zu kommen, die über ihm hängt. „Das bin ich", sagt Erich. Er hat seine persönliche Geschichte hier verarbeitet. Längst arbeitet er an anderen Kunstwerken, auch und nicht zuletzt an seiner Familie, zusammen mit seiner Frau Anne. Ein großartiger Künstler mit Leidenschaft, mein „kleiner" Bruder!

In den nächsten Wochen denke ich einige Male über Erichs Worte nach. Auf Brautschau bin ich nicht gerade. Einige kürzere Freundschaften liegen hinter mir, die ich aber selbst beendet habe. Ich glaube, mit meinen 31 Jahren habe ich mich schon irgendwie auf ein Leben als Single eingestellt.

Noch in der gleichen Woche sitze ich im Büro von Horst-Klaus Hofmann, dem Gründer und Leiter der OJC. Er ist Autor und weit gereister Redner mit einem vollen Terminkalender. Ich fühle mich geschmeichelt. Zielstrebig und mit prüfendem Blick stellt er mir erstaunlich persönliche Fragen.

„Welche finanziellen Bedürfnisse in Manila brennen denn gerade am meisten", fragt er zum Schluss.

„Für die laufenden Projekte haben wir genügend Unterstützung", antworte ich. „Aber da ist dieses Rechtshilfeprojekt für die Armen. Eine neue Initiative von meinen Freunden Harry Roque und Joel Butuyan. Mit 30 000 Schweizer Franken wäre den jungen Anwälten geholfen, der mittellosen Slumbevölkerung noch gezielter beizustehen. Da sitzen Jugendliche unschuldig in Gefängnissen, da werden Wohn-, Land- und Menschenrechte verletzt …" Ich komme so richtig in Fahrt. „Und weißt du was? Dafür wollen mir die christlichen Gemeinden kein Geld geben!"

Horst-Klaus schlägt mit der glatten Hand auf den Tisch: „Na, wenn das Recht der Armen kein Mandat aus der Bibel ist?! Wir werden euch darin helfen! Alles, was ich brauche, ist ein schriftlicher Antrag." Wow, tut das gut! Und ich ahne, dass dies der Beginn einer längeren Partnerschaft mit der OJC werden könnte.

An der Universität Basel halte ich einen Vortrag über das Elend und die Verslumung der Megacitys in der Dritten Welt. Da steht einer der Studenten auf und macht einen Vorschlag, auf welche Weise man die stete Landflucht vielleicht bremsen könnte: „Es braucht ein Projekt, das Familien aus den Slums motiviert und unterstützt, wieder zurück in die Provinz zu ziehen, um dort eine alternative Kommunität zu bilden, kombiniert mit einem Landwirtschaftsprojekt, und dies alles so modellhaft, dass andere diesem Beispiel folgen." Der Gedanke fasziniert mich.

Am 16. Juli, es ist ein Montag, sitze ich bei Familie Schmidhauser in der Küche beim Abendessen. Im Hintergrund läuft das Radio. „Ein heftiges Erdbeben hat heute die Philippinen erschüttert." Ich halte den Atem an. „Die Stärke der Erschütterung betrug nach Angaben von Seismologen 7,8 auf der nach oben offenen Richterskala." – *Sieben komma acht, lieber Gott!* – „Das Epizentrum lag nordwestlich der Hauptstadt Manila. Ersten Schätzungen zufolge gab es mehrere Hundert Tote und Tausende Verletzte. Allerdings rechnen Experten noch mit einem Anstieg der Opferzahl, denn viele Menschen werden noch vermisst."

Mein Herz fängt an zu rasen. „Nordwestlich der Hauptstadt Manila" kann vieles heißen. Je nach Distanz können auch „meine" Slums betroffen sein. Und ich sitze hier in der Schweiz. Ein Telefonat später weiß ich immerhin, dass Manila das Beben kaum gespürt hat. Stark betroffen ist stattdessen Baguio City, die in den Bergen gelegene „Sommerhauptstadt" in der Provinz Benguet im Norden der Hauptinsel Luzon, auf der auch Manila liegt. Die Philippinen halten den traurigen Weltrekord an tropischen Wirbelstürmen, Überschwemmungen, Vulkanausbrüchen, Erdbeben und anderen Naturkatastrophen. Wieso trifft es immer die Armen?

Das habe ich nun davon, dass ich immer wieder an Christian Schneider denke: Dass ich wach liege und mich je länger, je mehr frage, ob nicht für mich selbst ein Leben in einem Slum infrage käme. Kleinbasel ist zwar kein Slum, aber manche nennen es wegen seines hohen Ausländeranteils immerhin „Klein-Istanbul". Dass ich als Lehrerin für fremdsprachige Kinder arbeite und vor zwei Jahren hierhergezogen bin, um den Angehörigen und der Kultur dieser Kinder näher zu sein, das ist ja auch eine Art von Mission.

Mir gefällt das Leben hier: fröhlich, lärmig, bunt und natürlich auch unordentlicher als in anderen Basler Stadtvierteln. Es ist so unkompliziert, bei diesen Familien auf eine Tasse Tee vorbeizuschauen und einige Worte mit ihnen zu wechseln. Sie schätzen die Begegnungen, und zu einigen hat sich mit der Zeit eine freundschaftliche Beziehung entwickelt. Darum gefällt mir wohl Christian Schneiders Menschen- und Gottesverständnis. Aber bei mir melden wird er sich deswegen kaum …

Übermorgen fliege ich wieder zurück auf die Philippinen. Der Satz vom lachenden und weinenden Auge ist abgedroschen, aber er passt. Umso mehr freue ich mich, dass ein bisschen Schweiz mit nach Manila kommt: Die Pflegefachfrau Regula Hauser und der Epidemiologe Christian Auer werden mit mir ausreisen, um in den Slums zu leben, und später werden vermutlich Regina und Markus Meyer mit ihren drei Kindern folgen. Ziemlich mutig! Wir sind nun die offiziellen „Gesandten" der frischgegründeten SERVANTS Switzerland.

Geplant ist, dass wir ab und zu einen Rundbrief herausgeben. Schließlich sind wir es unseren Freunden und Spendern schuldig, von Entwicklungen, Erfolgen und Misserfolgen zu berichten.

Zwei Monate lang habe ich darauf gewartet, dass Christian sich vielleicht mal bei mir meldet, und jetzt ruft er mich tatsächlich noch an, zwei Tage, bevor er zurück nach Manila reist, und fragt mich, ob ich bereit wäre, alle paar Monate einen Rundbrief herauszugeben, der an die Spender verschickt wird. Zugegeben, eine etwas romantischere Frage hätte mir auch gefallen ... aber immerhin! Was kann ich unter den gegebenen Umständen mehr erwarten als regelmäßige Post von Christian aus Manila?

Christine hat tatsächlich spontan und ohne jegliches Überlegen zugesagt. Richtig begeistert hat sie geklungen. Gilt ihr Interesse eigentlich mehr der Arbeit der SERVANTS oder mehr mir? Ja gut, wie auch immer. Sie ist ein faszinierender Mensch und wird bestimmt eine sehr gute Mitarbeiterin. Mindestens das ...

Die Leichen werden später geborgen

Oktober 1990. Landeanflug auf dem Manila International Airport. Ich bin zwar schon über 24 Stunden auf den Beinen, aber trotzdem hellwach. Der Kopf ist voller Gedanken. Hinter mir liegt ein halbes Jahr in der Schweiz mit unglaublich vielen Begegnungen mit tollen Menschen. Vor mir liegt meine zweite Heimat, die Slums, mit unglaublich vielen Begegnungen mit tollen Menschen. Ich darf Basel mit Bagong Silang und Potrero verbinden, und die SERVANTS Switzerland sollen diese Verbindung von nun an als Institution tragen und prägen.

Dass ich künftig auch in Manila die vertraute Schweizer Mundart hören werde, freut mich riesig. Anfangs wohnen Regula und Christian noch im SERVANTS-Haus. Später werden auch sie Domizile in einem Slum beziehen. Regula kenne ich schon lange. Wir haben zusammen im Unispital Basel gearbeitet. Bereits 1988 verbrachte sie zwei Monate bei den Armen in Manila und beschloss, sich eines Tages ganz dort niederzulassen. Christian hat seine Diplomarbeit für das Tropeninstitut längst fertig geschrieben, aber nach seinem Besuch bei mir vor zwei Jahren haben ihm die Slums keine Ruhe gelassen. Jetzt will er die Arbeit als Slumworker mit seiner Doktorarbeit über die Gesundheit in Slums verbinden. Großartig!

In Potrero und Bagong Silang werde ich herzlich empfangen. Ich besuche meine kleinen „Welten" und bringe mich auf den neuesten Stand der Dinge, auch über das Erdbeben. Das ist jetzt zweieinhalb Monate her, es wurden 1621 Todesopfer registriert. Von meinen Bekannten war zum Glück keiner betroffen.

In unserem „Waisenhaus", das mit den „Bodyguards" seinen Anfang nahm und das wir Ende des letzten Jahres renoviert haben, sind immer noch viele da und aktiv. Andere konnten dem schlechten Einfluss von Freunden nicht standhalten und brauchen unsere Fürbitte, besonders Reymond und Diego mit seinem neuem Namen René. Das Hühnerzuchtprojekt klappt mehr schlecht als recht. Dafür läuft die Jugendarbeit gut, ebenso das Gemeindeleben, das sich entwickelt hat. Allerdings gibt es zu viele Pastorenwechsel, und aktuell haben wir wieder mal keinen.

Felix' Analphabetenklasse hat das Schuljahr abgeschlossen, René, Lucio und Jessy können lesen und schreiben. Die Klinik, betreut von Dr. Jo, einer Ärztin aus Neuseeland, ist mehr als ausgelastet.

Wenige Tage nach meiner Rückkehr taucht ein Freund von mir aus der Diliman Bible Church (DBC) auf. Seine Kirche war von einer christlichen Gemeinde im Erdbebengebiet um Hilfe gebeten worden und organisiert nun einen Hilfseinsatz. Die Region rund um das Epizentrum ist bettelarm und miserabel erschlossen und wurde von der Regierung auch bei der Erdbebenhilfe entsprechend vernachlässigt. Ich stelle mich zur Verfügung und kann meinerseits mehrere Männer aus unseren Slumgebieten zur Mitarbeit gewinnen. Hilfe tut not: Je besser die Lebensumstände in den Provinzen sind, desto kleiner ist das Risiko neuer Flüchtlingsströme in die Slums der Hauptstadt.

Nun liege ich flach auf den Dachplanen eines Lastwagens, genieße den Fahrtwind und das gute Gefühl, miteinander unterwegs zu sein. Am meisten freut mich, dass arme und reiche Einheimische zusammenarbeiten. Ich bin der einzige Weiße in dieser Delegation von etwa 20 Helfern. Nach einigen Stunden wird die Fahrt langsamer. Wir nähern uns dem Berggebiet. Brücken und Straßenabschnitte sind zerstört, wir müssen sie oft umständlich umfahren. Unser Tagesziel ist die Passage des Daltonpasses auf der Nord-Süd-Versorgungsachse der Hauptinsel Luzon. Das Erdbeben hatte Bergstürze und Erdverschiebungen ausgelöst, die Achse war wochenlang gesperrt gewesen. Getreide, Gemüse und Früchte vom Hinterland hatten die Märkte in Manila nur auf Umwegen erreicht, was die Preise in die Höhe getrieben hat.

Es ist Nacht, als wir unsere Unterkunft endlich erreichen, eine schön herausgeputzte Missionsstation der „New Tribes Mission" inmitten einer weitläufigen Hügellandschaft. Gut 10 000 Menschen leben hier, verteilt auf weit abgelegenen Siedlungen. Das Beben sowie heftige Regengüsse haben ganze Reisfelder, Kaffee- und Kakaoplantagen und andere Pflanzungen vernichtet. „Bis die Bergbauern sich wieder selbst versorgen können, wird es wohl zwei oder drei Jahre dauern", sagt ein Mitarbeiter der Missionsstation.

Am nächsten Morgen geht es schon vor Sonnenaufgang weiter. Einheimische Träger aus den umliegenden Dörfern laden sich selbst und den Mauleseln Riesenpackungen Hilfsgüter auf ihre braunen Schultern und starken Köpfe. Eine junge Dame aus der DBC beansprucht einen der Maulesel für sich als Reittier. Das ärgert mich, aber ich habe nicht den Nerv, sie zu kritisieren.

Eine andere junge Dame in unserer Delegation fällt mir in anderer Hinsicht auf. Sie ist erstens blitzgescheit und zweitens ausgesprochen schön … wobei ich das Letztere zuerst bemerke, logisch, man sieht ja mit den Augen. Dorie Morden heißt sie, eine Filipina, die bei diesem Einsatz die Logistik betreut. Sie ist gebildet und praktisch veranlagt. Und was mir sehr gefällt: Die Kirche, die sie besucht, liegt nicht weit von unserem SERVANTS-Haus.

Ein Vergnügen ist der Marsch nicht. Wir stapfen und rutschen viele Stunden lang über Wege und Schlammrinnen. Der wochenlange Monsunregen hat sie völlig aufgeweicht. Abgesehen von ein paar Büschen und Kokospalmen ist die Landschaft zum großen Teil kahl. Früher sei die vulkanische Erde dieser Region von den starken Wurzeln der Regenwälder zusammengehalten worden, lasse ich mir sagen. Dann hätten die spanischen Eroberer und später die Industriellen die Gegend rücksichtslos abgeholzt. Seither kommt es in der Regenzeit nicht selten zu gefährlichen Erdrutschen.

An einem Bach machen wir einen längeren Halt, lagern unsere Füße hoch und füllen Plastiksäcke mit Wasser aus dem Bach, um daraus zu trinken. Ich habe Chlortabletten dabei, die ich nun im Wasser auflöse; hier oben in dieser Abgeschiedenheit ist Durchfall das Letzte, was ich brauchen kann. Mir reichen schon die schmerzenden Schultern. „Wir sind gleich dort", sagen die Führer immer wieder. Aber inzwischen bin ich erfahren genug, um zu wissen, was „gleich" bedeutet, nämlich alles zwischen fünf Minuten und fünf Stunden.

Dreckig und hundemüde kommen wir kurz vor Anbruch der Nacht in einem größeren Dorf an. Lachende Kinder bringen uns zu einer Art Schulhaus aus Bambus und Wellblech. Nach einer Dusche, bestehend aus einem Plastikeimer voller

Wasser mit einer leeren Konservendose, und einer Mahlzeit aus frischem Reis und Huhn ist mir wieder merklich wohler. Die Menschen sind unglaublich gastfreundlich.

Unsere Leiter besprechen mit dem Dorfältesten, wie die Hilfsgüter am besten verteilt werden. Kranke tauchen auf, von irgendwoher. Wir haben einen einheimischen Arzt in der Hilfsmannschaft, dem ich im Schein einer Benzinvergaserlampe helfe, Patienten zu versorgen. Zu behandeln gibt es Durchfälle, Bronchitis und ein paar Wunden. Trotzdem scheinen mir die Leute hier viel frischer und gesünder als meine Nachbarn in den Slums der Großstadt.

Später in der Nacht versammeln sich über hundert Menschen zu einem Gottesdienst. Ihre Dankbarkeit bewegt mich. Offenbar sind wir die Ersten, die Hilfe bringen, abgesehen vom Besuch eines Regierungshubschraubers, der einige Lebensmittel, ein paar Medikamente und viele leere Versprechungen zurückgelassen hat. Die Leute singen von Jesus und ihre Gesichter glühen vor Freude. Ihr Glaube überwältigt mich, er ist so schlicht und uninszeniert. Natürlich ist die Freude über unsere Ankunft mit ein Grund für ihren spontanen Dankgottesdienst. Trotzdem spürt man, dass die Menschen wirklich Trost in ihrem Glauben finden.

Die Verteilung der Güter ist ein großes Erlebnis. Die Dankbarkeit der Einwohner in diesen abgelegenen Dörfern ohne Straßen, Strom und Telefon lassen einen die Strapazen schnell vergessen. Wir verteilen an etwa 1800 Familien 11 Tonnen Reis, 3 Tonnen Milchpulver, 3 Tonnen Zucker, 7 Säcke Salz, Mungobohnen, 2000 Sardinenkonserven, 1200 Kleidungsstücke. Mehr als 400 Patienten verabreichen wir Medikamente. Für die Langzeithilfe verteilen wir einige Hundert Kilogramm Saatgut (Reis und Gemüse), Feldwerkzeuge und 200 Kilogramm Nägel.

In einer Siedlung von 170 Familien hat das Beben die Bewässerungsanlage aller vier Reisfelder zerstört. Wir kaufen das Material für die Wiederherstellung. In einem andern Ort hat das Beben den Verlauf eines Flusses so verändert, dass die Wasserversorgung der Fischteiche versiegt ist, von denen die Leute leben. Wir ermutigen sie zur Rekanalisation des Flussverlaufs und geben für jeden Arbeitstag die nötigen Esspakete ab. Vom Schweizer Hilfskonto aus steuern wir für den gesamten Einsatz 15 000 Franken bei.

Der Heimweg ist angenehmer, Schultern und Herzen sind leichter. Schließlich gelangen wir in erschlossenes Gebiet. Mit zwei andern kann ich in einem offenen Jeep fahren. Wir haben eine holprige Fahrt vor uns, aber nach einem langen Fußmarsch ist das Einsteigen in ein Fahrzeug doch immer wieder eine kleine Erlösung. Fünf Stunden später ist es stockdunkel.

Unser Fahrer Freddy hat ein probates Mittel gegen seine Müdigkeit: schneller fahren. Plötzlich sehen wir im Lichtkegel des Scheinwerfers für Sekundenbruchteile zwei menschliche Körper am Straßenrand liegen. Und ich glaube erkannt zu haben, dass sie blutüberströmt sind.

„Die sind verletzt, halt an, Freddy!", rufe ich.

„Nein, die sind doch tot, wir haben damit nichts zu tun!"

„Aber wir sollten doch vielleicht helfen", füge ich eingeschüchtert hinzu.

„Viel zu gefährlich", erwidert Freddy und behält den Fuß auf dem Gaspedal.

Ein paar stumme Minuten später sehen wir an einer Straßenkreuzung einige Leute stehen. Freddy hält an und wir erzählen bestürzt von unserer Entdeckung. „Ja ja, aber die sind tot", sagt einer, als wäre es das Alltäglichste der Welt. „Zwei Motorradfahrer, die von einem Lastwagen erfasst wurden. Die Leichen werden dann später geborgen."

Auf dem weiteren Heimweg sage ich kaum ein Wort. Ich sehne mich nach der Vertrautheit unserer Slum-Heimat.

Wie absurd es wirkt, sich als Schweizer in einem Slum zu Hause zu fühlen, wird mir vor allem in der Art und Weise bewusst, wie die Leute in der Schweiz mir begegnen. Da ist man dann schnell mal ein bisschen skurril, ein bisschen Vorbild, ein bisschen Held. Dabei ist nicht der Slum meine Heimat, sondern die Beziehung zu den Menschen darin. Es geht nur darum, sie zu entdecken, ohne sich von den Widerwärtigkeiten des Slums abschrecken zu lassen. Der Stall in Bethlehem hat ja wohl auch gestunken.

Regula und Christian scheinen sich in ihren neuen Slums gut einzuleben. Christian wohnt bei einer Familie in Frisco, Regula bei einer achtköpfigen Familie in Batasan. Sie hat sich kurzerhand in Rachel umbenannt, denn das Wort Regula bedeutet in den Philippinen Menstruation ... Wir Schweizer treffen uns einmal pro Woche im SERVANTS-Haus, zusammen mit Elisabeth, einer Schweizerin, die für eine andere Missionsgesellschaft arbeitet. Darüber hinaus sehen wir uns alle drei Wochen bei der sogenannten Teamtime, jeweils von Mittwochnachmittag bis Freitagmorgen. An der Teamtime nehmen sämtliche SERVANTS teil, aktuell sind das fünfundzwanzig Personen, davon dreizehn Kinder.

Heute haben Dorie Morden und ich uns getroffen. Da ist mehr als bloße Sympathie, auf beiden Seiten. Sie ist gleich alt wie ich, hat an der University of the Philippines studiert und einen Masterabschluss. Jetzt ist sie Rektorin mehrerer Kindergärten. Davon lebt sie. Man merkt ihr an, dass sie aus der oberen Mittelschicht stammt. Verliebt – und was jetzt? Ich bin ein wenig von der Rolle. Von welcher eigentlich? Was *ist* meine Rolle? Und was *spielt* eine Rolle? Was nicht?

Ich bin Missionar, Entwicklungshelfer, Idealist. Natürlich

kursieren da und dort auch Gerüchte über den Fremden, der sich in den Gassen mit den Kindern unterhält und mit ihnen spielt. Einige haben den Verdacht, ich sei einer der weißen Pädophilen, vor denen im Fernsehen gewarnt wird. Andere halten mich für einen CIA-Agenten, der sich im Slum versteckt. Auch hier schauen die Leute zu viel fern.

Ate Lita immerhin hat mir gestanden, dass sie mir jetzt wieder vertraue. Meine hartnäckige Weigerung, in ihre Bibelstunde zu kommen, hatte sie verunsichert. Aber am Morgen habe sie gebetet, dass Gott ihr die Wahrheit über mich sage, „und dann habe ich dein Kämmerchen abgestaubt. Eine Katze sprang vom Schrank herunter und stieß eine Kartonschachtel zu Boden. Als ich die Papiere in die Schachtel zurückräumte, sah ich dein Diplom einer Bibelschule in England und dein Ordinierungs-Zertifikat zum Pastor. Da war ich sehr erleichtert ...“

Am späten Abend liege ich in meinem Quartier und überlege, was ich für die neue SERVANTS-Zeitung schreiben soll. Es soll gut werden, schließlich wird Christine das Blatt betreuen, und sie ist Lehrerin. Aber ich bin nicht der Einzige, der Berichte schreiben wird, Christian und Regula werden auch eine Menge zu erzählen wissen. Gut so. Ich habe sowieso immer zu wenig Zeit für alles.

Mit einem Ohr kriege ich das Leben von Michael und Jessa mit. Die beiden leben mit ihren Kindern Atong und Magy direkt hinter einem meiner vier Sperrholzwändchen. Michael ist einer der schwierigen, vaterlosen Söhne von Ate Lita. Das junge Ehepaar arbeitet nachts in einem Nachtclub, als Tänzerin und Tänzer und wer weiß, was sonst noch. Tagsüber schlafen sie dann gewöhnlich.

Ate Lita hatte mich schon vor einiger Zeit gebeten, mit ihrem Sohn zu reden. „Auf mich hören sie nicht mehr. Ihr Lebensstil wird sie eines Tages noch umbringen.“ Ursprünglich hatte Michael Augenmedizin studiert, und sie beide hatten sogar einmal einen Anfang im Glauben gemacht. Aber ein Jahr vor dem Studienabschluss sei alles zusammengekommen, hatte Ate Lita erzählt. Das Geld sei ausgegangen, Jessa sei schwanger geworden und die Reaktion der Kirchgemeinde sei alles andere als hilfreich gewesen. Dann hätten sie mit ihrer erniedrigenden Arbeit im Nachtclub begonnen, die sie nun schon seit zwei Jahren tun.

Wie ich so über Jessa und Michael nachdenke, platzt plötzlich Ate Lita herein: „Chris, mein Bruder spuckt Blut und ist von Dämonen besessen!" Das Entsetzen steht ihr ins Gesicht geschrieben.

Sie geht voraus, ich folge ihr. Ich kenne ihren Bruder Dante nur flüchtig, und ich mag ihn auch nicht wirklich. Er ist einer dieser süchtigen Väter, die sich nicht um ihre Familien kümmern und stattdessen mit überlegenem Grinsen an einem vorüberhetzen, unnahbar, unsympathisch und unberechenbar, immer auf der Suche nach Stoff, Kunden oder Abnehmern. Einige Hütten weiter klettern wir eine schmutzige Leiter empor und hinein in eine winzige Wohnung. Dante liegt auf einer Bastmatte, er atmet kurz und heftig, glänzt vor Schweiß und fröstelt gleichzeitig. Seine Frau Miriam und eine Schar Kinder starren mich an.

„Tu was!", fleht Ate Lita. „Er war beim Quacksalber. Der hat ihm mit einem seltsamen Stock auf den Bauch geschlagen und ihm eine schwarze Flüssigkeit eingeflößt, jetzt hustet er Blut und Haare und andere gruslige Dinge."

Der Geisterglaube ist allgegenwärtig; über Geister zu sprechen, löst hier kein Befremden aus wie in Europa. Darum erkläre ich Dante, Jesus Christus sei viel stärker als alle Geister und Mächte. Dann sprechen wir ein kurzes Gebet um die Befreiung von bösen Geistern und um die Heilung seiner offensichtlich durchgebrochenen Lungentuberkulose. Mehr kann ich im Moment nicht tun. Als wir wieder gehen, wirkt Dante etwas ruhiger.

Am anderen Tag betritt Dante meinen Verschlag, setzt sich hin und fängt an zu erzählen. Ich verstehe nicht alles, aber das spielt keine Rolle. Er wird eine Art Lebensbeichte los. Zehn Jahre lang ist er für die Beschaffung seiner Droge Shabu viele krumme und kriminelle Wege gegangen, hat dem Stoff das Wohl seiner hübschen Frau Miriam und seiner vier Kinder geopfert. Ich erzähle ihm von Gott, der alle Menschen liebt und ihnen gern vergibt, damit sie zur Ruhe kommen können. Dante will diese Vergebung annehmen. Wir beten wieder.

Am Abend auf meiner Matte lasse ich diesen Moment noch einmal Revue passieren und „genieße" ihn. Die Erfahrung, wie viel Kraft in einem Gebet steckt, kann mir niemand nehmen. Gebet ist Sprengstoff. Und Dante kommt mir inzwischen sympathischer vor.

Eine Woche später treffen Dante und ich uns schon zum dritten Mal zum Gespräch bei schwarzem Kaffee und Süßigkeiten. Diesmal schleppt er gleich vier Freunde mit. Sie wollen alle von den Drogen frei werden. Dante scheint sie inspiriert zu haben. Wir lesen die Bibel, beten, diskutieren. Auch zu lachen gibt es viel, mein holpriges Tagalog ist immer noch von größtem Unterhaltungswert. Aber vor allem ist es aufregend, wie den Männern Lichter aufgehen und wie sie plötzlich Eingeständnisse ertragen und die Wahrheit über sich selbst zulassen können. Man spürt, wie befreiend das gemeinsame Gebet für sie ist.

„Die Bibel sagt, dass ein Christ sich seinesgleichen suchen soll", sage ich den Männern. Kopfnicken. Wir beschließen, in Potrero eine geeignete Kirche zu suchen. Dem Frauenkreis von Ate Lita will ich mich aber nicht anschließen. Definitiv nicht. Dieser kleine Aufbruch mit den Männern ist super, aber ich werde mich nicht wieder so sehr vereinnahmen lassen wie in Bagong Silang.

Heute waren Dorie und ich auf dem Gelände ihrer Uni spazieren. Sie ist ziemlich stolz auf ihren Master-Abschluss. Letzte

Woche besuchten wir ihren Onkel, einen reichen Fischer. Seine ansehnlichen Fischgründe sind mit Netzen „eingezäunt". Bewaffnete Wachposten stehen bereit, die Gewehre scharf geladen, um damit auf Arme zu schießen, die es wagen sollten, sich mit Messern an die Netze zu machen, um Fische zu stehlen. Dorie ist stolz auf ihre reiche Verwandtschaft. Aber vielleicht ist es ja auch nur eine Demonstration mir gegenüber, weil ich selbst zu den „Reichen" gehöre. Oder um den naheliegenden Verdacht im Keim zu ersticken, dass sie sich für mich vor allem wegen meines „Reichtums" interessiert. Wie auch immer. Jedenfalls ist sie ziemlich verliebt. Und ich bin etwas durcheinander.

Ich muss mir eingestehen, dass ich mich manchmal sehr einsam fühle. Eigentlich widersprüchlich, sollte man denken, in einer Welt, in der man ständig von Menschen umgeben ist. Den Mangel an Rösti kann ich verkraften, und Mundart spreche ich nun auch wieder ab und zu. Es ist nicht bloß meine Hautfarbe, sondern viel mehr noch das kulturelle Fremdsein. Das zurückgelassene Leben mit all den Beziehungen in einer Welt, die für meine Freunde hier schlicht nicht existiert. Ich habe in diesen drei Jahren manche Momente der Zerrissenheit erlebt.

Dazu kommt die unerfüllte Sexualität. Der Versuch, als Single zu leben in einem warmen Klima und einem Umfeld, in dem Sex zu den wenigen in der Regel kostenlosen Vergnügen gehört. Die enorme Sinnlichkeit in der philippinischen Kultur erlebe ich auch in dieser Hinsicht nicht gerade als hilfreich.

Wenigstens kommt mir eine andere Besonderheit der südasiatischen Kultur in meinem Ledigsein zu Hilfe, nämlich emotional geprägte Männerfreundschaften. Sie bilden sich spontan, wo immer man zusammen unterwegs ist oder gemeinsam an etwas arbeitet. Am Anfang musste ich mich sehr an die ungewohnte körperliche Nähe gewöhnen. Filipinos haben keine Hemmungen, sich fast überall und bei jeder Gelegenheit zu berühren. Auch unter Männern ist das spontane Äußern von

Gefühlen nicht nur erlaubt, sondern normal. Inzwischen habe ich mich nicht nur daran gewöhnt, sondern entdeckt, wie bereichernd diese Art von Beziehungen in der Männerwelt ist.

Die Frage nach erfüllter Sexualität bleibt natürlich unbeantwortet. Jedenfalls bin ich mir je länger, je weniger sicher, ob ich mein zölibatäres Leben langfristig weiterführen kann und will.

Raol, der Zielstrebige

März 1991, vier Monate sind vergangen. Es ist sagenhaft, was hier in Potrero abgeht! Als ich Dante frage, wie es bei der Arbeit läuft, zeigt er mir stolz die Schwielen an den Händen. Im Dezember, als sein Neuanfang mir dauerhaft schien, hatte ich ihm ein kleines Darlehen gegeben, mit dem er dann ein altes Motorrad mit Seitenwagen reparierte. Und nun, knapp fünf Monate nach jenem denkwürdigen Abend, als er halbtot auf seiner Matte lag, verdient er sein Geld auf ehrliche Weise mit seinem Motorradtaxi und bringt es auch noch heim, statt zum Drogenhändler. Bei Dante strömt die Lebensfreude aus allen Poren.

Aus den sporadischen Treffen ist ein regelmäßiger Gesprächs- und Gebetskreis entstanden. Beim letzten Mal haben sich fünfzehn Männer in meinen Verschlag beziehungsweise vor meine offene Türe gezwängt, Kerle mit Tattoos, Narben und anderen Lebensspuren, mit schlechten Umgangsformen und kargem Wortschatz, aber vor allem mit dem Willen zu einem Neuanfang ohne Drogen.

Gestern habe ich Christine Tanner für unsere kleine Schweizer SERVANTS-Zeitung eine besonders eindrückliche Geschichte geschickt, nämlich über Boboy, den Schlimmsten aller „meiner" Männer. Boboy hat vier Menschen getötet und einen wesentlichen Teil seines Lebens in den hässlichen Gefängnissen Manilas verbracht. In Potrero galt er als „der Pate" der Drogensüchtigen. Als der 32-Jährige vor ein paar Wochen bei uns auftauchte, sah er aus wie ein Skelett. Er litt an Tuberkulose und brauchte dreimal täglich seinen Stoff. Wenn er sich auf Jesus einlasse, werde sich alles ändern, hatte ich ihm erklärt. Hoffentlich hat er nicht gemerkt, dass ich selbst meine Zweifel hatte, ob ihm noch zu helfen sei.

Jedenfalls lebt Boboy immer noch, er haust Tag und Nacht in einem „Reha-Raum" von drei auf eineinhalb Metern. Wir haben eine Rund-um-die-Uhr-Betreuung organisiert. So sinkt das Risiko, dass er weggeht, um Drogen zu beschaffen. Den kalten Entzug hat er bereits überstanden. Sein Gesundheitszustand ist nach wie vor kritisch, aber ich bin optimistischer als vorher.

Zum Glück hängt nicht alles an mir. Ich habe Pepe Gonzales mit dazugeholt, den Jungpastor, mit dem ich einige tolle Jugendcamps organisiert habe und der auch auf Snake Island mit dabei war. Pepe ist ein ehemaliger Ingenieur, der sich zum Pastor hat umschulen lassen, ein engagierter und begeisterter Typ. Seiner Mutter gehört eine kleine Fischsaucen-Fabrik, und Pepe hat wohl nicht zu viele finanzielle Sorgen. Mit seiner Familie wohnt er eine Stunde weiter nördlich, in Navotas. Der Vorort von Manila hat etwa doppelt so viele Einwohner wie Basel, ist aber nur ein Drittel so groß. Pepe kommt nun immer wieder in Potrero vorbei. Wenn die neuen Freunde spezielle Anliegen haben oder Gebete verlangen, verweise ich sie manchmal an Pepe.

Auch Ate Lita spielt von Anfang an eine Schlüsselrolle. Sie verwaltet und kontrolliert Selbsthilfeprojekte. Damit schütze ich mich quasi vor mir selbst, denn Ate Litas Kontrollfunktion verhindert, dass ich jemandem Geld als Hilfe überreiche. Cash schafft Abhängigkeiten, seinen Einsatz muss man sehr genau dosieren. Wo immer ich einen Weg sehe, versuche ich das durch Mittler zu verhindern.

Die Geldfrage ist eine große Herausforderung, weil die Männer neue Einkommensquellen brauchen, wenn sie Diebstähle, Überfälle und Drogenhandel aufgegeben haben. Ohne es zu wollen, habe ich eins ums andere Mal Selbsthilfeprojekte gefördert. Inzwischen haben wir mehrere Fahrrad- und Motorradtaxis, einen Hühnerhandel und eine kleine Spenglerwerkstatt realisiert.

Außerdem wollen wir eine kleine Kapelle bauen. Nicht als Signal der Inbesitznahme eines Gebietes, wie etablierte Religionen es taten oder noch tun, sondern aus pragmatischen Gründen. Ich hatte ja geplant, „meine" Männer in lokale Kirchen zu integrieren, eben weil ein Christ seinesgleichen suchen soll. Also besuchten wir in mehreren Kirchen Gottesdienste. Das Ergebnis war ernüchternd: Die Männer mit ihren Tattoos und Narben und ihren, sagen wir mal, *unkonventionellen* Umgangsformen wurden beim Betreten der Kirchen von den braven Gläubigen mitleidig gemustert oder ängstlich beäugt. Anschließend setzten sie sich und ließen sich zuplätschern von Predigern, die sich gerne reden hörten und aus deren Monologen deutlich genug herauszuhören war, dass es einem gut gehe, wenn man als Christ lebe, und dass jene, die arm bleiben, etwas falsch machen würden. Also nicht gerade das, was wir zusammen in der Bibel über Jesus, die Armen und seine Nachfolger lesen.

So blieb uns nicht viel anderes übrig, als eine eigene kleine Kirche zu werden. Joel, einer unserer ehemaligen Gangster, hat ein Grundstück, auf dem die Kapelle entstehen soll. Ich freue mich auf sie. Es wird eine Kapelle, in der Männer, die Tattoos mitbringen statt Umgangsformen, ausdrücklich erwünscht sind!

Heute bin ich wieder in Bagong Silang gewesen, habe meine Jungs besucht, René und Reymond und die andern. Es gibt zwar auch Rückschläge, aber unter dem Strich machen mir die Projekte in meinem allerersten Slum Freude. Felix' Klasse ist auch gewachsen, seine Schüler kommen vorwärts.

Als ich zurück bin und von meiner Honda steige, steht ein Unbekannter vor mir, ein Mann um die dreißig. Er kommt sofort zur Sache: Er heiße Raol und wolle allem Schlechten den Rücken kehren. Er habe jahrelang einem Drogensyndikat in Bagong Barrio angehört und auch an Raubüberfällen teilgenommen. Es gehe ihm zwar finanziell nicht schlecht, aber er führe ein kaputtes Leben und habe ständig Angst. Seine alten Bandenmitglieder wollten ihn ausschalten, weil er nicht mehr mitmache. Er habe viele Feinde, in Bagong Barrio sei es für ihn zu gefährlich geworden. Schließlich habe er auch Familie, einen Sohn aus erster Ehe und nun auch ein Kind mit seiner zweiten Frau.

Ich bin unschlüssig, was ich von ihm halten soll. Der Mann ist leicht untersetzt, aber er verkauft sich gut, er formuliert gewandt und spricht Klartext. Zielstrebig kommt er zur Sache: Früher hätte er Sandalen gemacht und verkauft, er sei ein guter Handwerker und wolle mit dieser ehrlichen Arbeit beginnen. Er habe gehört, dass wir dafür Darlehen zur Verfügung stellen würden. Er wolle auch die Bibel lesen und beten, wenn das von ihm verlangt würde.

Raols ungewöhnliche Zielstrebigkeit beeindruckt mich. Andererseits hat sein Auftritt etwas Machohaftes. Er wohnt in einer kleinen Slumsiedlung auf einem ausgedienten Friedhof in einem anderen Stadtteil. Hier in meinem eigenen Slum ist das Leben für mich einigermaßen transparent, hier kenne ich die Leute oder ich kenne Leute, die die Leute kennen – aber ob Raols Geschichte wahr ist, kann ich von mir aus nicht beurteilen.

„Wir müssen uns zuerst kennenlernen", sage ich schließlich. „Du begreifst sicher, dass ich nicht jedem Fremden einfach so vertrauen kann. Bezüglich eines Darlehens kann ich nur eine Empfehlung weitergeben. Der Entscheid liegt bei Ate Lita und unserem Kirchenkomitee."

Raol nickt. Vorerst scheint er damit leben zu können.

Anderntags frage ich einige meiner Freunde, die ihr Geld in Potrero als Drogendealer „verdienen", ob sie Raol kennen würden. Sie nicken heftig: Er sei ein gefährlicher Mann aus einer gefährlichen Gang, ich müsse unbedingt vorsichtig sein. Hilfe, was soll ich tun?

Glaube gegen Geld

Dorie und ich haben „Schluss gemacht", wie man so schön sagt, eigentlich noch bevor wir wirklich eine Beziehung eingingen. Die kulturellen Unterschiede sind einfach zu groß. So haben wir uns auf einem Spaziergang ausgesprochen. Dorie war sichtlich enttäuscht, aber ich bin sicher, dass es gut ist, wie es ist. Mit einem SERVANT eine Beziehung anzufangen ist nicht ohne, da muss eine vollständige Identifikation mit der SERVANTS-Philosophie vorhanden sein, wenn das gut gehen soll. Slumleben ist nicht jedermanns Sache.

Letzte Nacht ist es wieder spät geworden. Das passiert gelegentlich, wenn ich in Bagong Silang bin. Die Jungs vom „Waisenhaus" halten einen auf Trab. Auch unsere ambulante Klinik ist nach wie vor geöffnet. Jo, eine Ärztin aus Neuseeland, leitet sie. Aber sie will dort aufhören und sich stattdessen vermehrt in der Gesundheitserziehung für Kinder engagieren. Regula Hauser überlegt sich, ob sie die Aufgabe übernehmen soll.

Jedenfalls habe ich in Bagong Silang übernachtet. Als ich morgens zurück nach Potrero komme, entdecke ich als Erstes

Blutspritzer auf der Sperrholztür meiner Unterkunft. Da ist auch schon Ate Lita zur Stelle: „Zum Glück warst du weg! Vor deiner Tür ist eine Bombe explodiert! Zwei von uns liegen schwer verletzt im Krankenhaus, Lola Bekka hat es zum Glück nur leicht an den Beinen erwischt."

Ein Anschlag auf meine Unterkunft? Ich schlucke. Das gibt mir zu denken. Es war eine Nagelbombe Marke Eigenbau, wie sie bei Bandenkriegen eingesetzt werden. Sie besteht aus einer Mischung aus Sprengstoff, Nägeln und Metallfragmenten. Man wirft sie wie eine Handgranate auf den Gegner. Beim Aufprall schlagen die Nägel und Metallfragmente im Innern aufeinander und produzieren dabei kleinste Funken, die bereits reichen, um den Sprengstoff zur Detonation zu bringen.

„Weiß man, wer die Bombe geworfen hat?", frage ich Ate Lita.

„Niemand", sagt sie und berichtet, was geschehen ist. Michael und Jessa hatten beschlossen, in einen anderen Stadtteil zu ziehen, weg von der Drogenszene Potrero, vom Leben als „Tänzer" und von ihren Familien mit ihren dauernden Vorwürfen. Beim Umzug trugen zwei Freunde ihren Kleiderschrank die wackelige Treppe hinunter. Der Schrank kippte etwas zur Seite, die Slumhauskonstruktion begann zu wanken, vom Holzbalken oberhalb meines kleinen Vordaches kullerte eine Nagelbombe zu Boden und explodierte.

Es ist also kein Anschlag gewesen. Immerhin. Aber jemand hat bei mir eine Bombe versteckt. Vermutlich weil das Risiko klein war, dass sie hier gefunden würde – eine Razzia bei mir ist unwahrscheinlich. Gut überlegt. Allerdings ist es hirnverbrannt, eine Bombe, die beim Aufprall explodiert, zwei Meter über dem Boden zu verstecken. Wer das wohl gewesen sein mag ... Vielleicht habe ich monatelang mit einer Bombe im Zimmer gelebt? Aber explodiert ist sie während meiner Abwesenheit. Mich schaudert.

Nun liegen zwei Schwerverletzte im Spital, und Michael

und Jessa werden für die Spitalrechnung aufkommen müssen. Sie müssen schnellstmöglich wieder Geld verdienen. Im Nachtclub, wo denn sonst? Ihr Schrank steht, wenn auch beschädigt, bereits wieder an seinem alten Ort. Das Ende ihres Neuanfangs. Herrgott!

Am Nachmittag besuche ich Raol in seinem Friedhofsunterschlupf. Erst wenn ich Frau und Kinder kennengelernt habe, kann ich beurteilen, ob ich ihm vertrauen soll. Ich treffe auf eine sehr armselige, aber saubere Behausung inmitten von Gräbern, eine Art Versteck. Die beiden empfangen mich freundlich. Raols Frau erzählt vom Leben der Familie und beginnt zu weinen. Sie bestätigt Raols Story, und das glaubwürdig. Offensichtlich will er wirklich neu anfangen. Raol zeigt mir auch gleich ein paar selbst gemachte Sandalen und erzählt mir wieder von seinen Plänen.

Einerseits vertraue ich Raol. Andererseits stört mich der Gedanke, dass wir im Begriff sind, so etwas wie ein Geldverleihinstitut zu werden. Dass irgendwelche unbekannten Typen bei uns auftauchen, vor allem des Geldes wegen. Ich bin unschlüssig. Plötzlich habe ich einen Einfall.

„Raol", sage ich, „du warst ein Drogendealer und Gangster und willst nun ein vertrauenswürdiger Geschäftsmann werden. Da musst du mir zuerst beweisen, dass es dir mit dem Glauben ernst ist. Wenn du es schaffst, während drei Monaten jeden Sonntag den Gottesdienst zu besuchen, werde ich dich nach dieser Zeit für ein Darlehen unserem Komitee empfehlen."

Raol lacht. „Nicht nur ich, meine ganze Familie wird von nun an in Potrero dabei sein."

Auf dem Heimweg wird mir plötzlich klar, welchen Handel ich soeben getätigt habe: Geld gegen Glauben. Ich bin ein Idiot! Seit bald drei Jahren lebe ich hier und habe wirklich gelernt, dass solche Verknüpfungen nichts anderes hervorbringen als

Leute, die aus wirtschaftlichen Gründen „Christen" werden. Und nun latsche ich in diese Falle wie einer, der von Mission und Entwicklungshilfe nicht die geringste Ahnung hat. Oder wie einer dieser Prediger, die meinen, als Christ gehe es einem gut, und Armut sei ein Zeichen, dass man etwas falsch mache. Mir wird halb schlecht.

Vier Tage nach der Bombenexplosion läuft mir Michael über die Füße und spricht mich in einer persönlichen Art und Weise an, wie er es noch nie getan hat. Verzweifelt erzählt er mir, dass er Jessa gesucht habe, ganze zwei Tage lang, und dass sie von einem Rauschgiftring gefangen gehalten würde. Sie würde von den Männern dort im Kokainhandel eingesetzt, natürlich unter Druck und unter starkem Drogeneinfluss. „Ein Syndikatboss hat mir eine Pistolenmündung an den Kopf gehalten und mich gewarnt, mich nicht in die Sache mit Jessa einzumischen." Im Nachtclub hatten Jessa und er sich als Geschwister ausgegeben.

Ich habe keine Ahnung, was zu tun ist, und höre ihm einfach nur zu. Dann frage ich ihn, ob ich für ihn und Jessa beten solle. Michael weint. Dann nickt er. Wir beten zusammen. Wenn man nicht weiß, was man machen soll, ist Beten das Beste. Vor allem wird man hier auch nicht gleich scheel angeschaut

Der Ex-Gangster Raol mit seiner Familie im Friedhofsversteck; in der Hand die Bibel und auf seinem Gesicht ein neues Lachen.

wie in Westeuropa, wo die meisten Leute nur noch in Phrasen beten, wenn überhaupt, mit den Kindern am Tisch oder vor dem Schlafengehen, und wo „fromm" eine Beleidigung darstellt. Da finde ich den selbstverständlichen und entspannten Umgang mit dem Beten hier in den Slums sehr befreiend.

Am nächsten Tag taucht Jessa auf. Sie ist am Ende ihrer Kräfte. „Fahrt nach Navotas zu Pastor Pepe", sage ich. Und das tun sie dann auch, zusammen mit Jessas Mutter.

Am gleichen Abend erreicht mich die Mitteilung, dass mein Vater gestorben ist.

Navotas

Es ist ein Gewirr von Gefühlen. Die Ankunft in der Schweiz, überstürzt, herausgerissen aus meiner Welt. Die Augenblicke am Sarg. Die Geschwister, die Mutter, die Beerdigung, die mich unversehens in meine Kindheit zurückversetzt hat. Und schon sitze ich wieder im Flugzeug und sehe geistesabwesend zu, wie die Stewardessen den Umgang mit Schwimmweste und Sauerstoffmaske demonstrieren. Ein Cocktail an Gefühlen.

Vater hat uns am Abend, wenn wir im Bett waren, manchmal etwas auf seiner Mundharmonika vorgespielt. Auch gesungen hat er gern. Über seine Arbeit als Pflegefachmann in der Psychiatrischen Klinik sprach er selten, und wenn, dann sehr unzufrieden. Hielt er seinen Mittagsschlaf oder hörte er die Nachrichten am Radio, mussten wir alle still sein. Er habe einen schweren Beruf, hat unsere müde Mutter ihn oft entschuldigt. Ausgerechnet sie, die innerhalb weniger Jahre sechs Kinder gebar und ohne Haushaltshilfe ein enormes Pensum bewältigte. Im Rückblick wird mir klar: Wirklich gekannt habe ich ihn nicht.

Er hatte eine eigenartige Geschichte. Sein Vater war im verarmten Emmental aufgewachsen, musste sich um die Jahrhundertwende als Verdingbub in Deutschland sein Einkommen suchen. An der Ostsee war er hängen geblieben, wo dann auch mein Vater aufwuchs, zusammen mit 17 Geschwistern und Halbgeschwistern. Wie alle hatte auch er zur Hitlerjugend gehört, hatte sich gegen Ende des Zweiten Weltkrieges freiwillig in die Kriegsmarine einziehen lassen, praktisch noch als Kind. Als 17-Jähriger konnte er dank Schweizer Pass in die Schweiz emigrieren. Das muss man sich mal vorstellen: Ein norddeutscher Hitlerjugendlicher und Kindersoldat von 17 Jahren in der Schweiz. Mein Vater fühlte sich vermutlich Zeit seines Lebens wie ein Heimatloser.

Die feuchte philippinische Hitze von Manila reißt mich von meinem Ausflug in die Vergangenheit wieder zurück in die Gegenwart. Auch in Bagong Silang und Potrero müssen Kinder sich verdingen, die Zugehörigkeits-Codes der Gangs sind so rabiat und totalitär wie jene der Hitlerjugend, Heimatlosigkeit und Überlebenskampf sind Alltag, viele „emigrieren" in Drogen: Alkohol, Leimschnüffeln oder Shabu. Es gibt viel zu tun.

Und wie sehen die Slums aus, diese Hütten direkt am Abwasser? Nicht anders als der Birsig zu Zeiten meines Großvaters, der ungedeckt und ungereinigt durch Basel floss, eine einzige Kloake, gedüngt aus den Toilettenhäuschen an den slumartig verschachtelten Hausfassaden. 1865 seien 450 Basler an Typhus gestorben, habe ich mal gelesen. Wer nach Manila reist, muss gegen Typhus geimpft werden.

Am nächsten Tag steige ich nach über einer Stunde mühsamer Fahrt durch die glühende Stadt vor dem Einfamilienhaus von Pepe von meiner Honda. Schon ein paarmal hatte Pepe mich gebeten, mit den SERVANTS in den Slums seiner Vorstadt Navotas präsent zu werden. Navotas liegt unmittelbar an der Bucht von Manila und ist restlos überbevölkert. Zweimal haben wir in einem der Slums bereits einen medizinischen

Tageseinsatz geleistet. Nun will ich mit Pepe über eine mögliche Arbeit der SERVANTS in Navotas sprechen und beten.

Ich klopfe an die Türe. Ein Hausmädchen öffnet. „Familie Gonzales ist für ein paar Tage in die Provinz gefahren", sagt sie. Mist! Das gibt drei Stunden Stadtverkehr, umsonst.

Ich bedanke mich. Aber statt auf die Honda zu steigen, marschiere ich los, denn wenn ich nun schon mal hier bin, kann ich doch einfach die Leute im benachbarten Slum besuchen. Der Slum liegt zwischen einer Müllhalde und einem Friedhof. Mehrere Hundert Familien leben dort auf engstem Raum. Meerseitig haben sie ihre Hütten auf Bambusstelzen auf das Wasser hinausgebaut, landseitig wächst die Siedlung direkt in die Gräberstadt hinein. Die Grabstätten mit den eingemauerten Leichen dienen manchen der Bewohner als Stützwände für ihre Behausungen.

Was ich aber nun zu sehen bekomme, trifft mich wie ein Hammer: Einer der Wirbelstürme der letzten Tage hat den Slum massiv beschädigt. Viele Hütten auf Bambusstelzen wurden vom Wind zerfetzt oder gleich ganz ins Meer gefegt. Das Gebiet ist mit einem schmutzigen Schlammteppich überzogen. Mit Tüchern, Karton und Plastikplanen versuchen die Leute, sich vor dem Regen zu schützen. Es stinkt jämmerlich. Knochen und Schädel liegen herum – der Sturm hat offensichtlich mehrere Gräber geöffnet, vielleicht improvisierte Gräber von Armen. Hilflosigkeit und Trauer überfallen mich.

Nackte, schmutzige und auch unterernährte Kinder stürmen auf mich zu und betasten mich. Der Zugang zu den Hütten liegt drei bis fünf Meter über dem verschlammten Meeresstrand und besteht aus kaputten, rutschigen Bambushalmen. Ein gefährliches Zuhause, nicht nur für die Kinder. Ich spreche mit einigen Leuten. Sie sind nicht nur müde und verzweifelt, sondern fühlen sich vom Rest der Welt und insbesondere von der Regierung im Stich gelassen.

Eine Familie erinnert sich von einem meiner Tageseinsätze her an mich und nötigt mich, ihre improvisierte Reissack-konstruktion zu betreten. Von irgendwoher bringen sie mir eine kühle Cola und ein paar Kekse. Himmel! Ich versuche abzuwehren, aber erfolglos. Ich kann mich nicht durchsetzen und darf es auch nicht, es wäre die gröbste Unfreundlichkeit, diese Geste der Gastfreundschaft auszuschlagen. Ich muss trinken, und jeder Schluck ist eine Qual, wenn ich dran denke, dass das Geld für die Cola vermutlich für das Abendbrot der Familie hätte ausreichen müssen. Die Mutter erzählt, sie gehöre zu den 14 Familien, deren ganze Hütte samt Inhalt in den Fluten verloren ging. Ein Kind sei ertrunken.

Auf dem Heimweg wechseln sich Wut, Schock und Erschütterung ab. Ich muss mit Pepe sprechen, was wir tun können. In den Tagen darauf organisiere ich Bilder und schicke sie zusammen mit einem Bericht an meine Freunde in der Schweiz. Wofür haben wir schließlich SERVANTS Switzerland gegründet?

Um die Verteilung der Hilfe mache ich mir im Moment keine Sorgen. Pepe hat schon vor Jahren begonnen, ein Beziehungsnetz zu spannen. Ein paar tüchtige Frauen treffen sich regelmäßig zum Austausch und zum Bibellesen. Sie kennt er, ihnen kann er vertrauen. Ich denke an Ate Lita und ihren Frauenkreis. Frauen beten mehr als Männer. Männer saufen mehr als Frauen, und sie sind öfter drogensüchtig. Anscheinend fällt es Frauen leichter, sich Bedürftigkeit einzugestehen, um Hilfe zu bitten und sie anzunehmen, während Männer am Anspruch an sich selbst scheitern. Darum mag ich das großspurige Auftreten vieler Männer nicht.

Am Abend lese ich einen Brief von meinem Freund Peter, einem jungen Arzt aus der Schweiz. Er fragte mich nach meinen Beobachtungen in Sachen Überbevölkerung. Ich werde ihm wohl antworten, dass die sogenannte Überbevölkerung meiner Meinung nach nicht der Hauptgrund ist für Armut, sondern eher eine Folge davon.

Natürlich erlebe ich hier täglich, wie Familien in fast jeder Hinsicht mit ihrer Kinderschar überfordert sind. Die daraus entstehenden Tragödien bilden ja das eigentliche Drama im Leben und Sterben der Armen. Aber nach drei Jahren im Slum weiß ich, dass die Menschen hier nicht begreifen, wie ich von so etwas wie „Familienplanung" sprechen kann, solange ihre Kinder an harmlosen Kinderkrankheiten und Durchfall sterben. Sie erleben das natürlich anders: Je mehr Kinder sie haben, desto größer ist die Chance, dass welche überleben.

Abgesehen davon braucht es für eine Familienplanung Verhütungsmittel beziehungsweise das Geld dafür. Und Disziplin. Und den Nerv, der Lehre der katholischen Kirche zuwiderzuhandeln, welche künstliche Verhütung bekanntlich als Akt gegen Gottes Herrschaft über Leben und Tod versteht. (Wobei sie gemäß dieser Logik eigentlich auch gegen jede medizinische Hilfe sein müsste.)

Meine armen Nachbarn haben mit dem Überleben genug zu tun. Freizeitvergnügen oder Selbstverwirklichung sind da einfach nicht drin. Im Slum sind die wesentlichen Dinge, für die es sich zu leben lohnt, Religion, Essen, Sex und die Zusammengehörigkeit in der eigenen Familie. Den Kinderreichtum der Armen als Grund für die Armut anzuführen finde ich viel zu einfach. Vor allem, wenn es Leute aus der Ersten Welt tun, deren Lebensstil die natürlichen Ressourcen um ein Hundertfaches mehr belastet als der Lebensstil von Menschen in der Dritten Welt. Wieder mal ein Grund, um lange wach zu liegen.

Zwei Engel und ein Motorrad

Boboy ist weg. Er ist wohl in sein altes Leben abgestürzt. Ich bin wütend, verletzt, traurig. Das kann und darf einfach nicht sein! So viele Leute haben sich mit so viel Engagement für ihn eingesetzt, ihn betreut, mit ihm gebetet, auf ihn aufgepasst ... Sollen wir ihn suchen gehen oder wollen wir es beim Beten bewenden lassen?

Heute Nachmittag tue ich etwas, was ich schon lange tun wollte: Ich zwänge mich in einen kleinen, relativ abgeschotteten Teil von Potrero, vor dem mich Ate Lita und Lola Bekka einmal im Chor gewarnt haben, er sei von gewalttätigen Alkoholikern der übelsten Sorte bewohnt.

Auf meinem Rundgang sehe ich ein normales Slumviertel von 40 bis 50 Hütten. Viele Kinder, waschende Frauen, einige alte Menschen und natürlich, wie gewöhnlich, auch ein paar trinkende Männer. Nicht wenige kennen mich bereits und scheinen amüsiert, dass ich auch einmal in ihrer Ecke vorbeischaue. Jemand führt mich zu einer einfachen, auf Stelzen gebauten Holzhütte. Wir gehen hinein.

Auf einem Tuch auf dem Fußboden liegt ein kranker Mann. Ich setze mich zu ihm. Als meine Augen sich an das Halbdunkel gewöhnt haben und ich genauer hinsehe, erschrecke ich. Der Mann ist in einem erbärmlichen Zustand, fast scheint er im Sterben zu liegen. Darauf bin ich nicht vorbereitet. Er hat gelbe Augen, ist bis auf das Skelett abgemagert und sehr kurzatmig. Tuberkulose. Mit größter Mühe gelingt es ihm, aufzusitzen. Sein Alter ist unmöglich zu schätzen.

Er kann kaum reden, freut sich aber über meinen Besuch. Jojie heiße er, sagt er. Außer seiner alten Mutter habe er niemanden, weil die Leute natürlich Angst hätten, sich bei ihm anzustecken. Er bekomme aber immer wieder Essen von den Nachbarn, sonst würden er und seine Mutter verhungern.

Fast alle Bewohner dieses Slumquartiers stammen aus derselben Provinz im Süden der Philippinen, das weiß ich. Die Solidarität ist darum noch etwas ausgeprägter als anderswo. Er habe von uns gehört, flüstert Jojie, und wenn es ihm wieder besser gehe und er wieder gehen könne, würde er unseren Gottesdienst besuchen.

Da sitze ich nun, am Ende meiner Möglichkeiten, bei einem todkranken Mann in meinem Alter, der von der Zeit spricht, in der es ihm wieder besser geht ... Ich zweifle, ob ein Klinikaufenthalt an seinem Zustand etwas ändern würde. Hilflos frage ich einmal mehr, ob ich mit ihm beten solle. Er nickt. Wir beten.

Einige Tage später reite ich auf meiner Honda Richtung Bagong Silang. Wie so oft nehme ich die Zufahrt durch Tala, die Leprakolonie. Etwa auf halber Strecke gerät etwas Merkwürdiges in mein Blickfeld. Ich halte an. Da türmt sich am Horizont bei ansonsten blauem Himmel eine gewaltige Wolke auf. In der hellen Mittagssonne glänzt sie wie ein silbergrauer riesiger Blumenkohl. Unwirklich schön, aber auch bedrohlich. Eine sehr untypische Gewitterwolke vom Typ Amboss. Ich steige auf und rumple auf der Naturstraße weiter. Nur schnell das Dringlichste in Bagong Silang erledigen und wieder zurück, bevor das Tropengewitter losbricht!

Kurz darauf halte ich ein zweites Mal an, weil mein Hinterrad schlingert. Ich stelle fest, dass ich einen Platten habe. Na prächtig! In Manila City gibt es an jeder Ecke einen „Reifen-Reparaturshop", aber hier draußen vor Tala ... Einen Ersatzschlauch habe ich dabei, Mehrzweckschlüssel und Schraubenzieher ebenfalls, aber für einen Hinterrad-Schlauchwechsel mitsamt Montage von Kettenkranz, Trommelbremse und den Gängen reicht das nicht. Ich bin ein Trottel. Brütende Mittagssonne, ein angekündigtes Gewitter, ein 120 Kilo schweres Motorrad zum Schieben und kein Mensch auf der Straße!

Nach einem Stoßgebet mache ich mich auf. Ich muss grinsen: „Stoß"-Gebet – das Wort passt.

Keine fünf Minuten bin ich unterwegs, keuchend und schwitzend, da tauchen zwei Gestalten auf. Sie lachen. Es ist kein Auslachen, das weiß ich, in dieser Kultur reagieren die Leute auf fast alles mit einem hörbaren Lachen, auch wenn die Ursache nicht lustig ist. Vielleicht eine Art emotionale Freisetzung?

„Don't worry", sagt der eine, „wir werden dein Rad flicken, warte ein Weilchen." Der andere zwitschert ab, vermutlich um Hilfe zu holen. Ob das gut geht? Die Gesichter der beiden sind von der Lepra entstellt. Wenige Minuten später steht der zweite Mann wieder da, mit einigen Schraubenziehern, Zangen und einer Luftpumpe. Jetzt machen sich die merkwürdigen Engel an die Arbeit … Mir ist das entsetzlich peinlich. Sie lassen mich nicht helfen, aber zum Aufhören bewegen kann ich sie nicht. Ich bemerke, dass die Lepra auch ihre Finger verstümmelt hat.

Sie heben das Rad aus dem Rahmen, entfernen Brems- und Kupplungsgestänge und probieren mit viel Mühe, den harten Mantel aus den Felgen zu lösen. Sie rutschen immer wieder ab und verletzen sich an scharfen Metallkanten, man kann es nicht mit ansehen! Beide beginnen an ihren Fingerstummeln zu bluten. Ich würde am liebsten im Erdboden versinken. Die zwei verrenken sich bei der Arbeit, setzen Ellbogen und Füße ein, aber sie weigern sich, dass ich mithelfe. Jede Sekunde kommt mir wie eine Ewigkeit vor.

Es ist kaum zu glauben, aber die Männer kriegen mein Motorrad wieder flott. Sie stehen auf und strahlen mich an, glücklich und stolz auf ihren Sieg über die Maschine, über die Situation, vielleicht auch über die Spuren ihrer Krankheit. Sie, die armen Kranken am Wegrand, und ich, der gesunde Weiße – mit einem Motorrad, das in ihren Augen ein Vermögen wert sein muss. Wieder einmal diese Umkehrung der Welt mit ihren Werten. Die zwei haben jedes Klischee zertrümmert, genau wie der Stallgeborene die Klischees zertrümmert hat.

Natürlich verweigern sie mir jetzt auch noch, ihnen zu danken. Diesmal bleibe ich hartnäckig, auch wenn ich nur etwas Kleingeld bei mir habe. Hätte ich ein Vermögen dabeigehabt, ich hätte es ihnen überlassen – sie haben mir auch alles gegeben. Schließlich nehmen sie das Kleingeld doch an und lachen. Dankbar und aufgewühlt fahre ich weiter.

Schon um drei Uhr nachmittags bin ich wieder zurück im Stadtgebiet. Es wird immer dunkler. Irritiert blicke ich noch einmal auf die Uhr, aber ich habe mich nicht verguckt, es ist wirklich erst drei Uhr am Nachmittag. Jetzt gehen sogar die Straßenlichter an. Unheimlich. Wie ich daheim in Potrero mit steifem Rücken vom Motorrad steige, beginnt es auch noch zu schneien. Jetzt geht mir ein Licht auf, und der Erste, dem ich begegne, bestätigt es: Am Vormittag ist der Pinatubo ausgebrochen. Von wegen „untypische Gewitterwolke vom Typ Amboss". Meteorologe Schneider hat soeben einen Vulkanausbruch mit einem Gewitter verwechselt.

In kürzester Zeit ist alles mit einer weißen Ascheschicht bedeckt. Der Pinatubo liegt knapp 100 Kilometer von uns entfernt. Die Aschewolke sei 19 Kilometer hoch gewesen, heißt es im Fernsehen, und hätte innerhalb weniger Stunden auf dem größten Teil der Insel das Sonnenlicht geschluckt.

Gewaltig. Noch am Abend auf meiner Pritsche habe ich ein flaues Gefühl im Magen. Endzeit, irgendwie. Ein Ascheregen, der den Tag verdunkelt, und dann die Erscheinung zweier leprakranker Engel. Die theologische Lektion dieser beiden werde ich mein Lebtag nicht vergessen: Es ist nicht einfach, von jemandem sein Letztes, sein Alles anzunehmen. Weder von Leprakranken noch vom Stallgeborenen.

Müde

Zusammen mit etwa fünfzig andern Frauen und Männern sitze ich im Gottesdienst und freue mich. Vor gut drei Wochen haben wir unsere neue Kapelle eingeweiht und schon wirkt sie zu klein. Ein gutes Zeichen. Aber ich freue mich aus anderen Gründen. Zum Beispiel darüber, dass Raol unter den Zuhörern sitzt. Raubüberfälle begeht er keine mehr, stattdessen ist er Kleinunternehmer mit einer Sandalenwerkstatt, aufgebaut mit dem Darlehen, das Ate Litas Komitee ihm gegeben hat. Nach wie vor kommt er mit seiner Familie in den Gottesdienst, und ich habe gesehen, dass er seine große Bibel auch zu Hause liest, und zwar so konsequent, wie ich das sonst selten erlebe.

Ich freue mich auch, dass Boboy wieder da ist. Er ist zurückgekommen. Und ich freue mich über Jessa und Michael und ihre zwei kleinen Kinder. Jessa steht vorne und erzählt, wie sie sich früher dem Nachtclub und dem Kokain verkauft und am Schluss sogar Shabu konsumiert habe, vor einiger Zeit aber ein neues Leben angefangen habe, mithilfe von Jesus Christus. Wow!

Gestern durfte Pepe an einem Fluss außerhalb der Stadt dreißig Leute taufen, darunter war auch der alte Papa Ramos, Michaels Großvater, die Autoritätsfigur von Potrero. Alles sei sehr schlicht und unerhört eindrücklich gewesen, habe ich mir sagen lassen. Ich selber bin der Taufe bewusst ferngeblieben. In diesem vorwiegend katholischen Land möchte ich nicht unbedingt als Täufer auftreten. Eine einfache Gelegenheit zu zeigen, dass es sehr gut ohne mich geht. Das wird mir je länger, je wichtiger.

Ate Lita hat neulich erzählt, dass ihr Frauenkreis bereits lange vor meinem ersten Besuch in Potrero beim Beten den Eindruck hatte, dass ein „Americano" kommen, ihren Männern den Weg zum Glauben zeigen und ihnen aus ihrer Sucht heraushelfen würde. Das bezieht sie logischerweise auf mich. Klar, mir schmeichelt das, wer fühlt sich nicht gern „berufen". Andererseits passt mir die Messiasrolle nicht, was auch ein Grund war, der Taufe fernzubleiben. Ich als Heilbringer würde verraten, was ich vertrete und will. Aber Ate Lita ist fest davon überzeugt, und ich lasse es dabei bewenden. Immerhin verdanke ich es wohl dieser Überzeugung, dass sie mir, dem Americano, der eines Tages aufgetaucht ist, so bereitwillig Unterkunft und Gastfreundschaft gewährt hat.

„Meine" Männer kommen gern in die Gottesdienste in unsere neue Kapelle, unsere regelmäßigen Treffen sind spannender und intensiver denn je. Mit mir hat das aber wenig zu tun, sondern mit dem langen und treuen Beten der Frauen, das den Boden bereitet hat. Davon bin ich fest überzeugt.

Am Abend liege ich nachdenklich auf meiner Pritsche. Wie es wohl weitergeht mit diesen Gläubigen? Ich weiß es nicht. Bei den meisten fehlt es an allen Ecken: Verdienstmöglichkeiten, medizinische Versorgung, Schulgeld für die Kinder, unmenschliche Wohnverhältnisse etc. Wieder ist viel Vorsicht und Geduld gefordert, damit wir nicht vorschnell mit Soforthilfen kommen und den Eindruck erwecken, Christsein zahle sich finanziell aus.

Immerhin, einige Selbsthilfeprojekte laufen inzwischen gut an: Michael fährt nun Motorradtaxi, genauso wie Ate Litas Bruder Dante. Mit etwa acht Jungs beginnen wir diese Woche, Hühner zu schlachten und auf Bestellung frei Haus oder auch frei Hütte zu liefern. In Bagong Silang ist das Hühnerprojekt ganz erfolgreich, vielleicht können wir hier etwas Ähnliches erreichen. Vor zwei Monaten habe ich zudem ein Komitee aus Filipinos gegründet für Reparaturen und die Renovierung einfallender Hütten. Um Eifersucht zu vermeiden, habe ich vier Leute aus drei verschiedenen Kirchen ausgewählt.

Nachdenklich stimmt mich, dass wir unser Waisenhaus in Bagong Silang aufgelöst haben. Ich begreife zwar, dass hier alles nur provisorisch ist, all die kleinen Unternehmen, die wir gegründet haben, das ganze Leben, und mir ist auch klar, dass das Waisenhaus für die Teenager nur eine Durchgangsstation sein kann, dass sie älter geworden sind und lernen müssen, auf eigenen Füßen zu stehen. Und trotzdem macht es einen eben traurig. Dinge wachsen einem ans Herz.

Ich sollte in den nächsten Monaten den Schongang einlegen. Das fällt mir wahnsinnig schwer. Aber ich bin einfach zu müde, um noch lange so weitermachen zu können. Da ist auch eine kleine Wunde am Schienbein, die seit drei Monaten nicht recht heilen will.

Heute las ich einige Fakten über den Ausbruch des Pinatubo, den sie inzwischen statistisch einigermaßen erfasst haben: Der Vulkan hat 10 Kubikkilometer Material ausgestoßen und dabei 260 Meter Höhe verloren. Das Tropengewitter, das wenig später über der Region niederging, brachte wegen des schweren Asche-Wasser-Gemischs auf den Dächern etwa 8000 Häuser zum Einsturz. Über 800 Menschen starben. Hunderte Quadratkilometer Landwirtschaftsland wurden unbrauchbar. Und hier im Slum strampeln Menschen sich durch ihr kleines Leben, entweder als SERVANT beim Helfen oder als Einheimischer beim Überleben.

Ich richte meine Gedanken auf Gott und auf die Menschen in der Kapelle, auf die strahlenden Augen, auf Jojie, der aufgehört hat zu sterben und wieder zum Leben erwacht. So schlafe ich ein.

Katja, die Temporärmissionarin

Vor zwei Tagen waren wir frommen Christen in den Schlagzeilen. Auf ein christliches Missionsschiff war im Hafen von Zamboanga, einer Stadt im Süden der Philippinen, ein Anschlag verübt worden. Vermutlich waren es fanatische Moslems gewesen. Zwei Tote, zweiunddreißig teils schwer Verletzte. Menschen aus sechzehn Ländern.

Ich kenne das Schiff. Es gehört einer evangelikalen Missionsgesellschaft amerikanischer Prägung an und ist eine Art schwimmende Missionsstation mit Bücherladen. Legt das Schiff irgendwo an, gehen die jungen Christen von Bord in die Straßen der Stadt, verkaufen christliche Bücher und Traktate, organisieren Straßentheater, Filmvorführungen oder Seminare. Manche auf den Marktplätzen, in Schulen und Gefängnissen, manche in den Konferenzräumen an Bord des Schiffes. Dabei arbeiten sie, wo immer möglich, mit lokalen Gemeinden zusammen. Ich schätze diese Arbeit und weiß, dass dort Tausende von jungen Menschen wertvolle Erfahrungen für ihr Leben gewinnen. Der Gründer dieser Missionsgesellschaft ist eins der Vorbilder meiner Jugend.

Gestern Abend hat uns ein Mitarbeiter der Schweizer Botschaft angerufen. Unter den Verletzten befänden sich drei Schweizerinnen, und man suche in Manila wohnhafte Schweizer, die sie im Spital besuchen würden. Und so marschiere ich am frühen Nachmittag durch die Gänge des Makati Medical Center im modernsten Geschäftsviertel der Hauptstadt mit seinen Wolkenkratzern und den glänzenden Glas- und Stahlfassaden.

Dem Ruf nach ist das MMC das beste und wohl auch teuerste private Krankenhaus in Manila. Es duftet genau wie in einem Schweizer Spital nach Desinfektionsmitteln und Sauberkeit. Und nicht nach Urin und Schweiß, so wie in den überfüllten Regierungsspitälern im Norden der Stadt, wo die Korridore schmutzig und mit Patienten belegt sind. Nun gut, wenn sie schon verletzt und fern der Heimat sind, so kriegen die jungen Missionare wenigstens erstklassige medizinische Versorgung.

Ich betrete das Zimmer und sehe mich einer überraschten jungen Frau namens Katja gegenüber. Sie wirkt blass und mitgenommen, aber sie lächelt. Sie sei an Gesäß, Rücken, Nacken und Kopf operiert worden, erfahre ich, aber das Schlimmste sei wohl überstanden. „Einige Metallsplitter konnten sie entfernen. Nur im Kopf, an gefährlichen Orten, habe ich noch zwei Splitter, bei denen die Ärzte nicht so recht wissen, wie sie weiter vorgehen sollen."

Ihre Kopf- und Nackenhaltung ist unnatürlich verkrampft. Vermutlich bereitet ihr jede Bewegung Schmerzen. Ich setze mich und frage Katja, wie das alles passieren konnte. Und dann erzählt sie.

„Wir hatten bereits zwei wundervolle Wochen in Zamboanga verbracht. Viele Gemeinden und Schulen öffneten ihre Türen und freuten sich über die Zusammenarbeit. Auch die lokale Regierung schien freundlich gesinnt und baute eine große Bühne auf, direkt vor dem Regierungsgebäude. Am letzten Abend fand dann die ‚International Night' statt, ein Unterhaltungsabend mit freiem Eintritt. Wegen eines heftigen Gewitters mussten wir das Programm kurzfristig in die Schalter- und Abfertigungshalle des Hafens verlegen. Wir boten fröhliche folkloristische Darbietungen aus den verschiedenen Ländern der Welt dar. Etwa 1500 Zuschauer aus der Stadt waren da, die Stimmung war sehr gut. Nach den Aufführungen gab es eine leidenschaftliche evangelistische Predigt eines Leiters. Währenddessen beteten hinter der Bühne viele Schiffsleute für die Veranstaltung. Und dann flogen plötzlich zwei Handgranaten auf die Bühne. Eine explodierte nur etwa fünf Meter von mir entfernt. Durch die Wucht der Explosion wurde ich auf einen sitzenden Kollegen neben mir geschleudert. Im Schock taumelte ich Richtung Ausgang, sackte aber schon bald zusammen. Es war ein irrsinniges Durcheinander, überall Scherben und Blut. Wir hatten Angst und wollten nur weg!"

Katja macht eine Pause. Ich frage sie nach ihrem Empfinden dieser Tat gegenüber. Dann sagt sie: „Ich kann den Tätern vergeben. Hass verspüre ich keinen. Natürlich bin ich traurig. Aber warum Gott das zugelassen hat, wozu das gut sein soll, weiß ich nicht. Da sind noch Fragen offen."

Beeindruckend.

Auf dem Heimweg beiße ich wieder mal auf der Grundsatzfrage herum, warum Gott das zulässt. „Damit wir daraus lernen" oder „Gott ist nicht verantwortlich für unsere Schlamassel" und andere Standardantworten reichen mir nicht. Warum lässt Gott die Armut, die Entwürdigung, den Hass, das Blutvergießen zu?

Ich mache mir natürlich meinen eigenen Reim auf diesen Vorfall. Da ist eine südostasiatische Stadt, etwa dreimal so groß wie Basel, in der mindestens ein Viertel der Bevölkerung Moslems sind und ein beträchtlicher Teil in großer Armut lebt. Dann kommt ein Schiff mit ein paar Hundert jungen, schönen, wohlgenährten Menschen aus reichen, schönen, wohlgenährten Ländern, die ihren Glauben verbreiten wollen. Mit vielen Worten und wenig Hilfe. Nach zwei, drei Wochen reisen sie wieder ab, zurück in ihren Überfluss. Was sie zurücklassen, sind Worte, Bücher und Armut. So schätze ich die Wahrnehmung zumindest einer kritischen Minderheit in dieser Hafenstadt ein.

Sicher, die jungen „Missionare" durchlaufen auf dem Schiff ein vorbereitendes Training, in dem sie lernen, anderen Kulturen und Religionen respektvoll und mit Wertschätzung zu begegnen. Aber dafür bräuchte es nicht nur Training und etwas Interesse an der sozialen Wirklichkeit der Gastgeber, sondern eben *viel* Interesse und damit auch *viel* Zeit, sich auf diese Wirklichkeit einzulassen und die Menschen wenigstens ansatzweise verstehen zu lernen, sprachlich und sozial. Den drei Wochen Reden müssten drei Jahre Zuhören vorausgehen. Jesus von Nazareth hat auch erst dreißig Jahre in Palästina gelebt, bevor er zu heilen und zu predigen begann.

Wer Menschen missionieren will, ohne mit ihnen in freundschaftlicher Absicht ein Stück Leben zu teilen, degradiert die Menschen zu Missionsobjekten und die Mission zum gemeinsamen Event. Und das finde ich respektlos, sowohl den Menschen wie auch der Botschaft von Jesus gegenüber. Für einige Filipinos verkörpern diese jungen „Americanos" bestimmt ein gutes Stück Überheblichkeit und Besserwisserei.

Den jungen Leuten von diesem Schiff darf man keinen Vorwurf machen. Ich halte Katja weder für respektlos noch für arrogant. Sie scheint mir eine feine junge Frau zu sein, die nach bestem Wissen und Gewissen handelt. Aber sie ist – wie ich auch – in einer naiven Ersten Welt aufgewachsen.

Die frische Brise

Keiner in der Nachbarschaft hat es erwartet, aber es geht Jojie tatsächlich viel besser. Hin und wieder spuckt er noch Blut, aber ich bringe ihm regelmäßig die teuren Medikamente, die bei normalem Verlauf einen Patienten von Tuberkulose heilen können – vorausgesetzt, er nimmt sie zuverlässig drei bis sechs Monate lang. Und falls er nicht vorher stirbt, zum Beispiel an einem Blutsturz.

Vor etwa einem Monat kam Jojie am Sonntagmorgen in unsere Kapelle spaziert und berichtete, er sei Christ geworden und Gott hätte ihm Heilung geschenkt. Ich musste damals schmunzeln, er war nämlich immer noch recht gelb im

Gesicht. Aber er strahlte. Seither hat er regelmäßig den Gottesdienst besucht, jedes Mal ein wenig gesünder. Seit Kurzem ist er verantwortlich für die Gemeinschaftskasse der Sonntagskollekte.

Als ich heute Morgen mit den Medikamenten bei Jojie vorbeischaue, zeigt er mir Einstiche von Messern in seiner hölzernen Hüttenwand. Und dann erzählt er mir, was vorletzte Nacht passiert ist: „In diesem Teil von Potrero geschieht jedes Jahr in derselben Nacht eine Art Ritualmord. Meist besäuft sich eine Gruppe Männer und bestimmt dann ein Opfer. Es ist immer ein Mann, der ihrer Ansicht nach aus irgendeinem Grund den Tod verdient. Den erstechen sie dann. Diesmal wollten sie Edwin töten."

Edwin ist Jojies Neffe, ein überaus frecher und respektloser Teenager, der nicht nur Jojie viel Mühe bereitet. Ich habe ihn vor einigen Tagen getroffen, weil er für einige Wochen bei Jojie zu Besuch war.

„Jedenfalls kamen die Männer nach Mitternacht. Ich habe sofort begriffen, was passiert, habe mich denen in den Weg gestellt und geschrien, sie müssten zuerst mich erstechen, wenn sie meinen Besuch haben wollten. Dann haben wir uns Schritt für Schritt in das Häuschen zurückgezogen. Von den Männern stachen einige wütend mit den Messern in die verschlossene Tür und Wand. Aber plötzlich ließen sie ab und zogen davon. Es war das erste Mal seit Jahren, dass in dieser Nacht keiner sterben musste. Gott sei Dank!"

Eine scheußliche Sache, glimpflich abgelaufen. Ist es Zufall oder Wunder? Wenn ich Jojies Augen sehe und das Leben, das ihm die Botschaft eines liebenden Gottes zurückgeschenkt hat, dann plädiere ich auf Wunder. Einstimmig.

Am nächsten Tag mache ich einen Besuch in Navotas, dem Pfahlbauer-Slum bei den Gräbern. Die Zugänge zu den Hütten wirken nun wesentlich robuster, die kaputten Bambushalme wurden mit Schweizer Spendengeldern durch Holzbretter ersetzt. Auch einen Kindergarten haben die Männer gebaut. Juliet, eine erfahrene Pädagogin und Slumbewohnerin, leitet ihn. Man merkt ihr an, dass sie ursprünglich aus der oberen Mittelschicht stammt.

Als ich ankomme, führt sie mich ans Ende der Siedlung zu einer neu erstellten Pfahlbauhütte direkt am offenen Meer und sagt: „Unsere Gemeinschaft hat dir eine Hütte gebaut. Wir wollen, dass du bei uns wohnst. Hier ist es auch nicht so heiß wie sonst in der Stadt. Spürst du die frische Brise vom Meer?"

Der Gedanke ist reizvoll und die Einladung tut wohl, mein Einsatz wird geschätzt. Aber vom SERVANTS-Team bekäme ich nie die Zustimmung, hierherzuziehen. Auch in Navotas wäre wieder eine Überlebensübung angesagt, die mich total in Beschlag nehmen würde. Darum sage ich ab. Juliet ist enttäuscht. Aber ich verspreche ihr, dass ich einmal in der Woche zu Besuch kommen und in der Hütte mit ihnen übernachten werde.

Am Abend in den Nachrichten ist das Attentat auf das Missionsschiff vor zehn Tagen ein Thema. Die Täter gehörten zu Abu Sayyaf. Das ist eine islamistische Terrororganisation, die vor allem im muslimischen Süden der Philippinen aktiv ist. Den Hintergrund der Tat finde ich ärgerlich: Mitarbeiter des Missionsschiffes waren zu einer Diskussion an eine Schule mit islamischen Studenten eingeladen worden. Dort war einem jungen, eifrigen Christen nichts Gescheiteres in den Sinn gekommen, als offiziell zu verkünden, Mohammed sei ein Lügner gewesen.

Natürlich ging ein Aufschrei durch die muslimische Bevölkerung. Abu Sayyaf wusste ihn für sich zu nutzen – und der Leiter des Schiffes musste sich öffentlich für die Aussage des übereifrigen Temporärmissionars entschuldigen. So viel zum Thema „Respekt und Wertschätzung gegenüber anderen Kulturen".

Es ist schon relativ spät, als ich auf meine Pritsche klettere. Obwohl ich schrecklich müde bin, wie allzu oft in den letzten Monaten, kann ich nicht gleich einschlafen. Meine Gedanken drehen sich rund um die Schweiz. Regula, Christian und ich haben ein Haus gemietet, unser „Schweizerhaus" – als Gästehaus sowie für „Rückzüge" aller Art. Wir konnten das möblierte Haus zu einem sehr großzügigen Mietzins von abreisenden Missionaren übernehmen. Nun haben wir sechs Zimmer in ruhiger, sauberer Lage. Dafür sind wir sehr dankbar. So können wir Schweizer uns untereinander treffen und dabei auch ein wenig Schweizer Ambiente schaffen. Wie habe ich das vermisst!

Natürlich brauchen wir drei kein so großes Haus bloß für Administratives, Sitzungen und Rückzüge. Aber im Spätherbst werden Regina und Markus Meyer mit ihren drei kleinen Kindern zu uns stoßen. Auch sie wollen ein Mitleben im Slum versuchen. Mit drei Kindern eine gehörige Herausforderung! Regula, Christian und ich werden sie in den ersten paar Wochen in unserem Schweizerhaus unterbringen und bei ihrem Eintauchen in die Welt der Armut so gut wie möglich unterstützen.

Vor allem die nächsten vier Wochen werden aber aufregend schweizerisch: Sechzehn Freunde aus Deutschland und der Schweiz kommen zu Besuch. Einige stellen sich die Frage, ob sie sich auch einmal den SERVANTS anschließen wollen. Die anderen wollen einfach das Leben der Armen und unsere Arbeit hier besser kennen- und verstehen lernen. Ich freue mich wahnsinnig auf diese Wochen mit den Freunden. Durch mein Slumleben wird eine frische Brise wehen. Christine ist ihr Name.

Wenn sie das übersteht ...

Heute kommt die Schweizer Gruppe an. Wir haben den Aufenthalt bereits gut durchgeplant: Am Anfang steht eine Einführungswoche im Schweizerhaus, dann folgen zwei Wochen bei einer Slumfamilie, zuletzt werden sich die „Schnupperlehrlinge" noch ein paar Tage Erholung auf der Ferieninsel Boracay gönnen.

Slumfamilien zu finden, die bereit sind, zwei Wochen lang Gastgeber zu sein, ist das allerkleinste Problem. Ich habe dafür gesorgt, dass Christine zu einer Familie in Potrero kommen wird, sehr nahe bei mir. Fleißige und liebenswürdige Eltern, acht Kinder, die Unterkunft ein feuchtes dunkles Loch. Wenn sie das übersteht, dann übersteht sie einiges.

Christine hat die ersten Tage so festgehalten:

Frankfurt, 24. August 1991. Mein erster Flug in einen anderen Erdteil! Der Jumbojet ist voll besetzt. Wir sind sechzehn Schweizer und Deutsche, welche die Arbeit von SERVANTS in Manila und das Leben der Slumbewohner hautnah mitbekommen wollen. Ich habe versucht, nicht allzu sehr darauf zu hoffen, dass meine Slumfamilie möglichst nah bei Chris wohnt ...

Nach unserer Ankunft im Schweizerhaus in einem abgesperrten, überwachten Viertel gibt es asiatische Küche: gebratenes Huhn, Reis, Gemüse, Bananen, und zum Dessert eine Vorbesprechung mit Regula, die hier ja Rachel heißt, sowie mit Christian Auer und mit Chris. Dieser informiert uns dann auch gleich, wo wir wohnen. Und sieh da, ich bin ganz in seiner Nähe!

Montag. Erster Besuch in einem Armenviertel, im Frisco-Slum, wo Christian Auer lebt. Wir sind bei seiner Gastmutter Aling Esther zum Essen eingeladen. Danach „spazieren" wir als Gruppe durch die Gässchen: Ich muss aufpassen, unten nicht in Abwasserpfützen oder Hundedreck zu treten und oben meinen Kopf nicht an einem der schiefen Vordächer anzuschlagen.

Es scheint, als lebten die Leute hier wie im Zeltlager: Wasser holen, Kochen auf dem Butangas-Herd, Waschen in großen Plastikbecken auf dem Boden. Ich frage mich, wie sie es schaffen, auch noch am Abend ein blütenweißes T-Shirt zu tragen! Sie bewegen sich mitten im Schmutz graziös und mit Würde. Meine Hochachtung wächst. Wir sind beeindruckt von der Herzlichkeit und der fröhlichen Art der Leute. Was die wohl über uns „Touristen" denken?

Sonntag, 1. September. *Auszug aus dem Schweizerhaus. Ende der Schonfrist im Reservat, Einzug in die Wildnis bei Mutter Aling Osing, Vater Kuya Adolfo und ihren acht Kindern zwischen ein und vierzehn Jahren. Da habe ich aber was vor mir! Die Nähe zu Chris ist allerdings fast so aufregend. Dafür kann er mich hier relativ problemlos auf meine Slumtauglichkeit testen. Ich wohne ja zwei Wochen lang mit zehn Personen zusammen in einem Verschlag von etwa drei auf vier Metern Fläche mit einer einzigen Pritsche … Und mit einem flauen Gefühl im Magen.*

Montag. *Ich habe mit zwei Mädchen zusammen auf der Pritsche geschlafen. Oder besser: Ich habe es versucht. Es ist eng. Es ist heiß. Ständig höre ich Ratten über das Blechdach rennen. Aber wenigstens beschützt mich ein Moskitonetz. Chris hat es mir organisiert. Geduscht habe ich auf kleinstem Raum, mit einer Schöpfkelle und Wasser aus der Regentonne. Die Dusche befindet sich im öffentlichen Slumgässchen und wird von mehreren Familien benutzt. Mit einem Riegel kann man sich zwar einschließen, aber durch die Ritzen kann mich jeder beobachten, der möchte. Wenn ich das überstehe …*

Für Chris' Nachbarinnen sind wir Schweizer Besucher eine willkommene Abwechslung. Ich verstehe kein Wort, aber so wie sie zusammen lachen und schwatzen, habe ich das Gefühl, dass sie nur darauf warten, eine von uns Schweizer Frauen mit Chris zu verkuppeln. Die Kinder sind begeistert von meinem Besuch und bringen mir ununterbrochen Tagalogwörter bei. Sie lesen mir jeden Wunsch von den Augen ab, alle behandeln mich wie eine Königin. Und ich kann ihnen überhaupt nichts geben. Ich fühle mich beschämt von so viel Gastfreundlichkeit.

Aling Osing und ich gehen zusammen auf den Markt und kaufen Krabben, Fische und Fleisch ein. Alles ist voller Fliegen, es stinkt entsetzlich und ich bin froh, als wir zurück in der Hütte sind. Mir ist schleierhaft, wie ich das essen werde. Dann muss ich aber doch staunen: Aling Osing kocht und frittiert die Sachen lange, ihr Essen schmeckt gut.

Am Dienstagmorgen um 6.00 Uhr treffen sich jene von uns, die in Potrero „wohnen", bei Chris. In seinem winzigen Zimmer hat er für uns frische Brötchen und heiße Schoggi vorbereitet. Was für ein Genuss nach all dem Reis! Ruhe zum Reden finden wir nicht: Ständig kommen Nachbarn vorbei, fragen etwas oder setzen sich kurzerhand dazu.

Überhaupt ist Chris ununterbrochen auf Achse, unterwegs zu all den Projekten, die er betreut. Gelegenheiten, mit ihm zu plaudern, gibt es ab und zu auf den Fahrten durch die Stadt. Langsam spüre ich erfreut, dass er mich besser kennenlernen möchte. Ich bin ja gespannt, wie er das anstellen will, wo man hier doch kaum eine ruhige Minute hat. Dass wir uns zu zweit in der Nähe des Slums unterhalten, wäre ein Verstoß gegen die asiatische Kultur und würde wilden Gerüchten Vorschub leisten.

Freitag, 6. September. Beim Abendprogramm sagt Chris, heute Morgen sei im Schweizerhaus ein Fax für mich gekommen,

ob ich es heute noch lesen möchte. Zuerst winke ich ab. Nach
den ersten fünf Tagen im Slum dürfen wir uns morgen sowie-
so ein Wochenende im Schweizerhaus gönnen. Aber plötzlich
kommt mir in den Sinn, dass wir daheim abgemacht hatten,
dass meine Familie nur im Notfall schreiben sollte. Also ist
es vielleicht ein Notfall? Außerdem kommt mir in den Sinn,
dass Chris mich vielleicht fahren würde. Nach dem Abend-
programm frage ich ihn, ob er nicht vielleicht doch …
    Er fährt mich. Auf dem Motorrad. Durch halb Manila. Das
hätte ich mir nun wirklich nicht erträumt. Und ich habe den
Eindruck, dass es ihm nichts ausmacht, und mir sowieso nicht.
Wie aufregend, eine Motorradfahrt allein mit Chris!
    Der Notfall ist dann keiner: Im Fax stehen nur lauter liebe
Grüße aus Basel. Das ist mir sehr peinlich. Hilfe, meine lie-
be Familie verfolgt mich um die halbe Welt! Aber nach die-
ser Fahrt am späten Abend ist der Abschiedsgruß von Chris
schon richtig persönlich. Vor Aufregung kann ich lange nicht
einschlafen.

Christine stellt sich gut an. Sie ist schön und gescheit und sie
weiß sehr genau, was sie will. Als Grundschullehrerin unterrichtet sie Kinder mit Migrationshintergrund. Außerdem hat
sie schon mehrere Jahre vollzeitlich in der Jugendarbeit des
CVJM gearbeitet. Sie ist wirklich nicht so leicht zu erschüttern. Ihre ungewöhnlich blauen Augen strahlen, und ihr ge-
winnendes Lachen steckt an. Wenn wir nur mehr Zeit hätten!
Aber ich rase ja ständig zwischen Potrero, Bagong Silang und
Navotas hin und her.

Das ist jetzt wohl die Phase, in der man nicht recht weiß, ob
man eigentlich eine Beziehung hat oder nicht. Vermutlich ha-
ben wir eine, wir haben nur noch nicht drüber gesprochen. In
unserer Reisegruppe sind mehrere Single-Frauen, und ich habe
das Gefühl, dass sie etwas spüren. Ich versuche mich in der

Gruppe so fair und diskret wie irgend möglich zu verhalten, und auch Chris lässt sich nichts anmerken.

Freitag, 13. September. Nach kaum zwei Wochen sind zwischen Bewohnern von Potrero und uns wertvolle Freundschaften entstanden. Nicht zuletzt deshalb, weil wir Besucher uns ihnen ganz hilflos anvertrauten. Wir waren die Schwachen, sie die Starken. Der Abschied fällt schwer. Gestern habe ich in meiner täglichen Meditation in der Bibel den Satz gelesen: „Brich dem Hungrigen dein Brot!" Das werde ich aus meinen zwei Slum-Schnupperwochen in die Schweiz mitnehmen.

Vorher dürfen wir noch ein paar Tage auf eine paradiesische Insel namens Boracay. Dort werden wir ausruhen, verarbeiten und uns auf die baldige Rückkehr in die Schweiz vorbereiten. Wir stehen alle vor dem Schweizerhaus, bereit für die Abfahrt zum Flughafen. Wie Christian mich immer ansieht! Warm und liebevoll. Ich genieße es. Doch, ja, wir haben eine Beziehung. Es wird Zeit, darüber zu sprechen.

Nach einem kurzen Flug und zwei Stunden Jeepneyfahrt durch den Dschungel steigen wir in ein großes Fischerboot, das uns in zehn Minuten zum Ziel bringt, an einen herrlichen Sandstrand. „Jetzt müsste man verliebt sein, dann wäre alles noch viel schöner", bemerkt eine der Teilnehmerinnen.

Am nächsten Tag machen wir eine Sightseeingtour über die kleine Insel. Und dann, am Nachmittag, raunt mir Christian in einem diskreten Augenblick zu: „Wir müssen reden!" – „Ja, finde ich auch", entgegne ich dankbar. Jetzt zittere ich vor Aufregung.

Tatsächlich schaffen wir es, uns am Abend zu treffen, ganz allein zu zweit, unten am Strand, genügend weit entfernt von den andern. Wir sitzen eng beieinander im schneeweißen Sand von Boracay, halten uns die Hände und sehen schweigend auf das tiefblaue Meer hinaus. Christine ist 28, ich bin 34.

Sie kommt aus dem behüteten Milieu einer typischen Mittel-klasse-Kleinfamilie, ich aus einer Sozialwohnung, belegt von einer achtköpfigen Arbeiterfamilie. Sie ist eine eher intro-vertierte Denkerin, ich bin extrovertiert und spontan, ein Ge-fühlsmensch durch und durch.

Vor uns liegen nur noch fünf Tage. Dann fliege ich zurück. Etwas verrückt, unter diesen Umständen schon über eine feste Beziehung zu reden. Aber genau das will ich. Anders bringe ich diesen Mann nicht dazu, in die Schweiz zu kommen.

Irgendwann fallen dann doch die ersten Worte. Über unsere Liebe. Über Zweifel und Hoffnungen. Sie lebt in Basel. Ich lebe in Manila. Ob unsere frische Liebe der harten Wirklich-keit standhalten wird? Ich bin hin- und hergerissen.

Nach diesem romantischen Anfang unter Palmen und Meeres-rauschen werden wohl viele einsame Monate vor uns liegen, in denen wir uns damit begnügen müssen, Briefe zu schreiben. Aber was wir tief in uns spüren: Wir beide gehören zusammen!

Nach diesem romantischen Anfang unter Palmen lagen einige einsa-me Monate vor uns ...

Mehr Swiss, weniger Slum

Neujahr 1992 – unglaublich, wie die Zeit vergeht! Brief um Brief haben Christine und ich uns in den vergangenen fast vier Monaten geschrieben. Vieles hat sich getan: bei den Menschen in unseren Projekten, bei Christine, bei mir. Vor allem wohne ich seit ein paar Tagen nicht mehr in meinem Verschlag in Potrero bei Ate Lita, sondern im Schweizerhaus. Das ist zwar weniger Slum und mehr Swiss, aber halt doch nicht so viel Swiss, wie ich gerne hätte.

Diese fast sentimentalen Heimatgefühle kenne ich so gar nicht an mir. Liegt es am Alter, an der Distanz zu Christine oder an dieser Müdigkeit, die ich immer öfter spüre? In den letzten Jahren habe ich mich wohl etwas übernommen, bin von einem Projekt ins nächste gestürzt, habe Dinge angestoßen, aufgebaut ... Und nun fühle ich mich irgendwie „verletzt".

Edwin zum Beispiel, der von seinem Onkel Jojie unter Einsatz seines Lebens vor einem Ritualmord beschützt wurde – dieser Edwin hat seinem tapferen Onkel, dem Kassierer unserer Potrero-Kirche, die Gemeindekasse geklaut und ist abgehauen. Es ist nicht zu fassen. Ich habe eine andere Vorstellung vom Lauf der Dinge. Auch dass die Gemeinde, die sich in Bagong Silang parallel zum Waisenhaus entwickelte, jetzt mehrere Pastorenwechsel hinter sich hat, beschäftigt mich. Früher hätten solche Situationen mein Welt- und Menschenverständnis nicht im Geringsten verletzt. Und heute?

Heute eigentlich auch nicht, glaube ich. Gott ist da. Aber ich bin halt einfach müde, da lässt die Widerstandskraft nach. Ich denke an Rob und Lorraine, wie sie vor bald zweieinhalb Jahren Bagong Silang fast Hals über Kopf verließen und völlig ausgepowert nach Neuseeland zurückkehrten. Vermutlich ist mein Rückzug ins Schweizerhaus vernünftig. Gott sei Dank sind Regula und Christian da, die beide nach Potrero ziehen und die Projekte dort zusammen mit Pastor Pepe, dem Gemeindeleiterteam und anderen „Aktiven" betreuen werden.

Manchmal fürchte ich, dass die Luft draußen ist, wenn ich weg bin, weil zu vieles nur aus meinem Aktionismus heraus entstanden ist. Ich hoffe sehr, dass sich möglichst viel von dem, was ich getan habe, als nachhaltig erweist. Da muss ich auf Gott hoffen.

Diese Monate im Schweizerhaus machen mir auch den Abschied leichter. Denn im Frühling oder Sommer werde ich in die Schweiz zurückkehren. Es zieht mich zu Christine. Ich muss und will sie besser kennenlernen, und ich muss mir selber klar werden, ob ich fähig und reif bin für eine feste Beziehung, für eine Ehe. Ich bin kein einfacher Typ, und an Christines Stelle würde ich es mir zweimal überlegen, mich zu heiraten. Aber ich denke, Christine weiß, worauf sie sich mit mir einlässt.

Zwischenbilanz

Nun ist es so weit. Nächste Woche fliege ich heim in die Schweiz. Dann habe ich fast vier Jahre in Manila verbracht, von Juni 1988 bis April 1992. Meine Gefühlswelt ist durcheinander, wenn ich sehe, was sich in diesen paar Monaten seit meinem Umzug ins Schweizerhaus getan hat und was nicht.

Ex-Gangster Boboy ist schon seit Längerem wieder verschwunden. Jemand hat ihn vor ein paar Wochen mit einem Revolver gesehen. Vor ein paar Tagen habe ich Boboys Verwandte besucht. Sie haben mir erzählt, er hätte einige Wochen lang liebevoll seinen kranken Vater gepflegt und sei dann selber, versöhnt mit Gott, an der Tuberkulose gestorben. Ob das stimmt? Genauso gut kann es sein, dass sie die Geschichte erfunden haben, um mich auf asiatische Weise zu trösten.

Ex-Gangster Raol aus dem Gräberslum hat den Weg aus der Kriminalität geschafft, erarbeitet sich und seiner Familie mit seiner Sandalenmanufaktur das Einkommen und ist mit seiner Familie der Potrero-Gemeinde treu. Ausgerechnet der, bei dem ich mit dem Deal „Geld-gegen-Glauben" einen ziemlichen Bock geschossen habe. Gott hat wirklich einen trockenen Humor.

Ex-Gangster Joel, auf dessen Grundstück die Kapelle in Potrero steht, hätte eigentlich mit einem größeren Geldbetrag des Gemeinschafts-Komitees eine Autospenglerei zu neuem Leben erwecken sollen. Das Projekt sah vielversprechend aus. Aber dann ist das Projektgeld „verschwunden", und Joel hat wieder begonnen, zu trinken und seine Frau und Kinder zu misshandeln. Mir dreht sich fast der Magen um. Mehrere Männer hatten damit gerechnet, in der Werkstatt eine Arbeit zu finden.

Ex-Gangster Dante, Ate Litas Bruder, arbeitet hart als Motorradtaxifahrer, um sein Motorrad abzubezahlen, und ist daneben aktiv in der Leitung der Gemeinde in Potrero.

Jojies Gesicht hat seinen gelben Farbton endlich ganz verloren. Er ist eine treue Seele und aktives Mitglied der Gemeindeleitung in Potrero, zusammen mit Pastor Pepe, Ate Lita und anderen engagierten Leuten.

Das Hühner-Projekt mit den jüngeren Männern ist, im Gegensatz zu Bagong Silang, misslungen. Die Disziplinlosigkeit der Jungen ist zum Verzweifeln. Manche können nicht rechnen, andere kommen zu spät zur Arbeit, in der Kasse fehlt nach dem Verkauf Geld, Kunden werden auch schon mal mit verdorbenen und unzulänglich gesäuberten Hühnern beliefert – furchtbar! Wir müssten hier eine therapeutische Lebensgemeinschaft einrichten und mit den Jungs zusammen lernen, das Leben zu leben. Langsam, stetig und mit viel, viel Geduld. Manche Wunder brauchen offensichtlich Zeit.

Der Kindergarten im Gräberslum von Navotas läuft gut, der Bibelgesprächskreis mit Ate Juliet wird jede Woche von Christian Auer und gelegentlich auch von Pastor Pepe besucht.

Die Arbeitsbeschaffungsprojekte, der Brunnenbau mit den Kooperativen, das Patenschaftsprogramm in Bagong Silang laufen auch ohne mich weiter, Gott sei Dank. Dasselbe gilt für die kleine Klinik, den Kindergarten, das Ernährungsprojekt und die Gemeinschaft in der Kapelle. Ich bin guter Hoffnung, dass dort nach den Pastorenwechseln Ruhe einkehrt. Darwin, ein feiner, erfahrener Filipinopastor, ist im Begriff, die Leitungsverantwortung zu übernehmen.

Dass unser „Waisenhaus" jetzt geschlossen ist, weil Felix mit den Problemen der Jungs überfordert war und sich außerdem wegen theologischer Differenzen mit der kleinen Gemeinde überwarf, schmerzt mich. An den Jungs habe ich sehr gehangen.

Zwischen der SERVANTS-Leitung und mir stimmt zurzeit die Chemie nicht. Man wirft mir vor, ich hätte zu schnell zu viel gemacht, hätte zu viel mit materieller Hilfe gearbeitet und die Leute überfordert, sodass neue Probleme entstanden seien. Darin steckt sicher ein Stück Wahrheit. Dass ich wohl zu forsch in die ganze Arbeit hineingestürzt bin, zeigt sich schon an meiner Müdigkeit. Aber wenn ich jeden Fall, jede Geschichte einzeln betrachte: Was wäre denn die Alternative gewesen? Hunger, Elend und ein Leben in der Illegalität.

Nichts tun und zusehen ist ja auch keine Lösung. Wo man Dinge verändern will, geschehen nun mal Fehler. Das Arbeiten mit den Armen wird stets von Misserfolgen begleitet sein. Wer dazu nicht bereit ist, soll in der braven Beschaulichkeit eines sicheren Lebens bleiben. Trotz aller Rückschläge wurde in diesen vier Jahren vielen Menschen geholfen. Diese Gewissheit verfestigt sich wie eine große Überraschung in mir, und die werde ich mir nicht nehmen lassen.

Wahnsinnig freue ich mich über die gebildeten Filipinos aus der Mittelschicht, die sich entschlossen haben, mit den Armen zu leben. Dorie Morden hat doch tatsächlich vor drei Wochen ihr ruhiges und großes Einfamilienhaus im Wohngebiet der Reichen verlassen und wohnt jetzt mit ihrer auch nicht weniger wohlhabenden Freundin in einer sehr bescheidenen Backsteinhütte, unter Wellblechdach in einem Vorortslum!

Und Jesse Sarol, mein hervorragender Sprachlehrer und Freund seit meiner Zeit in Bagong Barrio lebt schon seit einiger Zeit mit Lenny und ihren drei Kindern im Frisco-Slum. Vor einigen Tagen hat er sein Abschlussexamen in Linguistik bestanden, mit Auszeichnung. Er ist wohl bereits angefragt worden, ob er nicht an einem College unterrichten möchte. Aber er hört sich von Gott gerufen, sein Leben in das Engagement mit den Armen zu stellen.

Von den kleinen persönlichen Arbeitsbeschaffungsprojekten für ehemalige Kriminelle gibt es einige noch, einige bereits nicht mehr. Gut möglich, dass die meisten davon früher oder später eingehen. Aber für die ersten ein bis zwei Jahre waren und sind sie sehr wichtig, nicht nur als Einkommensquelle, sondern auch als Übungsfeld für Fleiß, Disziplin und Ehrlichkeit.

Meine Koffer sind gepackt. Ich fliege heim. Dankbar, aber ohne jegliche Gewissheit, welche Wege meine Freunde hier langfristig gehen werden. Und nur mit Ahnungen, wie es in der Schweiz weitergehen könnte. Ich freue mich auf Christine. Auf ein paar tolle Bergtouren mit meinem Freund Urs Mayer – vielleicht kommt Christine ja auch mit? Und auf Crèmeschnitten aus der Migros mit richtigem Filterkaffee …

Die Romantik kommt manchmal zu kurz ...

Ich habe einen anstrengenden Winter hinter mir. Ein volles Pensum als Lehrerin und dazu Jungschar, Kirchenvorstand und vieles andere. Nebenbei hieß es: fünf Monate warten und von einem Mann träumen, den ich gar nicht wirklich kenne. Aber nun ist es Frühling und Christian landet in der Schweiz. Wie oft habe ich mir dieses Wiedersehen ausgemalt ... hoffnungsvoll, verzückt und auch etwas ängstlich gespannt.

Einige von Christians vielen Freunden fahren mit mir zum Flughafen Zürich-Kloten. Zum Glück bin ich nicht allein. Denn eigentlich ist Christian für mich noch ein fremder Mensch. Und da erblicke ich ihn in der Ankunftshalle: ein müder, schöner, braun gebrannter Mann. Wir hatten uns Briefe und Faxe geschrieben, uns dabei die nächsten Monate ausgemalt und schließlich konkreter geplant. Zum Beispiel, wo er wohnen und sich um Arbeit bewerben würde. Jetzt fängt sie an, die gemeinsame Zeit.

Drei Jahre London, vier Jahre Manila. Kaum zu glauben, wie sehr sich die Schweiz in den sieben Jahren seit 1985 verändert hat! Grelles Violett und Hellgrün scheinen gerade die aktuellen Modefarben zu sein, sie strahlen mir von Haarspangen, Fahrrädern und Joggingshorts betagter Herren entgegen.

Der Wohlstand in der Schweiz hat sich wohl nicht verändert, aber er schlägt mir trotzdem mit Wucht ins Gesicht. Schon beim ersten Spaziergang durch die Straßen meiner Heimatstadt Basel fühle ich mich in eine überdimensionale Automobilausstellung versetzt. Unbewacht und mit größter Selbstverständlichkeit stehen die neuesten Modelle aller Weltmarken am Straßenrand, frisch poliert und in peinlicher Ordnung. Und obwohl viele Bürger offensichtlich Autos besitzen, hält sich jeder Zweite ein luxuriöses Mountain- oder Citybike. Umweltschutz ist nun definitiv ein Thema geworden; ein Luxus, den sich nur reiche Länder leisten können. Und in den folgenden Sommermonaten bemerke ich erstaunt, dass sich im ehemals verschmutzten Rhein jetzt badende Menschen tummeln.

Als ich in der Innenstadt vom Steinebachgässli die lange Treppe hinunter in die Steinen steige, überrascht mich eine andere Wirklichkeit der Schweiz: Da liegt Müll, und es stinkt nach Urin. Kaum ein Fleck an den Wänden und Mauern, der nicht mit Graffiti verschmiert ist. Sie bringen den Frust und die Obszönitäten einer Generation zum Ausdruck, die nach Bedeutung und Leben hungert.

Die gemeinsame Zeit ist knapp bemessen. Es geht gleich auf einen dreiwöchigen Kurs für Leute aus Europa, die mit SER-VANTS nach Asien ausreisen möchten. Christian ist Übersetzer, Reiseleiter und Organisator – und ich sein Anhängsel. Zwischen allen Aktivitäten finden wir dann doch die Zeit, über unsere Beziehung zu reden und Pläne zu schmieden. Ich habe den Eindruck, dass Christian die Entscheidung für eine feste Beziehung schwerfällt. Unsere Gespräche sind ernst und die Romantik kommt manchmal zu kurz. Es ist Christians Ringen zwischen „ich will" und „schaffe ich das?". Ich selbst bin verliebt und natürlich überzeugt, dass wir es schaffen. Und ich bin ein sorgloser Mensch. Das hilft wenigstens mir.

Schritt für Schritt finde ich mich wieder in meinem vertrauten Kulturkreis zurecht. Zum Glück habe ich eine Menge Hilfsmittel. Zum Beispiel Käse, Schoggi oder frische Milch. Von allem gibt es, so viel das Herz begehrt und mein immer noch empfindlicher Magen verträgt. Der „Coup Dänemark" bei frischer Abendbrise im Eiscafé ist beim Einleben äußerst hilfreich. Oder eine spontane Kletterpartie über meine vertrauten Kalkfelsen im Wald oberhalb von Dornach, in der „Tüflete", zusammen mit Christine.

Heute sind wir zusammen mit meinen Eltern aufs „Trogenhorn" im Berner Oberland gewandert. Auf dem Weg ins Tal lassen wir die Katze aus dem Sack: Wir wollen uns verloben. Christian und ich werden am nächsten Tag in Thun schnell Ringe kaufen und seine Mutter und meine Eltern dann zum Feiern treffen.

Ringe kauft man nicht auf die Schnelle, müssen wir anderntags feststellen: Zwei Wochen Lieferfrist scheinen normal zu sein. Also lassen wir die Ringe bleiben und fahren ins Thuner Strandbad, um zu schwimmen und auszuruhen. Das heißt, ich schwimme und Christian ruht. Er findet Wassertemperaturen unter 30 Grad zu kalt zum Schwimmen.

Zum Mittagessen gehen wir ins Migros-Restaurant. Dort kommt es zu einem weiteren ernsten Gespräch: Christian nennt seine Bedenken und ich rede über meine Wünsche und Vorstellungen einer Beziehung mit ihm. Wir sind absolut ehrlich und legen alle Karten auf den Tisch. Darüber bin ich froh. Wir wissen nun, worauf wir uns einlassen. Nachher kauft Christian Sekt, Rosen und einen Kuchen, und damit fahren wir ins Ferienhaus in Heimenschwand, wo meine Eltern und Christians Mutter warten. Es wird ein schöner Abend mit Sekt, Kuchen und ohne Ringe. Was bin ich für ein Glückspilz, mit Christian Schneider verlobt zu sein!

Die Liebe zu Christine ist wie ein frischer Morgen in meinem Leben, ein neuer sonniger Tag. Das Verbindliche an unserer Verlobung macht mir aber auch Sorgen. Ob die Gründung einer Familie für mich bedeutet, Manila für immer hinter mir zu lassen? Ein befremdender Gedanke. Manila hat mich reich beschenkt mit neuen Freunden und Erfahrungen. Ich spüre etwas von dem Vorrecht, Teil einer anderen Kultur und Sprache geworden zu sein. Andererseits bin ich müde, ernüchtert, verletzt, durch persönliches Versagen und das Versagen anderer. Das Leiden und die Trauer der Armen sind Teil meiner eige-

Alltag im Frisco-Slum: Christine und die Kinder unterwegs in der Nachbarschaft. Frauen beim täglichen „Waschritual" und „Nachbarsschwatz" (S. 201/202)

Hinter diesem Reissack-Vorhang wohnt Christian in den ersten Monaten bei der Familie Rinion. Die Kinder in der Nachbarschaft sind zu Beginn die besten Sprachhelfer. (S. 13f.)

*Oben: Joel Rinion, mein erster Sprachhelfer, mit seiner Frau Josslin,
kurz vor dem Tod ihres einzigen Kindes. (S. 34–38)
Unten: Mit bloßen Händen begraben mittellose Siedler ihre Kinder
am Rande des offiziellen Friedhofes. (S. 46–48)*

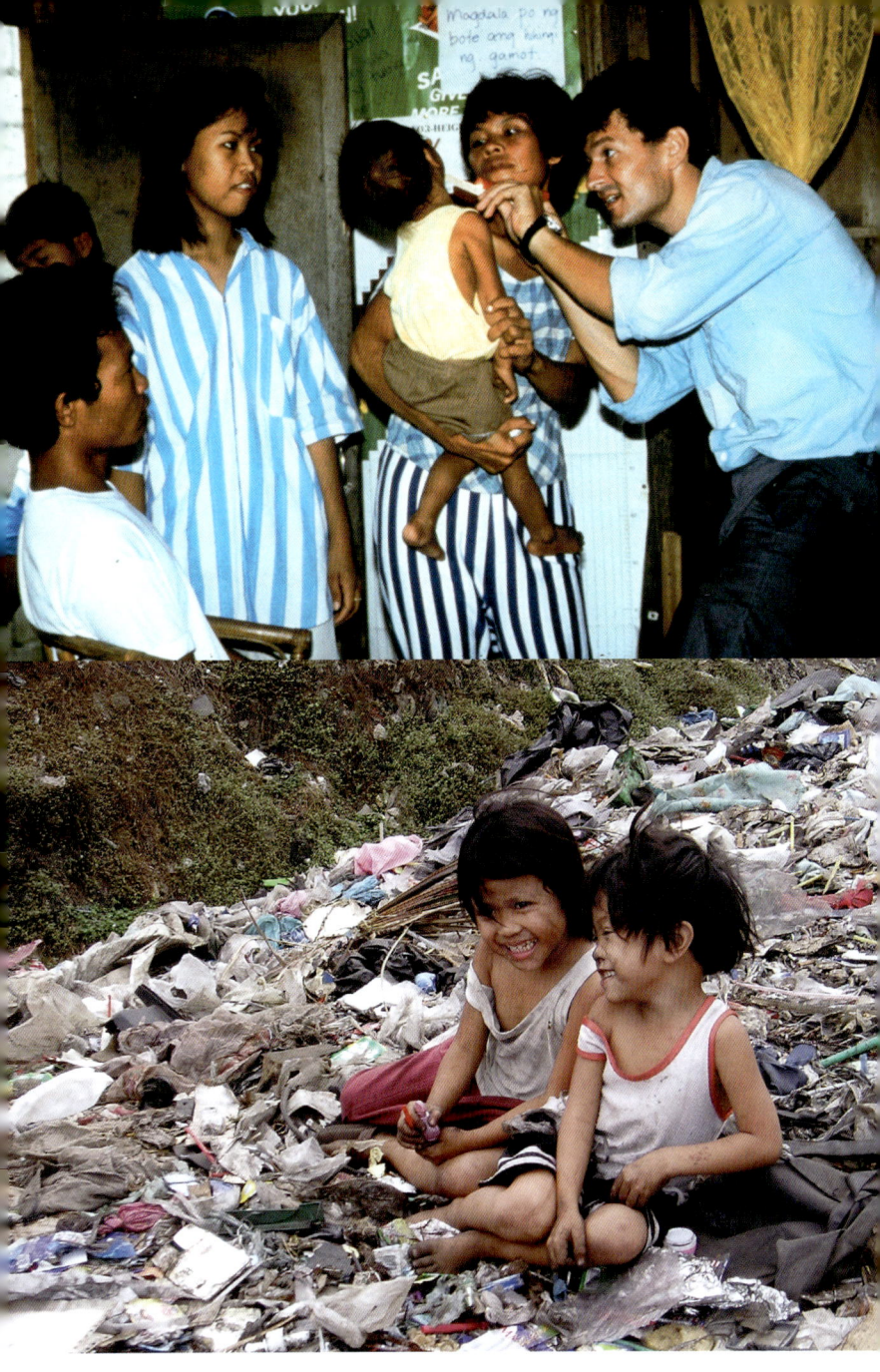

Oben: Endloser Patientenstrom in der kleinen Klinik von Bagong Silang (S. 38–42)
Unten: Hier sind Kinder nicht verwöhnt mit Spielsachen.

Mutter mit schwerkrankem Kind bettelt den ganzen Tag um Geld für ein rettendes Medikament – das Rezept in der Hand erhielt sie gratis vom Regierungsarzt … mehr nicht! (S. 40)

Oben: Slumsiedlung in Navotas, zwischen Gräbern und Müllhalde. (S. 130–132)
Unten: Der „Kinderspielplatz" auf den Gräbern. (Foto: Benjamin Polidario, August 2009)

Hunderte von Familien leben auf den Straßen von Manila. Im Jahr 2003 beginnt der Schweizer Daniel Wartenweiler einen Arbeitszweig unter diesen Straßenfamilien – heute eine eigenständige Arbeit unter dem Namen „ONESIMO Bulilit Foundation". Foto: Friedel Ammann

Obdachlose Kinder und Teenager suchen Schutz, indem sie sich zu Jugendbanden zusammenschließen. Vier Müllsammler vor ihrer Hütte auf dem Müllberg von Payatas. Drei von ihnen fanden Anschluss in der ONESIMO-Gemeinschaft. (S. 187–190)

Oben: NIA (National Irrigation Authority) – unser erstes Jahr als Familie in der wachsenden Slum-Nachbarschaft.
Unten: Isabel beim Zähneputzen in unserem Slum-Haus: Badezimmer, Wohnzimmer, Küche – alles in einem. (S. 172f.)

Oben: Auf unserem Dorfplatz im Frisco-Slum 1996. Bei Überschwemmung gibt es kein rechtes Durchkommen zum Slum-Ausgang; bis heute ein immer wiederkehrendes Desaster für die Bewohner.
Unten: Wie in NIA brennen in Manila jedes Jahr mehrere Slums nieder.

SERVANTS leisten nach Katastrophen immer wieder schnelle Hilfe im Wiederaufbau. Hier eine Hilfsaktion nach einem Feuer im San-Roque-Slum in Manila, Juni 2009.

*Junger Müllsammler in Tondo präsentiert seinen Fund vom Abfall.
Aus dieser Siedlung finden jedes Jahr Jugendliche Hilfe in den Le-
bensgemeinschaften und Camps von ONESIMO.
Foto: August 2010 von Nathalie Fröhlich*

Oben: Erste ONESIMO-Lebensgemeinschaft. Eine Jugendbande ehemaliger Müllsammler von Payatas auf einem „Familienausflug" 1996. Unten: Das Mülldorf in Payatas, 200 Meter von uns entfernt, kurz bevor es verschüttet wurde. Hunderte fanden den Tod.

Oben: Quezon City, Metro Manila. Leben im Straßengraben; von hier finden Jugendliche in die Lebensgemeinschaften.
Unten: Kinder und Jugendliche von der Straße werden in einer Zeremonie in die Lebensgemeinschaften von ONESIMO aufgenommen.

Erwachsenenbildung und Berufskurse sind fester Bestandteil der Integration in ein neues Leben. Hier im neuen ONESIMO-Trainingszentrum, Tandang Sora Av. 33, erhält Reynaldo Einführung in die Elektroinstallation.

Camp Rock auf der Insel Mindoro: In diesem Zentrum organisiert ONESIMO Freizeitwochen für rund tausend Kinder und Jugendliche. Dort werden auch Slumbewohner zu Kleingruppen-Leitern ausgebildet. Hier entdecken sie die Natur und Gott als ihr Schöpfer.

nen inneren Verfassung geworden. Ich habe das Gefühl, dass die Ohnmacht der Armen und die Einsicht, dass ich an dem Leid als Ganzes nichts ändern kann, mich innerlich verletzlich gemacht haben. Eigenartig. Und: Mein eigenes Unvermögen ist mir bewusst geworden.

Gleichzeitig aber bin ich mit diesen Erfahrungen auf neue Weise Gott begegnet. Ich habe ihn erkannt in Gesichtern von Menschen, ihrem Lachen, ihrem Weinen, ihrer Wut, ihrem Leben. Ich habe seine Präsenz im Leben von Gemeinschaften erlebt wie kaum je zuvor. An der Freude darüber, wie lebendige Hoffnung Veränderung schaffen kann, will ich mich festhalten. Sie soll mir für die kommenden Jahre zum Antrieb werden.

Ich habe eine Anstellung in der Gemeindekrankenpflege. Daneben bin ich natürlich vom ersten Tag an wieder in das kirchliche Leben mit all seinen Facetten und all meinen Freundschaften eingetaucht. Kirchgemeinden und Schulen laden mich ein, von meinen Erfahrungen in den Slums zu erzählen. Ich stelle fest, dass meine Referate mir helfen, meine Empfindungen und Erinnerungen wachzuhalten und zu verarbeiten. Wenn ich die Geschichten aus Bagong Silang und Potrero erzähle, bin ich selbst oft den Tränen nahe. Der wahnsinnige Kontrast zwischen asiatischem Slumleben und Schweizer Wohlstand ist so ungerecht, dass es schon wehtut.

Ich sitze bei 35 Grad im Boboli-Garten in Florenz. Meine Schwester Judith und ich haben hier tolle und erholsame Ferien verbracht. Übermorgen werde ich wieder in Basel sein und vielleicht noch am selben Tag mit Christian unsere Hochzeit vorbesprechen: In drei Monaten heiraten wir!

Wohnen werden wir in Christians Eineinhalb-Zimmer-Appartement, das er bereits mit Möbeln und Geschirr aus der Brockenstube eingerichtet hat. Eine echte Herausforderung für mein Bedürfnis nach ästhetischer Raumgestaltung ...

Jahrelang habe ich in WGs gelebt und hätte ganz gern mal eine ganze Wohnung eingerichtet, und nun das! Wir werden sozusagen in einem Raum miteinander leben, mit einer Faltwand zwischen Schlaf- und Wohnzimmer, das gleichzeitig Küche und Esszimmer ist. Na ja, der Vorteil daran ist, dass wir uns nicht zu sehr etablieren. Für den Fall einer neuen Ausreise mit SERVANTS.

Steiler Einstieg in ein rasantes Leben

Seit drei Wochen bin ich mit Christian verheiratet – Christine Schneider-Tanner! Die Tage hätten nicht dichter und intensiver sein können. Die Vorbereitungen, das Fest mit fast dreihundert Menschen aus aller Welt, auch aus den Philippinen ... All das war nur möglich dank unserer Familien und der Basler Freunde. Es war überwältigend!

Nach der Hochzeit hatte Christian eine Überraschung für mich: drei freie Tage für eine Winterreise in die Berge. Nur wir beide. Ich habe diese Tage voll ausgekostet, im Wissen, dass nach unserer Rückkehr als Erstes eine Schweizertour mit den philippinischen Freunden auf dem Programm stand sowie Besuche bei Christians Verwandten und Missionsfreunden. Für mich als introvertierten Menschen mit einem gewissen Bedürfnis nach Rückzugsmöglichkeiten ist das ein steiler Einstieg in ein rasantes Leben.

Neue Möbel haben wir keine gekauft. Wozu auch? Unsere Wohnung ist gerade mal anderthalb Zimmer groß. Außerdem wollen wir uns die Möglichkeit offenhalten, eines Tages nur mit den nötigsten Dingen die Schweiz verlassen zu können. Darüber gesprochen haben wir nicht ausdrücklich, aber für uns beide ist klar, dass wir uns diese Freiheit vorbehalten möchten. Schwere Möbel, dicke Teppiche oder ein schnelles Auto sollen einem möglichen Abschied nicht im Wege stehen.

Christian gibt sich alle Mühe, den Gedanken an eine baldige Rückkehr nach Manila erst einmal weit wegzuschieben. Wir brauchen ja Zeit, uns auf ein gemeinsames Leben einzustellen und Familie zu werden. Trotzdem ist Manila allgegenwärtig, schon weil Christian so viel unterwegs ist, um Vorträge zu halten. Fundraising gehört dazu, schließlich sollen die Projekte weiterleben.

Meine Arbeit als Lehrerin habe ich stark reduziert. Um neben all den Aktivitäten von Chris trotzdem noch gemeinsame Zeit zu haben, steige ich nun auch aus langjährigen Aufgaben wie Jungschar und Kirchenvorstand aus. Ob das wirklich gut für mich ist? Vielleicht sollte ich mir trotz allem ein Stück eigenes Leben bewahren. Doch so einfach ist das nicht. Wenn ich mit ihm zusammen sein will, muss ich mich meistens seinen Aktivitäten anschließen.

Christian kann Menschen bewegen, ja mitreißen. Er sieht sportlich und toll aus, kommt überall gut an, er ist einfühlsam und engagiert sich für jeden, der an seine Tür klopft. Sein Leben ist voller Menschen, und manchmal fürchte ich, ich sei einfach nur einer von diesen vielen. Aber meistens ist es schlicht aufregend und schön, mit ihm unterwegs zu sein!

Verheiratet zu sein ist schön, aber keineswegs nur Honigschlecken. Schöne und schwierige Momente wechseln sich ab, man lotet die gegenseitigen Erwartungen und Möglichkeiten aus, muss sich in vielem anpassen. Eine enorme Herausforderung für zwei langjährige Singles. Man muss lernen, für das eigene Glück oder Unglück nicht den Partner verantwortlich zu machen – und nicht sich selbst für das Glück oder Unglück des Partners. Man muss vorsichtig sein mit Erwartungen. Zum Glück stehen uns erfahrene Ehepaare als Berater und Freunde zur Seite.

Irgendetwas ist anders. Mit meinem Körper stimmt etwas nicht. Erst der Verdacht. Dann die Gewissheit. Dann eine ungeheure Freude: Ich bin schwanger! Es ist nicht zu fassen. Jetzt schon schwanger! Als ich es Christian mitteile, freut auch er sich riesig. Für uns beide ist es ein Wunder. Ich bin dreißig, Christian ist sechsunddreißig, wir hatten uns daher bald ein Kind gewünscht ... Und nun sausen wir bereits mit Höchstgeschwindigkeit von der Ehe zur Familie.

Natürlich genieße ich es, von Christian umsorgt zu werden. Ich habe seine ganze Aufmerksamkeit, was sich wirklich gut anfühlt! Trotz der ungewissen Zukunft setzt bei mir bald der Nestbautrieb ein. Zwischen Bewunderung und Belustigung hin und her gerissen, beobachtet mich Christian, wie ich einkaufe, stundenlang nähe und die Möbel umstelle – wobei sich die Anzahl möglicher Varianten in Grenzen hält.

Und dann sind da wieder diese Gedanken, diese Manila-Gedanken. Falls wir wieder ausreisen würden, wäre ein vernünftiger Zeitpunkt wohl um den ersten Geburtstag unseres Kindes herum. Gut, dass wir bis dahin noch Zeit haben. Die Vorstellung eines Abschieds von der Schweiz ist mit einem Kind viel schwerer. Meine Überlegungen behalte ich vorerst für mich, denn gebe ich Christian erst einmal mein Okay für die Philippinen, wird es kein Zurück mehr geben. Ich weiß doch, wie sehr er darauf brennt, wieder in seiner zweiten Heimat zu leben.

Eine schwere Geburt

Vor bald zwei Wochen wäre der Geburtstermin gewesen. Unser Kind schert sich nicht darum. Jetzt schon so eigensinnig, schlägt vermutlich Christian nach ... Ich wandere mit Christian durch den Jura, keuche munter die Treppen hoch und runter und kann mittlerweile meine Kaffeetasse locker auf dem Bauch abstellen. Das Kind darin scheint unbeeindruckt.

Christian und ich haben wirklich unterschiedliche Vorstellungen und Neigungen. Eigentlich in fast jeder Hinsicht. Sich auf den Namen für ein Kind zu einigen, kann unter diesen Umständen so anstrengend sein wie eine Jurawanderung. Schließlich lösen wir das Problem pragmatisch, wie so oft: Er darf den Namen für einen Jungen wählen, und ich wähle, wenn's ein Mädchen wird.

Es ist mitten in der Nacht, als die Fruchtblase platzt. Ich bin total aus dem Häuschen. Vorsichtig packe ich Christine ins Auto und fahre sie ins Bruderholzspital. Die Leute dort wirken auf mich viel zu ruhig und verschlafen. Hey, meine Frau hat einen Riesenbauch und heftige Schmerzen, unser Kleines streckt jeden Moment den Kopf raus, bewegt euch mal!

Doch meine Aufregung bringt wenig, das Team bleibt relativ gelassen. Dann beginnt das lange Warten. Stunden um Stunden. Der Muttermund will sich einfach nicht richtig öffnen. Die Wehen kommen stark und unvermindert schmerzhaft, Christine leidet. Meine Hochachtung vor ihr und allen Müttern der Welt steigt ins Unermessliche. Immer wieder pressen. Die Schwester feuert an. Ich schwitze mit unter Haube und Mundschutz. Christine mag nicht mehr, ist total erschöpft und will aufgeben. Nichts bewegt sich mehr.

Nun wirken auch die Geburtshelferinnen nervös. „Wir müssen den Chef holen", flüstert mir eine Schwester ins Ohr, „die Herztöne des Kindes werden leiser."

Ich habe Angst, was habe ich nur angestellt? Für einen Kaiserschnitt liegt das Kind bereits zu tief, zurück kann es nicht mehr, Gott im Himmel!

Der Chefarzt wirkt immer noch ruhig und fragt mich, ob ich dableiben möchte? Ja natürlich! „Keine Sorge. Wir holen es mit der Zange raus."

Ich umklammere Christines Hand. Sie schneiden, es blutet wie verrückt, dann ein paar Kunstgriffe, ein sichtbarer Kraftakt des Chefarztes – und dann dreht er ein dunkles Etwas dreimal um die eigene Achse und zählt laut mit: „Einmal, zweimal, dreimal die Nabelschnur um den Hals." Mir stockt der Atem, doch der Arzt lacht: „Die Kleine ist gesund." Er legt das kleine Etwas ins grüne OP-Tuch. Es bewegt sich tatsächlich, und langsam kommt Farbe ins Gesichtchen. Halleluja! Ich bin Vater!

Mit unserem Kind haben wir nun eine große gemeinsame Aufgabe. Manchmal kommen wir an den Rand unserer Kräfte. Wenn Isabel von ihren Bauchkrämpfen gequält wird und stundenlang weint, tragen wir sie abwechselnd im Wohnzimmer herum. Christian packt sie manchmal gegen Mitternacht noch ins Auto und fährt mit ihr herum, bis sie endlich erschöpft einschläft.

Tagsüber bin ich meistens mit ihr allein zu Hause. Isabel will niemand anderen als mich. Alle zwei Stunden möchte sie trinken, ich fühle mich angebunden und einsam. Zum ersten Mal in meiner Ehe sehne ich mich nach Menschen um mich herum.

Mir kommt in den Sinn, wie unkompliziert es in Manila schien, ein Baby zu haben. In den Slums hilft die ganze Nachbarschaft mit, ein Kind aufzuziehen. Ich würde nicht nur die Sprache und das Leben lernen, sondern hätte mit einem Baby auch eine feste Rolle und Aufgabe. Eigentlich sollten wir bald als Familie in die Philippinen ausreisen. Es gibt nicht so viele Schweizer, die sich so etwas vorstellen können. Wir schon. Afrika würde mich zwar mehr interessieren, aber Christian kennt nun mal die Sprache und Kultur der Philippinen. Es macht für uns wirklich Sinn, nach Manila zu gehen.

Christine hat heute laut darüber nachgedacht, wie es wäre, im Slum zu leben. Das ist wie ein Startschuss! Endlich. Ein neues Kapitel! Also, wir werden in Manila den Schutz und die Betreuung eines Teams brauchen. Wir sind keine Einzelkämpfer, somit ziehen wir entweder wieder unter das Dach der SERVANTS in Manila, oder wir gestalten unser Leben dort unter der Leitung einheimischer NGOs oder philippinischer Kirchengemeinden. Ich muss bald nach Manila, um diese Frage zu klären.

Gestern sind Volker Heitz und Christian aus Manila zurückgekommen. Die SERVANTS dort seien bereit, uns zu unterstützen und unsere neue Familie zu werden, sagt er. Für die organisatorische Basis hier in Basel sorgen die SERVANTS Switzerland. Nächste Woche will Christian die Kündigungen für Wohnung und Stelle schreiben.

Mir geht das alles fast zu schnell. Jetzt, wo unsere Ausreise so konkret und bekannt wird, kommt bei mir zwischendurch Panik auf: Will ich das wirklich? Zum Glück komme ich gar nicht dazu, meinen Gefühlen zu sehr nachzuhängen. Jede Woche geht es jetzt einen Schritt weiter: Abmelden bei der Einwohnerkontrolle, Briefe an alle Bekannten schreiben, Abschiedsfeiern vorbereiten … Wie Christian das alles unter einen Hut bringt!

Der Abschied rückt näher. Von der Schweiz. Von unseren Eltern, die für uns da sind. Von meiner Schwester, die das mit dem Baby viel besser im Griff hat als ich und mit der ich mich so gut verstehe. Von meinem Bruder, der uns liebt und schätzt. Eine große Erleichterung für uns ist, dass unsere Familien trotz schwerem Herzen voll hinter unseren Plänen stehen. Den bevorstehenden Abschied empfinde ich trotzdem als eine große Traurigkeit.

Mir ist bewusst geworden, dass Christine der Abschied von Freunden und Verwandten viel härter trifft als mich. Ich mute ihr viel zu. Aber zum Glück haben wir dasselbe Anliegen. Für

mich überwiegt schlicht die Freude auf das Ungewisse und auf
das Wiedersehen mit alten Freunden in Manila!

*Ich koste nun noch jeden Augenblick mit den Meinen aus. Isabel
wird von allen noch so richtig verwöhnt und gehätschelt. Mit
Judith und unseren beiden Babys fahre ich in eine Mutter-Kind-
Woche ins Tessin. Am Donnerstag taucht der Mann der Kurs-
leiterin auf und erzählt, er hätte zu Hause beim Beten eine Art
Vision gehabt und einen starken warmen Tropenregen auf eine
Mutter hinabströmen sehen, wie ein Zeichen des Segens und der
Erfrischung. Alle sind sich einig, dass dieses Bild mir gelten muss,
so kurz vor der Abreise in ein tropisches Land. Dieser Eindruck
wird mich sicher begleiten und mich in mancher Lage trösten.*

An der offiziellen Aussendungsfeier unserer Gemeinde in Basel
nehmen viele Freunde und Verwandte teil. Da ist so viel Unterstützung! Stellvertretend für viele Menschen in der Schweiz
und Deutschland dürfen wir zu den Armen …

Wir stehen am Bahnhof SBB in Basel. Es gibt kein Zurück
mehr. Mein Schwiegervater René steigt noch zusammen mit
uns in den Zug, der uns zum Flughafen Zürich bringen wird.
Er will die letzte Minute auskosten. Wir umarmen uns. René
hat nasse Augen und zittert, und ich könnte auch gleich los-
heulen. Was mute ich ihm und Alice zu! Ich nehme ihnen ihre
Tochter und ihre Enkelin weg und entführe sie in eine gefährliche Welt. Aber sie und auch meine eigene betagte Mutter
haben uns bei den Vorbereitungen auf alle erdenkliche Weise
unterstützt. Kein einziges Wort, keinen einzigen Blick des Vor-
wurfs habe ich wahrgenommen. Was für eine Größe!

Zwei Jahre und vier Monate ist es her seit meiner Ankunft
in der Schweiz. Nun, am 8. Oktober 1994, sitze ich in einem
Jumbojet auf der Startbahn des Flughafens Zürich und keh-
re nach Manila zurück – mit einer Ehefrau und einer kleinen
Tochter. Wie verrückt das alles doch eigentlich ist!

11. Oktober 1994 / Hallo, ihr Lieben, unser zweiter Tag in den Philippinen. Eben sind wir von einer langen, heißen und staubigen Fahrt durch die Stadt zurückgekommen. Chris macht mit Isabel noch schnell einen Besuch bei einem befreundeten Filipino-Zahnarzt, und ich genieße nach einer wohltuenden Dusche einen Moment der Ruhe. Heute geht es mir schon etwas besser als gestern, als ich vom Jetlag und der Hitze total schlapp war. Dabei soll das die „kühle" Jahreszeit sein! Nachts lagen wir wegen der Zeitverschiebung stundenlang wach. Auch Isabel braucht, wenn sie morgens um 2 Uhr schon fit ist, etwas Beruhigungssirup. Der hat uns im Flugzeug geholfen – sie hat wunderbar geschlafen!

Wir waren auf der Schweizer Botschaft, um ein Visum für drei Jahre zu beantragen, und konnten dann am Flughafen das Gepäck abholen, das wir per Luftfracht geschickt hatten. Wir hatten „Glück": Die Prozedur dauerte nur 2 Stunden statt einem halben Tag, weil wir auf Anhieb aufs richtige Office stießen. Trotzdem rannte Chris noch etwa 20 Mal von einem Angestellten zum anderen und sammelte Stempel auf seinen Frachtpapieren ...

Um die vierstündige Fahrt durch die Stadt angenehmer zu machen, fuhren wir mit dem Taxi. Dies ist sehr günstig hier und kühl, mit Klimaanlage. Auch alle Supermärkte sind gekühlt. So wechselt man dauernd zwischen der Kühle drinnen und der Hitze draußen. Isabel macht das alles vergnügt mit. Sie schwitzt den ganzen Tag, ist aber zufrieden und lustig. Überall wird sie bewundert, gekniffen, angelacht, und sie genießt es. Sie hat keine Angst vor den Menschen, im Gegenteil: Sie lächelt manchmal zurück und fremdelt sehr wenig.

Als wir heute durch die 12- bis 16-spurigen Straßen fuhren, hat uns neu bewegt, wie viele Menschen hier unter elenden

Bedingungen leben. Und das in einer Stadt, in der es auch viel Luxus gibt. Die Unterschiede zwischen Arm und Reich sind schrecklich krass. Da steht eine ganze Familie an der Autobahn – in unsäglichem Schmutz und Gestank. Die kleinen Kinder springen zwischen den halb stehenden, halb fahrenden Autos durch, um Kaugummi zu verkaufen oder um Geld zu erbetteln. Gleich nebenan ein riesiger „Einkaufstempel" mit Kinderspiel-Paradies und allem, was man sich nur vorstellen kann.

Natürlich werden wir immer in beiden Welten leben, um das überhaupt auszuhalten. Aber wir werden einen großen Teil unseres Lebens hier mit den Armen teilen, und darauf freue ich mich, auch wenn ich harte Zeiten auf mich zukommen sehe.

Bald wird unsere philippinische Köchin im SERVANTS-Haus das Abendessen bereithaben. Gemeinsam mit dem Hausleiter-Ehepaar und einigen Missionaren werden wir am Tisch sitzen und bestimmt wieder Reis und eine Beilage aus Gemüse und Fleisch oder Fisch essen. Heute Mittag waren wir in einem der vielen Fastfood-Restaurants, wo man super essen kann. Es geht uns sehr gut!

Ihr Lieben, ich wünschte, Ihr könntet alles hier auch einmal miterleben. Ein völlig anderes Leben! Ich bin schon etwas optimistischer als gestern. Wenn man neu ankommt, denkt man wirklich, man würde es in dieser Stadt nicht aushalten. Aber man gewöhnt sich schnell an alles Neue.

Bis bald, Eure Christine

13. **Oktober 1994** / Ihr Lieben, uns geht es sehr gut nach dieser ersten Woche in den Philippinen. Wir sind daran, uns nach einem Wohnort in einem der Slums umzusehen.

Heute habe ich auch den ersten tropischen Regen erlebt. Innerhalb einer Viertelstunde war die Straße überschwemmt. Die Filipinos schauten fassungslos zu, wie wir mit Isabel

Die Filipinos schauten fassungslos zu, wie wir mit Isabel lachend und kreischend durch den Regen rannten.

lachend und kreischend durch den Regen rannten. Sie glauben fest daran, dass man krank davon wird, im Regen ohne Schirm oder Kopfbedeckung zu stehen.

Was ist anders an unserem Alltag hier? Sehr viel! Alles ist viel einfacher eingerichtet, auch hier im SERVANTS-Haus. Die Fenster sind immer offen, ohne Ventilator läuft nichts, man trinkt ständig kaltes Wasser, isst meistens Toastbrot, Reis, Gemüse und Fisch. Man muss alles gut verschließen wegen der Ameisen und Ratten – und man braucht immer ein Tuch, um sich den Schweiß abzutrocknen. Manchmal fällt plötzlich der Strom aus, oder das Wasser läuft nicht mehr. Dann muss man flexibel sein ...

Alles Liebe, Eure Christine

21. Oktober 1994 / *Ihr Lieben, zwei Wochen in Manila – und ich fühle mich schon richtig zu Hause. Das wird sich vermutlich nochmals ändern, wenn ich durch den üblichen Kulturschock gehe, nämlich dann, wenn alles nicht mehr neu und spannend, sondern mühsam, öde und hart wird. Aber im Moment geht es wirklich gut. Auch Isabel hat sich bestens ans neue Klima und die anderen Menschen gewöhnt.*

Das Leben als Großfamilie hier im SERVANTS-Haus hat

viele Vorteile. Es sind immer einige Missionare da, um eine Pause zu machen oder im Büro zu arbeiten. Die Kinder unterhalten sich gegenseitig, man ist nie allein. Eben kommen wir zurück von einer fünftägigen Retraite mit dem SERVANTS Team. Fünf Familien mit zehn Kindern, Hausleiter-Ehepaar, unsere philippinische Köchin Aida und sechs Singles. Wir fuhren sechs Autostunden weg von Manila, an einen paradiesischen Ort: ein riesiges Gelände voller Kokospalmen, mit Swimmingpool und Wasserrutschbahn ... nicht schlecht, oder? Pro Tag mit Vollpension bezahlt man hier nicht einmal 10 Franken.

Am Morgen wurden die Kinder für drei bis vier Stunden gehütet, und wir hatten Bibeldiskussionen, Austausch und Gebet füreinander. Eine bewegte, lebendige Sache! Menschen, die mit den Armen leben, tragen selber viel Not und Leid mit. Das merkt man den Missionaren an. Gott schenkte uns Eindrücke und Impulse, die halfen und trösteten. Diese Zeit ließ uns richtig fest in die neue Familie hineinwachsen.

Wir erkunden weiterhin Slums, in denen wir leben könnten. Dann werde ich auch meine erste Tagalog-Stunde haben.

Alles Liebe, Christine

25. Oktober 1994, 20 Uhr / Ihr Lieben, wir freuen uns, dass wir in zwei Wochen in unser Slumhäuschen einziehen können. Wir werden inmitten von 10 bis 15 Slumhütten wohnen, die alle aneinandergebaut sind. Diese „Überbauung" ist nicht größer als ein Einfamilienhaus in der Schweiz, beherbergt aber um die 70 Menschen. An jeder unserer Sperrholzwände leben eine bis mehrere Familien. Diesen Freitag beginnen die Schreiner vom Slumviertel, auf das einstöckige Haus ein weiteres Geschoss aufzubauen, damit wir einen zweiten Raum erhalten, der uns wenigstens etwas Privatsphäre gibt. Der untere Stock wird mit rohen Backsteinen ausgebaut, der zweite Stock ist aus Kokospalmenholz.

Vorerst mieten wir unsere Zimmer für monatlich 125 Franken. Diese Wohngelegenheit ist für uns ein Geschenk. Es ging alles so einfach und schnell. Durch einen Filipino-Freund, Joshua, der auch in derselben Überbauung lebt, lernten wir die Besitzer unserer Hütte kennen. Freundliche Leute, die sich freuen, dass wir zu ihnen ziehen. Der Slum liegt direkt neben einem Regierungsgebäude. Ganz nah sind auch ein Stadtpark, die Sprachschule und ein Reichenviertel mit Swimmingpool! Wir haben den Eindruck, dass dies ein leichter Einstieg wird, bevor wir dann vielleicht in ein schlimmeres Viertel ziehen. Solche gibt es zur Genüge in Manila.

Letzten Sonntag nahm uns ein Filipino-Pastor mit zum berühmten „Smokey Mountain", einem riesigen Abfallberg nahe beim Hafenviertel. Wir waren erschüttert über das, was wir sahen. Man kann es sich kaum vorstellen: Tausende von Menschen und Kindern, die auf dem Abfall krüppeln. Gestank, Rauch, Smog und Dreck! Fünf-, sechsjährige Kinder gehen barfuß durch den Müll, einige auch mit Flipflops. In schweren Körben tragen sie den Abfall auf ihrem Rücken weg und verkaufen ihn.

Unser neuer Freund, Joshua, lebt schon seit sieben Jahren freiwillig mit diesen Menschen zusammen. Er wohnt nur vorübergehend und phasenweise in unserer Nachbarschaft in NIA, weil er in der Nähe Theologie studiert. Also, mich hätte es schon viel Überwindung gekostet, dort aus dem Auto zu steigen, geschweige denn dort zu leben!

Alles Liebe, Eure Christine

6. November 1994 / *Ihr Lieben, nächsten Samstag ziehen wir endlich in unser Häuschen im NIA-Slum. Seit drei Tagen haben wir Besuch von Urs Mayer aus Basel. Er hilft uns beim Einrichten und möchte dann noch selber für einige Tage in einem anderen Slum mitleben. Urs hat uns alle Köstlichkeiten mitgebracht, es war wie Weihnachten!*

Wir sind diese Woche daran, die Einrichtung für unser Häuschen zu kaufen. Das finde ich sehr strapaziös. Viel herumfahren, suchen und verhandeln. Wir werden sehr wenig Platz haben. Die Aussicht vom oberen Zimmer aus ist dafür ganz toll. Eine grüne Wiese, einige Bäume und in der Ferne ein hohes Denkmal. Isabel ist gesund, aber ziemlich verstochen von den Moskitos. Wir reiben sie mehrmals täglich mit einer starken Lotion ein. Tja, das gehört nun zum Leben dazu.

Das Gewicht unserer Einjährigen hängt übrigens am meisten an mir, im wörtlichen Sinn, weil man sie praktisch überall hinträgt. Das ist für den Rücken eine harte Sache. Einen Buggy im Jeepney mitnehmen ist sehr umständlich. Wir haben schon verschiedene schöne Ausflüge gemacht, um den Alltag zu unterbrechen und Freunde zu besuchen.

Dreimal pro Woche sitze ich mit meiner Sprachhelferin Jessica zusammen und entwickle mit ihr zusammen kurze Geschichten über unsere Familie und den Alltag, die sie dann in Tagalog auf ein Tonbandgerät spricht. Anschließend versuche ich, diese Sätze auswendig zu lernen. Dann spaziere ich im Slum umher und spreche sie allen möglichen Nachbarn vor, seien es Kinder, waschende Frauen oder ausnahmsweise auch Männer, die zusammensitzen und schwatzen oder Bier trinken. Ich werde natürlich ausgelacht, weil ich noch viele Fehler mache, aber die Nachbarn freuen sich königlich, dass sie mir etwas beibringen können. Später, an der Sprachschule, werde ich dann die Grammatik lernen. Chris wird an zwei Morgen in der Woche seine Sprachkenntnisse auffrischen und vertiefen.

Es gibt fast keine Ausländer, die Tagalog sprechen. Filipinos sind immer maßlos erstaunt, wenn sie Chris in ihrer Sprache reden hören. Gerade weil die Philippinen so lange fremdbestimmt waren (Spanier, Amerikaner, Japaner), ist es hässlich, finde ich, wenn Ausländer mit ihnen zusammenarbeiten und sich nicht die Mühe machen, ihre Sprache zu lernen. Ohne Tagalog bleiben die Gespräche immer bloß Small Talk.

Mit dem Einzug in unser Slumhaus wird endlich der normale Alltag beginnen. Wir hoffen fest, dass es uns gelingt, eine gute, gesunde Routine zu finden, in welcher das Sprachelernen, der Haushalt, Isabel, die Zeit mit uns selbst und mit Gott, die Kontakte zur Schweiz und auch die persönliche Erholungs- und Freizeit nicht zu kurz kommen. Wir haben alle drei ganz unterschiedliche Bedürfnisse. Die unter einen Hut zu bringen, ist ziemlich herausfordernd! Ganz herzlichen Dank für Eure Gebete!
Christine

Anfang im NIA-Slum

Endlich sind wir in unsere neu ausgebaute Hütte eingezogen. Unten sind die Wände aus rohem Zementbackstein, Grundriss 4 x 3,80 Meter, einschließlich Kochnische und WC/Bad. Im Obergeschoss haben wir 2,5 Millimeter dicke Sperrholzwändchen und darauf ein Wellblechdach. Damit haben wir etwa dreimal so viel Platz wie die meisten einheimischen Familien, die mit durchschnittlich fünf bis sechs Personen auch noch größer sind als unsere.

Zuerst verstopfen wir die millimetergroßen Löcher im dünnen Sperrholz, durch die wir sonst direkt ins Wohn- und Schlafgemach des Nachbarn hätten gucken können. Die Behausungen sind hier ohne System ganz eng in- und übereinandergebaut.

Unsere Hütte gehört Emy und Toni, den Eltern unserer Nachbarsfamilie. Ihnen können wir wirklich vertrauen, sie sind fleißig und aufrichtig. Sie hüten unsere Isabel, wann immer wir Zeit brauchen zum Lernen, Arbeiten oder zum Ausruhen. Emy unterhält unmittelbar an der Ecke einen kleinen „Sari-Sari", eine Art Tante-Emma-Laden. Toni fährt Motorradtaxi mit Seitenwagen. Die beiden sind nicht nur Doppelverdiener, sondern sogar Dreifachverdiener: Sie kassieren auch noch Mieteinkünfte für eine illegale Slumwohnung, nämlich unsere! Streng genommen sind allerdings alle Slumunterkünfte illegal.

Emy und Toni haben zwei Buben und wünschen sich noch eine Tochter. Sie sind ganz vernarrt in unsere kleine, blondgelockte Isabel. Auch der vierjährige Junge scheint überglücklich über „seine" jüngere Schwester. Wenn Isabel am Abend auf dem Boden von Emys Hütte eingeschlafen ist, neben den schlafenden Buben und den zwei ebenfalls schlafenden Hunden, schön eingebettet in Kissen, lassen wir sie manchmal dort übernachten. Isabel genießt das Zusammensein mit den anderen Kindern. Sie fühlt sich total geborgen.

Joshua hat uns in die Nachbarschaft eingeführt, dadurch wurde uns der Einstieg sehr erleichtert. Beim Einzug sprach er den traditionellen Haussegen. Es gab für alle neugierigen Zuschauer und Nachbarn ein paar süße Brötchen, Cola und Orangensaft.

Der NIA-Slum hat seinen Namen von einem riesigen Gebäudekomplex einer Regierungsstelle nebenan, der „National Irrigation Authority". Auf der hinteren Seite wird der Slum durch eine kleine Mauer abgegrenzt, ein bewachtes freies Feld, eine Straße und schließlich durch einen vier Meter hohen elektrischen Zaun mit einer tiefen Fallgrube. Dahinter versteckt sich die Philippinische Nationalbank, in der das Gold des Landes gelagert und das einheimische Geld gedruckt wird. Auf einer weiteren Seite begrenzt ein offener Abwasserkanal unser Gebiet. NIA ist etwa tausend Slumhütten groß, schätze ich, also eher eine kleine Armensiedlung.

Die ersten Tage sind happig. Hier ist es fast dauernd so laut wie auf einem belebten Schweizer Schulhof. Wir tauchen ein in ein Wechselbad starker, feuchter Gerüche: einmal Schweiß und Fäkalien, dann gebratener Fisch, Benzin, Rauch von Holz-

*Ende 1994:
Die ersten
Wochen in NIA.
Zum Glück
wissen wir noch
nicht, was alles
auf uns
zukommt!*

feuer, Bier und Zigaretten und dazwischen ganz fremdartige, eklig beißende Gerüche, über deren Herkunft wir nur fantasieren können. Dann dieses eklig stinkende Abwasser-Rinnsal an unserer Hütte entlang, dem wir nicht ausweichen können, weil es zugleich der einzige, kaum meterbreite Pfad zu unserer Hütte ist. Und die aufsässigen Moskitos …

Bestimmt empfinden einige Slumbewohner uns als Provokation. Viele haben sich an ihre Opferrolle gewöhnt und versuchen, daraus Vorteile zu ziehen. Nur bei uns klappt das nicht, denn wir passen nicht in die gängige Rollenverteilung. Wir sind nicht die reichen weißen Helfer, sondern die Bedürftigen. Ich habe zwar vier Jahre Slumerfahrung, die ich zu verstecken suche, aber diese vier Jahre reichen längst nicht, um Überforderung und Verletzlichkeit zu verhindern.

Insgesamt ist die Atmosphäre in unserem Slumviertel freundlich. Aber manchmal kracht es eben doch. Die Armut und das gedrängte Neben-, Auf- und Übereinander scheinen die Leute aggressiv zu machen. Vor drei Tagen zwängten wir uns mit etwa 40 Leuten auf die schmalen Holzbänkchen in der kleinen Kapelle unweit unserer Hütte. Im Gottesdienst „anwesend" war auch ein Toter. An der Wand lag nämlich die im Sarg aufgebahrte Leiche eines Achtzehnjährigen, der ein paar Hütten weiter bei einem Streit erschossen worden war. Der Schütze, der Ehemann eines Gemeindegliedes, ist seither verschwunden.

Gestern um Mitternacht war in der angrenzenden Hütte der Teufel los, es wurde geflucht und gestritten und es klang, als ob jemand dabei sei, die Hütte zu zerlegen. Ich fürchtete schon, der Streit hätte mit uns zu tun. Hatten wir bei den Bauarbeiten jemanden bevorzugt? Neid kann auch unter Armen zu einem existenziellen Problem werden. Wir beteten um Schutz für uns alle. Heute Morgen erfuhren wir, dass ein Nachbar dem anderen beim Bau einer Holztreppe etwas Platz gestohlen hatte. Dieser soff sich am Abend Mut an und riss in der Nacht die neue Treppe nieder.

Auch zwischen Christine und mir gibt es Reibereien. Stress nagt an den Widerstandskräften. Schon die kleinsten Dinge geben Anlass zu schlechter Stimmung zwischen uns. Ich bin froh, dass mein Freund Urs Mayer da ist! Er hilft mir, Christines Sicht der Dinge besser zu verstehen, denn es scheint, dass ich mit meiner Slumerfahrung alles besser wissen will ... Inzwischen ist mir klar, dass es nicht wie früher darum gehen kann, möglichst auf der gleichen sozialen Stufe zu leben wie unsere Nachbarn, was unsere Wohneinrichtung angeht. Ich muss vielmehr dafür sorgen, dass wir als Familie überhaupt längere Zeit im Slum durchhalten!

Briefe aus Manila

8. Dezember 1994 / Ihr Lieben, Urs reist heute Nachmittag ab! Er ist krank geworden, vermutlich ist es Typhus. Es kann sein, dass er bei einem Halbmarathon an einer Wasserstation verschmutztes Wasser erwischt hat. Keine Angst, Urs hat uns einen brandneuen Katadyn-Wasserfilter mitgebracht, wir trinken ausschließlich von diesem Wasser!

Ich habe eine recht starke Angina eingefangen und bin nur sehr langsam auf dem Weg der Besserung. Die Antibiotika sind hier auch nicht das, was sie in der Schweiz sind. Isabel bekommt zwei neue Zähne und leidet sehr. Sie hat auch viel Durchfall und ist daher quengelig. Aber sonst geht es ihr eigentlich gut. Sie verbringt viel Zeit bei den Nachbarn und wird dort gehütet, damit wir die Sprache lernen können. Da wir so eng mit Nachbarn zusammenleben, hören wir natürlich alles und sie auch von uns. Manchmal weiß ich nicht einmal, ob ein Geräusch aus unserer Hütte kommt oder von nebenan. Übrigens: Nachbarhaus heißt auf Tagalog „kapitbahay", wörtlich übersetzt: „Häuser, die sich umarmen".

Ich habe mich schnell daran gewöhnt, wenig Privatsphäre zu haben. Trotzdem fällt es mir noch schwer, zu akzeptieren, wenn Emy in meiner Abwesenheit, ohne dass ich sie darum gebeten hätte, die Hütte putzt, die Kleider und das Geschirr wäscht, während sie mit ihrer Familie in unseren vier Wänden wohnt. Doch es ist gut so, denn dadurch sind unsere Sachen sicher und wir können unseren „Reichtum" etwas teilen. Da Christian einige Filipino-Freunde aus der Mittelklasse hat, können wir ab und zu mal einen Ausflug aus der Stadt hinaus machen.

Unser Slumhaus, besonders im unteren Teil aus Zement, ist zurzeit richtig angenehm kühl. Weihnachten steht vor der Tür! Alles ist geschmückt. Farbige Lämpchen geben auch den Slumhütten und -gässchen einen festlichen Hauch. Wir wünschen auch euch eine schöne Weihnachtszeit!

Liebe Grüsse, Christine

21. Dezember 1994 / Ihr Lieben, seit einiger Zeit ist es recht friedlich in NIA. Gestern haben wir Schweizer Toblerone eingekauft, um sie den Nachbarn zu Weihnachten zu schenken.

Am 24. Dezember werden wir hier im Slum sein. Die Leute gehen dann von Haus zu Haus, überall gibt es etwas zum Essen, ein richtiges Gemeinschaftsfest. Allerdings gibt es auch Familien, die so arm sind, dass sie nichts vorbereiten können und deshalb ihre Hütte abschließen. Am 25./26. Dezember werden wir im SERVANTS-Haus eine Familien-Weihnacht feiern, mit künstlichem Christbaum und Geschenken. Am 26. unternehmen wir dann einen gemeinsamen Ausflug zu einem Swimmingpool ... und das zu Weihnachten! Über den Jahreswechsel ist es in Manila extrem laut und auch gefährlich, darum legen wir einige Tage Strandferien ein.

Vor zwei Wochen waren wir übers Wochenende in Mindoro, einer Insel südlich von Manila. Kürzlich gab es dort ein starkes Erdbeben. Der traumhafte Palmenstrand war nicht vom Beben betroffen, aber sonst sind auf der ganzen Insel viele Menschen umgekommen oder obdachlos geworden. In den wenigen Monaten, seit wir in den Philippinen sind, gab es einen Taifun, ein Erdbeben und ein schlimmes Bootsunglück! Eigentlich wollten wir bei einem Hilfseinsatz auf der Insel mithelfen, doch das Ganze wurde abgesagt, weil die lokalen Politiker die Hilfe zu sehr für ihre eigene Propaganda missbrauchten.

In Mindoro habe ich zum ersten Mal richtig geschnorchelt. Es gibt hier wunderschöne Korallen und Fische! Christian ist am Abend mit den Fischern aufs Meer hinausgefahren. Isabel hat die Muscheln, Korallenstücke und den Sand ausgiebig genossen.

Letzte Woche besuchte ich eine holländische Familie in ihrem Haus im Reichenviertel. Die junge Mutter, Tina, bildet seit drei Jahren Leute aus Dörfern und Armenvierteln in Gesundheitsvorsorge aus. Sie hat mich gebeten, doch ab und zu vorbeizukommen, weil Tim, ihr kleiner Sohn, gar keine Spielgefährten hat. Er wird den ganzen Tag von einer philippinischen Kinderfrau betreut. Isabel war begeistert: Ein riesiges Haus, viele, viele Spielsachen, wie im Paradies! Nur das Zu-

sammenspielen klappt noch nicht ganz. Wenn Isabel etwas er-
obert hat, denkt sie nicht daran, es dem anderen Kind wieder
herzugeben … Beim Umsehen im Haus staunte ich, dass es
möglich ist, den Lebensstil aus der Heimat hier fast unver-
ändert weiterzuführen. Essen, Wohnstil, Kleider, einfach alles!
   Die Arbeitssituation meiner Freunde im Slum beschäftigt
mich. Die meisten jener Nachbarn, die einen Job haben, ar-
beiten 7 Tage in der Woche, zwischen 10 und 12 Stunden am
Tag. Manche stecken dann noch drei, vier Stunden pro Tag
im Verkehr. Viele Angestellte sind zwar unterbeschäftigt, aber
präsent sein müssen sie trotzdem. Sie verdienen pro Tag etwa
7,50 Franken oder weniger. Kürzlich plauderte ich mit einem
der Security-Guards, die Geschäfte, Restaurants, Banken oder
andere Gebäude bewachen. Er steht von 8.00 bis 20.00 Uhr in
warmer Uniform am Eingang eines Fotogeschäftes und öffnet
den Kunden die Tür. Mit einer halben Stunde Mittagspause.
Ich versuche mir vorzustellen, wie langsam bei dieser Art von
Arbeit die Zeit vergeht …
   Alles Liebe, Eure Christine

Zuhause in NIA

Jetzt haben wir März. Ab Mai werden hier Temperaturen über
40 Grad herrschen. In unserer kleinen Stube im Erdgeschoss
brennt immer das Neonlicht, da uns kein Tageslicht mehr
erreicht. Wir leben im unteren Bereich des zunehmend von
Neuankömmlingen verbauten Slums. Dafür ist es hier unten
deutlich kühler als oben im Brutofen unter dem Blechdach.

   Was immer wir auch beginnen wollen, es soll zusammen
mit Einheimischen geschehen. Kontakte haben wir ja. Jesse
und Lenny, die im Frisco-Slum leben, und Pastor Noel Gabal-

don, ein schlanker, charismatischer Single, der auf der Holz-
bank seiner kleinen Kapelle lebt und alle seine Habseligkeiten
in einer Kartonschachtel unter der Bank verstaut. Außerdem
Pastor Pepe und seine Frau Baby aus Navotas. Und natürlich
Joshua Palma, der Theologiestudent und Laienpastor einer
Baptistengemeinde, der auf dem Smokey Mountain und in
NIA wohnt. Er ist ein echter Freund geworden.

Es ist immer eine große Freude, wenn uns alte Bekannte aus
den Gemeinschaften und Projekten in Potrero oder Bagong
Silang besuchen. Oft haben sie Erwartungen an mich, aber so
leid es mir tut, ich muss mich aus dem Geschehen in diesen
Gebieten heraushalten. Dort haben andere die Verantwortung
übernommen, und mit Christine und Isabel in meinem Leben
hat ein neues Kapitel angefangen. Trotzdem bleiben die alten
Freundschaften natürlich bestehen.

Ein regelmäßiger Besucher ist Jojie Cesista, der Held von
Potrero, der seinen faulen Neffen vor der Lynchjustiz gerettet
hatte. Er ist inzwischen verheiratet, Vater zweier Kinder und
wohnt in der stadtnahen Provinz. Schon zweimal brachte er
frische Fische mit, obwohl seine Familie offensichtlich selbst
kaum das Nötigste hat. Die Tuberkulose ist bei ihm mit neuer
Wucht ausgebrochen, auch seine Tochter ist daran erkrankt. Ich
werde Freunde in der Schweiz bitten, die Behandlungskosten zu
übernehmen. Gut, dass er nicht in NIA wohnt; hier kennt ihn
niemand, weshalb auch keine Eifersucht entstehen kann.

Kürzlich unternahmen wir einen Ausflug mit meinen ehema-
ligen „Bodyguards", die noch vor fünf Jahren im damaligen
„Waisenhaus" gelebt hatten: Beda, Jun-Jun, Reymond, René.
Die meisten von ihnen haben jetzt Familie, Einzelne sind treue
Mitarbeiter in der Bagong-Silang-Gemeinschaft. Fast alle ver-
suchen, mit harter Arbeit ihren Lebensunterhalt zu verdienen.
Der Tageslohn reicht aber kaum, um ihre Grundbedürfnisse
zu stillen. Das macht mich ganz elend.

Brief aus Manila

4. April 1995 / Ihr Lieben, in der Hütte gegenüber (2,5 Meter entfernt), tobt wieder heftiger Streit. Ich denke dann immer an die Kinder, die in der Wut geschlagen werden. Die Eltern sind überfordert mit ihrer Situation, betrinken sich oder nehmen Drogen, um das tägliche Elend zu vergessen. Das macht alles nur noch schlimmer. Und ich muss zuhören, kann nicht helfen. Wie deprimierend!

Letzte Woche habe ich einer Frau Milch und etwas Geld gegeben, weil ich wusste, dass ihr Kind, gleich alt wie Isabel, krank und hungrig ist. Später hat sie mir erzählt, dass sie genau an jenem Abend verzweifelt zu Gott geschrien habe, weil sie einfach keine Pesos mehr in der Tasche hatte.

Liebe Grüße, Christine

Der Müllberg

Ich habe immer noch das Gefühl, unter Schock zu stehen. Ein paar Männer aus NIA arbeiten bei der Müllabfuhr und bringen jeden Morgen ihre gefüllten Lastwagen in ein weiteres offenes Mülldepot am Rande unseres Stadtgebietes. Im angrenzenden Slum, Payatas, leben laut Regierungsstatistik 300 000 Menschen. Gestern durfte ich in einem Wagen mitfahren: Eine knappe Stunde lang ging es bis auf den höchsten Punkt des 20 bis 30 Meter hohen und kilometerlangen Müllbergs.

Da stand ich inmitten von Hunderten Menschen, die unter brütender Sonne mit speziellen Stahlhaken und auch mit bloßen Händen im Müll der Stadt nach Verwertbarem suchten. Eine stumme Szene vor der Geräuschkulisse brüllender

Dieselmotoren von Baggern und Lastwagen, die im Minutentakt angedonnert kamen und tonnenweise ekligen, stinkenden Abfall auf den Berg kippten. Unter den Müllsammlern waren auch Kinder und alte Menschen, zum Teil in Lumpen gehüllt, mit gebeugten Rücken und entzündeten Augen, mit fliegenbedeckten Geschwüren oder Wunden. Einige hatten ihre Gesichter mit Lumpen einbandagiert und waren maskiert, wohl zum Schutz vor dem Staub in der Luft und vor der unbarmherzigen Sonne. Vielleicht auch aus Scham vor den Blicken Neugieriger. Es fällt schwer, das zu beschreiben.

Tage später spreche ich Joshua auf Tondo an, wo der als „Smokey Mountain" bekannte Müllberg liegt. Joshua ist der „Denker" der Nachbarschaftsorganisation AKBAYAN, welche rund zweitausend Familien von Müllsammlern vertritt.

„Den Regierungen Aquino und Ramos ist der Smokey Mountain stets ein Dorn im Auge gewesen", erzählt Joshua. „1991 wurde geplant, das Gelände in eine teure Industrie- und Geschäftszone zu verwandeln und für die Bewohner Häuserblocks mit Sozialwohnungen zu errichten. Doch die Mehrheit wehrte sich, ihr gewaltloser Widerstand ging weltweit durch die Medien. Die Antwort der Mächtigen blieb nicht aus. Am 8. Mai 1992 zerstörte ein Feuer ‚unbekannter Ursache' die Hälfte der Slumhütten. Ein paar Wochen später wurde unser Sprecher erschossen."

Ich frage Joshua, wieso denn die Müllsammler ihr unwürdiges Leben noch verteidigen.

„Eben *wegen* ihrer Menschenwürde", sagt Joshua. „Wir wollen nicht, dass man über uns verfügt und uns abspeist. Wir haben Sehnsucht nach einem Stück Land, von dem uns niemand vertreibt. Hätten wir die Wahl gehabt, wäre der Müllberg nie unsere Bleibe geworden. Aber in unseren Provinzen hat die Regierung keine Entwicklungsprogramme gestartet, unsere Väter wurden ihrem Schicksal überlassen. Nun sind wir halt hier. Und weißt du was? Wir Müllsammler hatten keine Stimme bei der Planung unserer Zukunft. Wir besitzen bis heute keine schriftliche Zusage, dass wir im angekündigten Siedlungsprogramm wirklich begünstigt sein werden. Wir kennen die leeren Versprechungen der Regierung."

Brief aus Manila

23. Mai 1995 / Ihr Lieben, seit etwa zwei Monaten lesen wir am Sonntagabend mit zwei, drei Nachbarn zusammen in der Bibel. Meine Sprachhelferin und neue Freundin Jessica ist mit dabei. Am Mittwochabend treffen wir uns jeweils zu Gebet und Austausch mit Jesse und Lenny Sarol, Joshua und hoffentlich bald anderen Filipinos. Wir würden gerne enger mit Einheimischen zusammen arbeiten und leben.

In unserem Häuschen gibt es wieder große Ratten, vor allem nachts. Diese hinterlassen Dreck, neben all dem anderen Schmutz, womit wir fertig werden müssen: Ruß, Staub, Hundedreck vor der Hütte, Urin an jeder Hauswand ... Es bleibt Christian wohl nichts anderes übrig, als wieder Fallen zu stellen und Ratten zu ersäufen, was er nicht gerne macht.

Was auch an den Kräften zehrt, sind die vielen Besucher, die oft über Mittag hereinschneien und uns vom dringend nötigen Mittagsschlaf abhalten. Trotz allem ist es auch schön, dass wir so viele Kontakte pflegen können, ohne weite Reisen zu machen. Viele nehmen eine drei- bis vierstündige Fahrt von Bagong Silang auf sich, ohne zu wissen, ob wir zu Hause sind. Wenn wir weg sind, lassen unsere Nachbarn sie in unsere Hütte hinein ...

Liebe Grüße, Christine

Kulturschock

Acht Monate sind seit unserer Ankunft verstrichen. Christine steht seit Tagen unter einer Art Kulturschock. Es ist eine Mischung aus Überdruss, Depression und Flüchtenwollen in eine andere Wirklichkeit, weil alles irgendwie zu viel für sie ist. Damals in Bagong Silang ist es mir ähnlich gegangen ... mit dem Unterschied, dass ich damals nicht schwanger war, im Gegensatz zu Christine heute!

Ausgerechnet jetzt im Juli, wo es immer noch sehr heiß ist, aber die Regenzeit begonnen hat, bleibt unsere Neonlampe dunkel und der Ventilator steht still. Ein Transformator sei explodiert, heißt es. In der Nacht habe ich noch gesehen, dass die Stahlkübel an den Leitungsmasten rot glühten, weil zu viele Leute illegal die Stromleitungen anzapfen. Eine Art Slumsyndikat hat die Leitungen „organisiert", und an die bezahlen die Armen – mit Sicherheit mehr als die Reichen außerhalb der Slums. Jetzt wird wohl bald ein Geldsammler vorbeikommen und für einen neuen Transformator zusätzliche Pesos zusammentrommeln. Bis dann werden uns die Kleider an den Körpern kleben.

Ich versuche, überall das Positive zu sehen und Christine, wo nötig und möglich, zu entlasten. Natürlich begeistert mich die Bewertung verschiedener Projektmöglichkeiten; das Träumen von besseren Zeiten ist eine hilfreiche Ablenkung in diesen Zeiten der endlos scheinenden Wüste. Zum Glück geht es Isabel gut. Sie ist ein lustiges Plaudermäulchen geworden, spricht allerdings, unseren Bemühungen zum Trotz, kaum ein Wort Deutsch, sondern reines Tagalog.

Vor drei Wochen habe ich Joshua und seine Leute mit unseren Rechtsanwälten rund um Harry Roque bekannt gemacht. Am vorletzten Sonntag nahm Harry ein paar Vertreter von Akbayan mit in den Gottesdienst seiner Gemeinde und stellte sie dem Pfarrer vor, der nicht nur Harrys Freund, sondern auch geistlicher Berater von Präsident Ramos ist. Sie gaben dem Pfarrer einen Brief für den Präsidenten mit.

Im Oktober sind wir schon ein Jahr hier, dann endet unser Einführungsjahr in Sprache und Kultur. Ja, wir fühlen uns zu Hause hier in unserer Slumnachbarschaft. Ich denke jetzt schon darüber nach, wie unsere Filipinofreunde und wir den Jungen von der Straße gezielter helfen können. Jugendarbeit oder Lebensschule sind kostspielig. Wir müssten versuchen, eigene finanzielle Quellen zu erschließen. Vielleicht mit dem Kauf eines großen klimatisierten Busses für Personentransporte.

Die Bande von Payatas

Letzte Woche haben Jesse, Lenny und ich im Kino der angenehm gekühlten Einkaufsmall „While you were sleeping" mit Sandra Bullock angeschaut. Nette Unterhaltung, ohne Blut und Gewalt und fast ohne Tränen, der Regisseur des Films heißt ja nicht umsonst Jon Turteltaub. In der Nacht hörten wir nahe bei unserer Hütte Schüsse. Und in der Kapelle liegt seit einigen Tagen wieder einmal die Leiche eines jungen Mannes, der offiziell an schlechtem Fisch gestorben ist, tatsächlich aber durch Lynchjustiz der Polizei. Schlechter Fisch verursacht keine Wunden am Kopf … Wie verkehrt die Welt hier doch ist: Für Mord und Totschlag muss man in der Schweiz ins Kino gehen. Hier muss man dafür das Kino verlassen.

Der Müllberg Payatas beschäftigt mich. Ich habe einige Zahlen zum Slum bei diesem Müllberg zusammengetragen, die mich ganz elend stimmen: Auf 300 Hektar leben dort 300 000 Menschen. 47 Prozent von ihnen sind arbeitslos.

Das Bevölkerungswachstum liegt bei 15 Prozent. 50 Prozent der Kinder sind fehl- oder unterernährt, 80 Prozent der Bewohner besitzen kein eigenes WC. Weit über tausend Familien leben hier direkt von der Müllhalde, indem sie Abfälle sammeln, sortieren und für die Wiederverwertung verkaufen. Und: Hier werden mehr als 1000 Tonnen Abfall abgeladen – täglich!

Vor einigen Wochen habe ich Kontakt zu einigen „Jumpers" geknüpft. Das sind die acht- bis zwölfjährigen Jungs, die auf die Lastwagen hinauf- und hinunterspringen, den Müll rauf- und runterwerfen und für den Fahrer Verwertbares vorsortieren, bevor der Abfall den Müllberg erreicht. Die Jumpers gehen längst nicht mehr zur Schule und sind Leimschnüffler. Ihre Arbeit ist schmutzig und gefährlich, aber sie lieben ihre Freiheit mit den wenigen Pesos, die sie sich verdienen. Einige von ihnen sind nur in Lumpen gehüllt und deutlich unterernährt.

Ich habe ein paarmal Sandwiches und Fruchtsäfte an die Zufahrtsstraße gebracht, wo die Jungs auf die Lastwagen warten. Zusammen mit meinem Freund Lito von NIA und Franklin, dem Bruder von Jesse, planten wir daraufhin einen Ausflug für die Jumpers zu einem Fluss und einem Stausee, etwa 45 Autominuten vom Müllberg entfernt. Als wir zum abgemachten Zeitpunkt an der üblichen Straßenecke ankamen, mit Gitarre und Super-Picknick, war weit und breit kein Jumper zu sehen. Ich war enttäuscht. Vielleicht hatten sie geglaubt, der Badeausflug sei nur ein Vorwand und wir würden sie stattdessen in ein Heim stecken. Oder wir seien Partisanen, die Kinder einsammeln und zu Soldaten machen. Oder Pädophile, oder Kinderhändler. Auch solche Erfahrungen gehören zum Leben dieser vergessenen Kinder!

Eine Stunde lang warteten wir, dann gaben wir auf. Nach einem Gebet für die Kinder und einer Bitte an Gott um Klarheit darüber, was wir weiter tun sollten, fuhren wir unschlüssig am Slum entlang. Dann bemerkten wir an einer Ecke eine Gruppe Jugendlicher in ausgelassener Stimmung.

Wir sprachen sie an: „Habt ihr Lust, mit zum Baden zu kommen? Wir haben Freunde, die … äh … verhindert sind, und wir haben noch Platz." Das war nun kein besonders origineller (eher ein etwas „pädophiler") Einstieg. Doch statt dass sie misstrauisch wurden, johlten die Jungs. Schlagartig wurde mir klar, dass die meisten von ihnen betrunken waren oder unter Drogen standen. Aber es gab kein Zurück; sie rissen schon die Türen unseres Kleinbusses auf und stürmten herein.

„Au weia", schoss es mir durch den Kopf, „das war doch wohl nicht die Antwort auf unser Gebet …"

Und so saßen wir im Lieferwagen, Lito und Franklin und ich, zusammen mit einer Gruppe von 16- bis 19-jährigen wilden Typen, die gerade mit Bier und Schnaps einen Geburtstag feierten. Franklin spielte Gitarre, alles sang und johlte und klopfte den Rhythmus an die Karosserie. Es war eine super Stimmung im Wagen.

Am Fluss angekommen, sprangen sie in der Unterwäsche ins trübe und kühle Wasser und spielten dort so übermütig wie kleine Kinder. Danach hockten wir uns in den Sand und verdrückten die Brote und Kuchen mit Fruchtsaft. Nun wollten sie wissen, wer wir überhaupt wären. Wir seien Christen und wollten jungen Menschen auf der Müllhalde helfen, sagten wir, auch wenn wir selbst nicht genau wüssten, wie.

Die Reaktion der Jungs war erstaunlich: Sie begannen, uns aus ihrem Leben zu erzählen. Sie alle waren Müllsammler und Teil einer Bande. Ihr Boss und Sprecher war Steban, ein dunkler drahtiger Typ, mit einem schönen, maskulinen Gesicht. Nur ein paar von ihnen waren einmal zur Schule gegangen, und das war auch schon Jahre her. Ihre Familien hätten sie rausgeworfen, sagten sie, weil sie nur noch Chaos verbreiteten.

Als wir uns später wieder bei den Hütten an der Müllhalde verabschiedeten, mussten wir versprechen, dass wir wiederkommen würden. Und plötzlich wusste ich, dass diese Begegnung kein Zufall gewesen war. Gott hatte hier eine kleine große Geschichte eingefädelt.

Regenzeit

Seit einigen Wochen regnet es fast ununterbrochen. In unserer Hütte riecht es nach Schimmel wie in einem ungelüfteten Keller. Langsam gewöhnen wir uns dran. Dafür stinkt das offene Abwasser vor der Tür nicht mehr so penetrant, weil es vom Regen verdünnt wird. Trübe Gedanken kommen auf an diesem Abend. Vorgestern, am 28. Oktober, haben sie die Slumsiedlung auf dem Smokey Mountain gewaltsam geräumt. Tage zuvor hatte Nestor, Sprecher und Vizepräsident von Akbayan, die zuständigen Behörden um Aufschub gebeten, worauf der Regierungssprecher versprach, bis nach einer weiteren öffentlichen Verhandlung mit Akbayan keine Bewilligung zum Abbruch zu erteilen.

Aber dann tauchten vorgestern doch gut 3000 Männer auf, Polizisten und Schlägertrupps in Zivil. Die Müllsammler hatten in weiser Voraussicht Barrikaden errichtet. Nestor sagte über die Barrikade hinweg, wenn die Polizei einen Räumungsbefehl zeige, dann werde er die Bewohner auffordern, die Siedlung widerstandslos zu verlassen. „Befehl von ganz oben, ohne Papier", erwiderte die Polizei und begann die Barrikaden niederzureißen. Es sei furchtbar gewesen, sagt Joshua. Aufseiten der Müllsammler gab es 2 Tote, darunter ein Kleinkind, und 19 Verletzte. Auf der Seite der Polizei gab es laut Zeitung ein paar Platzwunden und Schrammen.

Noch etwas macht mir Sorgen: unsere Beziehung zu den SERVANTS. Die Idee, einen klimatisierten Bus zu kaufen, findet bei den ausländischen SERVANTS kein Gehör: Das Projekt sei zu groß, es gehe zu schnell. Uns ist die regelmäßige Gemeinschaft mit diesen Weggefährten sehr wichtig, sie sind Teil unserer eigenen SERVANTS-Identität. Wir hatten in diesen Wochen mehrere Gespräche mit der Teamleitung, in denen wir bewusst transparent waren. Dabei wurde uns immer klarer, dass wir mit unserer Vision und unserem entschlossenen Vorgehen im SERVANTS-Team Manila keinen Platz mehr haben werden.

Nun hat die Teamleitung uns mitgeteilt, unsere Probezeit werde verlängert, damit wir nochmals Gelegenheit hätten, unsere Vorstellungen wieder der Philosophie der SERVANTS anzupassen.

Im Moment regnet es nicht nur draußen, es regnet auch in mir drin.

Doppelt schwanger

Christine wird runder und runder, und das nicht wegen der weihnächtlichen Festessen vor zwei Wochen!

Die Weihnachtstage 1995 waren laut und fröhlich, aber etwas überschattet. Isabel litt an Dengue, einer heiklen Viruserkrankung mit hohem Fieber und Blutungsgefahr. Und die vorherige gewaltsame Vertreibung von Joshua und seinen Müllsammlern hat die Feststimmung sehr getrübt. Trotzdem blicken wir erwartungsvoll ins nächste Jahr. Nicht nur Christine ist schwanger, sondern auch ich – dank Christines Eltern!

Mit ihnen zusammen genossen wir ein paar Tage am Meer beim bekannten Touristenort Puerto Galera. Abgelegene

Sandstrände, Regenwald mit Wasserfällen, frische Luft. Ich musste immer wieder an unsere Freunde in den Slums denken. Wie würden *die* sich an diesem Ort freuen und erholen, die Straßenkinder und Jugendlichen, wenn sie den Himmel einmal ohne den grauen Rußschleier der Großstadt sehen könnten! Ich sah sie vor mir, wie sie in den klaren Ozean mit den farbigen Fischen rennen, hörte sie brüllen vor Vergnügen. Sie würden die Schöpfung und auch den Schöpfer von einer ganz neuen Seite kennenlernen.

Als wir mit Christines Eltern eines Morgens am Strand entlang schlenderten, zeigte ich auf ein großes Haus aus Bambus mit einem riesigen Strohdach. Es steht an einer besonders idyllischen Stelle, ist auf solide Felsen gebaut und passt hübsch unter die Palmen.

„Das ist das Spaghetti-Haus", sagte ich, „Touristenmagnet eines Schweizers. Steht jetzt aber zum Verkauf. So ein Haus müsste man haben. Dann könnte man die Armen von Manila einladen."

„Warum kaufst du es nicht?", fragten meine Schwiegereltern. „Wir leihen dir das Geld!"

Ich spürte, wie mir das Blut in den Kopf schoss. Es ist nicht ihre Art, solche Witze zu machen. Und ich hatte doch nur laut fantasiert. Ich hatte meine Schwiegereltern nie als Leute empfunden, die Geld übrig haben. Aber sie meinten es ernst.

Inzwischen sind Christines Eltern wieder in der Schweiz. Aber ihre Worte hallen nach. Wenn das ein Angebot von Gott war, dann kam es genau zur rechten Zeit.

Die Spannungen mit der Leitung der SERVANTS haben nicht nachgelassen, im Gegenteil. Die „verlängerte Probezeit" macht deutlich, wie unterschiedlich unsere Visionen sind. Dort die Leitung der ausländischen SERVANTS, hier unsere Filipino-Freunde und wir. Für sie sind wir zu ungeduldig. Für uns sind ihre Richtlinien zu eng und unverrückbar. Wir mit unserem Tatendrang und unserer Risikofreude stoßen ständig auf Widerstand, und das wird wohl so bleiben.

Eigentlich weiß ich gar nicht, worin ihr Problem mit uns besteht. Aus unserer Sicht befolgen wir mit unserem Leben die 5 Prinzipien der SERVANTS: Incarnation (mit den Armen leben), Simplicity (genügsamer Lebensstil), Community (in Gemeinschaft leben und arbeiten), Servanthood (anderen dienen und sie ermächtigen), Wholism (Gnade leben und predigen und sich für Gerechtigkeit einsetzen). Da könnten sie uns doch wirklich etwas Spielraum und Vertrauensvorschuss gewähren.

Wir waren in den letzten Wochen regelmäßig auf der Müllhalde von Payatas. Zur Jugendbande haben wir jetzt eine vertiefte Beziehung. Das gibt uns Power.

Brief aus Manila

13. Februar 1996 / Ohne Vollnarkose und Kaiserschnitt zu gebären, ist hier sehr ungewöhnlich – außer für die Armen. Wir mussten darum einen speziellen Kurs über die „Lamaze"-Atemtechnik besuchen. Mit Abschlussprüfung! Bei der Aufnahme in die Klinik fragten mich die Ärzte besorgt, ob ich es wirklich wagen wolle, mein Kind ganz ohne Narkose zu bekommen. Meine Frauenärztin meinte, sie würde das nie schaffen, wenigstens eine Peridural-Anästhesie brauche sie! Ich glaube, Filipinas sind etwas leidensscheuer als Europäerinnen. Aber weh tut's ja wirklich.

Am Samstagnachmittag ging es während eines Meetings mit den Wehen los. In der Pause verließ ich das Meeting, spazierte nach Hause, buk noch ein Brot als Proviant für Chris und unterhielt eine Gruppe von Nachbarskindern, die bei uns spielen wollten. Nachdem wir Isabel bei Emy abgegeben hatten, fuhren Chris und ich um fünf Uhr abends ins SERVANTS-Haus. Dort kamen die Wehen schon alle sechs bis sieben Minuten, aber nicht so stark, dass ich das Gefühl hatte, wir müssten gleich ins Spital. Chris wurde dann aber nervös, und so packten wir das Köfferchen und machten uns auf den Weg. Christian Auer chauffierte uns. Kaum in der Klinik angekommen, ging es auch schon los.

Am Sonntagmorgen um 5.22 Uhr war Noel da. Anschließend brachte man uns in ein Einzelzimmer mit einem zweiten Bett für Angehörige, die den Patienten pflegen. Noel blieb etwa 6 Stunden auf der Säuglingsstation, bevor ich ihn im Zimmer haben konnte. Damit war Noels Pflege für das Spital abgeschlossen, außer dass ihm noch ein paarmal Fieber gemessen und das Gewicht kontrolliert wurde.

Eigentlich war die Geburt und auch das dreitägige „Wochenbett" ein besseres Erlebnis als damals in der Schweiz. Während der Geburt waren immer dieselben Ärzte da, Hebammen gibt es im Spital keine. Insgesamt hatte ich drei bis vier Leute um mich und natürlich Chris. Auch dass Patienten und Wöchnerinnen von Angehörigen gepflegt werden – in meinem Fall Chris und zeitweise unsere SERVANTS-Hausmutter Rita Ringma – fand ich sehr wohltuend.

Wir blieben anschließend noch drei Tage im SERVANTS-Haus. Wie schön, dass ich dort immer jemand zum Plaudern hatte, anders als in Basel, wo ich ganz allein in der Wohnung war. Hier in NIA ist es ebenso. Ich fühle mich also rundum glücklich und auch körperlich schon wieder richtig fit!

Liebe Grüße, Christine

20. Februar 1996. Wir gehören nicht mehr zu den SERVANTS Manila. Alle Gespräche, in denen ich gehofft hatte, dass *beide Seiten* sich bei der Auslegung ihrer Prinzipien etwas annähern könnten, sind gescheitert.

Trotz Schmerz und Enttäuschung sind wir froh, dass wir den Konflikt überwiegend sachlich austragen konnten. Die Leitung der SERVANTS hat uns angeboten, weiter an den regelmäßigen Gottesdiensten mit dem Team teilzunehmen. Das haben wir dankbar angenommen! So verlieren wir wenigstens nicht die tragenden Freundschaften zu den übrigen Mitarbeitern.

Anfänge von ONESIMO.
Von links nach rechts: Jesse, Christian, Lenny, Christine, Olen und Noel, Willi, Pepe und Baby, Joshua

Inzwischen beschäftigt uns die Gründung einer philippinischen Stiftung mit Anerkennung der Gemeinnützigkeit. In einer Gebetsretraite mit den philippinischen Mitarbeitern, Jesse und Lenny, Joshua, Pepe und Baby, Franklin und Noel Gabaldon kam der Name „Onesimo" zur Sprache, die philippinische Version des griechischen Namens Onesimus. Paulus schreibt ja in seinem kurzen Brief an Philemon von einem Sklaven mit diesem Namen, der als Junge von seinem Zuhause ausgerissen und im Gefängnis gelandet war, wo sein Leben sich durch die Freundschaft zu seinem Mitgefangenen Paulus grundsätzlich veränderte.

Genau das wollen wir tun: jungen Ausreißern, Aussteigern und Fallengelassenen echte Freundschaft und umfassende Begleitung auf Augenhöhe anbieten, wodurch ihr Leben grundsätzlich verändert werden kann. Zusammen mit dem bereits vorhandenen Netzwerk von Gemeinschaften verschiedener Konfessionen wollen wir eine ganzheitliche christuszentrierte Jugendarbeit und Leiterausbildung ins Leben rufen. Wir wollen die Gründung kleiner Unternehmen fördern und damit die Selbsthilfe bei der Armutsbekämpfung. Alles soll in den philippinischen Kontext passen und von Beginn an von Filipinos geleitet werden. Es soll innerhalb einer Stiftung Platz finden. Und die Stiftung soll ONESIMO heißen.

Bahn frei für Camp Rock

Es herrscht Aufbruchstimmung! Mit unseren philippinischen Freunden waren wir übers Wochenende am Strand und sprachen mit ihnen über unsere Vision, das Spaghetti-Haus zu kaufen, um darin Jugendfreizeiten, Leiterkurse und Bildungswochen durchzuführen. Wir dachten nach, diskutierten und beteten. Schließlich beschlossen alle, das Projekt gemeinsam zu tragen. Nun haben wir das Haus und die dazugehörenden 800 Quadratmeter Land „Camp Rock" getauft. Unser treuer Freund und Anwalt Harry Roque wird den Kauf abwickeln. Der Verkäufer hat uns erlaubt, die Anlage ab sofort zu benutzen. Ich spüre das Kribbeln …

Es kribbelt auch sonst: Anfang Mai werden wir in den Frisco-Slum umziehen, und zwar in den unteren Stock einer solide gebauten Zementbacksteinhütte. Wir haben dort zwei Zimmerchen, unweit von Jesse und Lenny Sarol und fast unmittelbar neben der Kapelle von Pastor Noel Gabaldon. Die Nähe, die wir suchen, wird endlich greifbar.

Frisco ist etwas größer als NIA, es leben wohl etwa zwei- bis dreitausend Familien dort. Der Slum liegt am Fluss, einem einzigen riesigen Abwasserkanal, der in der Regenzeit regelmäßig alles überschwemmt. Auf der Landseite grenzt eine fünf Meter hohe Brandmauer den Slum halbkreisförmig vom Areal einer Farbstofffabrik ab. Es gibt eine einzige Zufahrtstraße für diese rund zehn- bis fünfzehntausend Menschen. Wir wohnen im hinteren Teil des Slums in einer Art Sackgasse. Sollte der Slum brennen und eine Panik entstehen, müssten wir wohl in den Fluss springen.

Unser Domizil ist etwas schwieriger erreichbar und die Umgebung wirkt weniger freundlich als NIA, dafür haben wir etwas mehr Platz und kein Abwasser direkt vor der Tür – zumindest in der Trockenzeit.

Unser Konflikt mit der Leitung der SERVANTS in Manila hat einige klärende Gespräche beziehungsweise Briefwechsel mit dem Verein SERVANTS Switzerland ausgelöst. Glücklicherweise vertrauen unsere Schweizer Freunde uns weiterhin und wollen auch unserer Stiftung ONESIMO Rückendeckung geben. Die Gründung ist auf gutem Weg, wir stehen in Kontakt mit Fachleuten und Intellektuellen aus der philippinischen Mittelschicht, die für den Vorstand infrage kommen.

Heute Abend werde ich ein Rundschreiben an unsere Schweizer Freunde aufsetzen und sie über den Gang der Dinge informieren. Ich werde sie um 75 000 Franken Startkapital für unser projektiertes Transportunternehmen bitten. Und dann planen wir eine erste Jugendfreizeit im Camp Rock.

„Eure Hütte brennt ab!"

Dienstag, 16. April 1996. Abends um halb neun sitzen wir in einer Nachbesprechung zu unserer ersten Jugendfreizeit in Camp Rock. Wir sind froh, dass wir das SERVANTS-Haus nach wie vor benutzen dürfen. Allseits herrscht gute Laune.

Schon die erste Aufbaufreizeit, eine Art Übung mit sieben unserer wilden Jungs von Payatas war ein Erlebnis gewesen. Alehandro hatte zum ersten Mal in seinem 17-jährigen Leben den Slum verlassen, klares Wasser vom Regenwald gesehen, einen Badestrand ohne Abfall, eine Sonne ohne Abgasschleier, eine neue Welt. Alle Jungs hatten in dieser Woche etwas von der Liebe des Jesus von Nazareth erfahren.

Dann fanden intensive Vorbereitungen für die eigentliche Freizeit statt. Eine zweitägige Leiterschulung, in der sich etwa 30 Teenager einander und Gott anvertrauten, bildete den Höhepunkt. An der Freizeit unter dem Thema „Kabataan Gising!" (Junge Leute, wacht auf!) nahmen rund 200 Jugendliche aus acht Armenvierteln teil. Die Mädchen schliefen im Haus, die Jungs bauten sich am Strand ein kleines Zeltdorf. Wir experimentierten mit Programmelementen, die unsere Filipinofreunde nicht kannten, wie einem Postenlauf zum Thema Gaben und Talente, einem Nachtlauf oder Gruppenandachten. Das Erlebnisprogramm zu einem biblischen Thema wurde ein richtiger Höhepunkt.

Mitten in der erfreulichen Nachbesprechung zu dieser Woche klingelt das Telefon: „Feuer in NIA, kommt schnell, auch eure Hütte brennt bald ab! Wir wissen nicht genau, wo Isabel steckt." Mein Herz beginnt zu rasen. Isabel ist bei Emy und Toni in besten Händen, aber wenn unsere Hütte brennt, brennt ihre auch.

Nach einer halsbrecherischen Fahrt stolpere ich durch die rauchenden Trümmer von NIA, zwänge mich vorbei an rußverschmierten Gesichtern. „Bleib ruhig, was immer du sehen wirst", keuche ich mir selber zu. Dann stoße ich auf Toni, und ... O Wunder, unsere ineinandergebauten Hütten sind zwar leer geräumt und vom Löschwasser durchtränkt, aber intakt. Das Feuer drehte *wenige Meter* vor unseren Hütten ab

An der ersten Freizeit unter dem Thema „Kabataan Gising!" (Junge Leute, wacht auf!) nahmen rund 200 Jugendliche aus acht Armenvierteln teil.

in eine andere Richtung. Wie in einem billigen Hollywoodfilm, nur echt! Isabel ist unversehrt. Toni hatte zuerst die Kinder in Sicherheit gebracht und dann seine und unsere Habseligkeiten hastig über die angrenzende Mauer geworfen.

Am nächsten Morgen wird das Ausmaß der Zerstörung klarer: Zwischen 500 und 800 Familien haben alles verloren. Ein Bild zum Heulen und Verzweifeln. Ohne Strom und Wasser und mit den vielen Obdachlosen geht in NIA natürlich alles drunter und drüber. Und gerade jetzt ist Christine dabei, eine Grippe auszukurieren. Wir beschließen, bis zu unserem Umzug im SERVANTS-Haus zu wohnen.

Natürlich engagieren wir uns bei der Koordination der Soforthilfe. Es fehlt im Slum an allem, an Nahrungsmitteln, Kleidern, Geschirr, Baumaterial für neue Dächer. Zu dieser Jahreszeit brennt die Sonne besonders erbarmungslos. Die Leute sind enorm tapfer. Gezeichnet von Schlaflosigkeit und Verzweiflung tragen sie verkohlten Bauschutt auf die Straße hinaus oder stochern verstört in der Asche herum. Ich faxe einen kurzen Bericht an unsere Gemeinden in der Schweiz.

Die Regierung organisiert Nahrungsmittel für die ersten fünf Tage. In der Tageszeitung suche ich allerdings vergeblich nach einem Bericht über das Feuer. Als ob Brände im Slum zur Tagesordnung gehören würden! Viele sind überzeugt, die Regierung hätte den Brand gelegt, denn solche Unglücke beschleunigen die geplante Vertreibung der Armen an den Stadtrand.

Am Sonntag sitzen wir in der kleinen Kapelle in NIA, die vom Feuer ebenfalls verschont worden ist. „Gott ist gut, Gott ist gut, Gott ist so gut, so gut zu mir …", singen die Leute. Das Lied scheint ihnen aufrichtig von den Lippen zu gehen, während ich selbst dasitze und an Gottes Güte zweifle. Es folgen tränenreiche Berichte von Bewahrung und Trauer. Mindestens zehn Familien der Gemeinschaft haben ihr Hab und Gut verloren. Ein Mann erklärt mit zittriger Stimme: „Jetzt verstehe ich, was Jesus meinte, als er sagte, wir sollen nicht Schätze auf Erden sammeln, sondern im Himmel."

Am Mittwoch erreicht mich ein Anruf aus der Schweiz. Auf unser Fax hin haben die Leute in unserer Kirche spontan Geld zusammengelegt und dazu noch die Gemeindekasse „geplündert", sie werden uns 18 000 Franken als Soforthilfe überweisen. Zusammen mit anderen Gaben und dem vorhandenen SERVANTS-Projektgeld können wir 38 000 Franken unverzüglich für die Opfer des Feuers einsetzen. Unglaublich!

Wir organisieren eine Besprechung mit gemeinsamem Gebet darüber, wie wir dieses Geld nutzen können, ohne Eifersucht zu provozieren. Pastor BG Polidario von der kleinen Christlichen Gemeinschaft in NIA erstellt eine Liste der am härtesten betroffenen Familien. Sie brauchen in erster Linie ein Dach über dem Kopf. Die Ärmsten sollen mit Baumaterial versorgt werden.

Merkwürdige Kontraste

Gestern, am 26. Mai 1996, haben wir ganz offiziell die ONESIMO Foundation Incorporated gegründet und als Nichtregierungs-Organisation (NGO) bei der philippinischen Regierung registrieren lassen. Visionen und Ziele der neuen Arbeit sind formuliert. Direktor ist Noel Gabaldon, der Pastor, der in seiner Kapelle schräg gegenüber von unserem Häuschen im Frisco-Slum lebt. Präsident der Stiftung ist unser Jurist Harry Roque, als Vorstand aktiv sind neben uns eine Sozialarbeiterin, ein Arzt und Psychiater, ein Zahnarzt und eine Psychologin.

Unser neuer Wohnort in Frisco bereitet uns schon bald ein Wechselbad der Gefühle. Da sind zum Beispiel unsere Nachbarn. Nett sind sie schon, aber zumeist Menschen, die in dem ganzen Teufelskreis von Armut, Sucht und Gewalt tief gesunken sind. Der „Eigentümer" unseres Slumhäuschens, der im oberen Stock gleich über uns wohnt, war von Anfang an freundlich und zuvorkommend. Allerdings ist er *der* Drogendealer in Frisco – was wir natürlich erst jetzt erfahren haben. Neulich bat seine Frau Ate Gloria uns um Vorschuss der Mietzahlung, sie bräuchte das Geld, um ihren Mann aus dem Zuchthaus zu kriegen, er sei nämlich verhaftet worden. Da wir mindestens ein Jahr lang hier in Frisco bleiben wollen, haben wir ihr die Jahresmiete bezahlt. Der Mann ist seit ein paar Tagen wieder frei, und inzwischen wissen wir, wieso man ihn verhaftet hatte: Er hatte eine minderjährige Prostituierte vermittelt, deren Vater ihn deswegen angezeigt hatte. Unser Vermieter ist also auch Zuhälter.

Ate Gloria kommt zu uns herunter, wenn sie gerade in Not ist. Wir hören dann geduldig ihre verrückten Sorgen an und beten mit ihr, weil sie das ausdrücklich wünscht. Ihr Leben scheint sich deswegen kaum zu ändern. Sie ist offenbar auch shabusüchtig, wie wir gemerkt haben. Während wir hier unten singen und in der Bibel lesen, findet über uns etwas statt, das man wohl als Drogen- und Sexparty bezeichnen muss. Dieses Nebeneinander ist eine von vielen Merkwürdigkeiten unseres Alltags.

Unser kleiner Noel macht sich bestens! Ein pflegeleichtes, blauäugiges Bübchen, das seine Umgebung mit einem hinreißenden Lächeln beschenkt. Vorletzten Sonntag haben wir ihn auf traditionell philippinische Weise einsegnen lassen, mit einem fröhlichen kleinen Nachbarschaftsfest.

Noel ist nicht unser einziger Familienzuwachs: Ron ist bei uns eingezogen, ein Fünfzehnjähriger von der Müllhalde. Er war so unterernährt, dass er sich kaum auf den Beinen halten konnte. Seit es ihm besser geht, zeigt er sein fröhliches und hilfsbereites Temperament und ist anhänglich wie ein aus den Fluten gezogener Achtjähriger. Auf der Gefühlsebene ist er einige Jahre hinter seinem eigentlichen Alter zurückgeblieben. Ebenfalls bei uns wohnt Jessica, Christines achtzehnjährige Sprachhelferin, die mit uns von NIA nach Frisco gezogen ist. Nun reden wir auch im Haus immer öfter Tagalog.

Uns ist in letzter Zeit bewusst geworden, wie müde wir sind. Der Konflikt um unsere Loslösung von den SERVANTS in Manila hat uns emotional wohl mehr ausgelaugt, als wir wahrhaben wollten. ONESIMO, das große Jugendcamp, der schnelle Umzug aus NIA, die Feuersbrunst, der Kauf von Camp Rock, der sich in die Länge zieht – das ist alles etwas viel auf einmal gewesen.

Umso wohltuender sind Begegnungen wie jene neulich mit Ate Juliet, der Leiterin des Kindergartens im Pfahlbauer- und Gräberslum von Navotas. Ich besuchte sie, weil ich gehört hatte, die Schule sei aus dem von den SERVANTS gegründeten Verband christlicher Vorschulen ausgeschlossen worden.

Der Slum mit seinem Verwesungsgeruch ist schlimm dran, die Gräber mit ihren Toten schachteln sich noch mehr zusammen mit den zerbrechlichen Sperrholzhüttchen der Lebenden, schwere Lastwagen laden ihren Kehricht am Meer ab, illegal und darum meistens nachts. Aber die tapfere Ate Juliet lässt sich nicht unterkriegen und hält die Schule in Vollbetrieb: „Nach dem Ausschluss aus dem Verband habe ich den Eltern der Schüler angekündigt, die Schule würde geschlossen. Da sind sie plötzlich aufgewacht, haben ihr Schulgeld bezahlt und sich aktiv eingesetzt. Jetzt kommen sogar so viele Kinder, dass ich am Morgen und am Nachmittag je eine Klasse unterrichten muss."

Was für eine Geschichte: Die ärmste Schule, die aus dem Verband ausgeschlossen worden war, hat sich zum einzigen wirklich unabhängigen „Learning Center" entwickelt. Ich bin richtig stolz auf Juliet und ihre Crew. Ich verspreche ihr, der Schule das Metalltor zu stiften, das sie sich wünscht, um Vandalen fernzuhalten.

Manchmal hilft der Himmel ...

Fünf Monate ist das Feuer in NIA jetzt her. Pastor BG und sein einheimisches Team haben es tatsächlich geschafft, die Spenden aus Europa in konkrete Hilfe umzuwandeln, ohne dass es zu Eifersucht und Verlusten gekommen ist. 800 Familien erhielten Essen und Soforthilfe in Form der nötigsten Haushaltgeräte. 430 weitere Familien haben Wellbleche, Sperrholzplatten und ähnliche Baumaterialien bekommen. Die kleine Kapelle konnte zusätzlich ausgebaut werden mit einem größeren Raum für einen Kindergarten. Schließlich erhielt auch der Nachbarschaftsverein von NIA etwas Baumaterial für ein Wachposten-Häuschen.

Nicht so gut sieht die Lage dafür auf dem Smokey Mountain aus. Der große Teil der Bewohner lebt in den von der Regierung zur Verfügung gestellten provisorischen Unterkünften, eine Minderheit hält aber einige leer stehende Häuserblocks besetzt. Täglich sitzen und protestieren etwa 300 Mitglieder von AKBAYAN vor der vornehmen Stadtkathedrale Manilas und halten Open-Air-Gottesdienste mit Spruchbändern ab. Sie fordern von der Regierung Gerechtigkeit für die Opfer der gewaltsamen Umsiedlung vom 28. Oktober 1995, Unterstützung bei der Suche nach einem Lebensunterhalt für die ehemaligen Abfallsammler, kostenfreie Unterkunft in den Sozialwohnungen oder zumindest bezahlbare Mieten, wobei diese Mietgelder dann für Entwicklungsprojekte eingesetzt werden sollten.

Nestor, der Vizepräsident und Gemeindediakon, lebt in einem Versteck. Er wird beschuldigt, einen Mann, der bei der gewaltsamen Umsiedlung starb, erschossen zu haben – in der Absicht, den Mord der Polizei in die Schuhe zu schieben. Absurd! Jetzt hofft er darauf, dass mit dem Abschluss der Untersuchungen der Haftbefehl aufgehoben wird.

Der Protest vor der Kathedrale ist tatsächlich erfolgreich.

Die Medien berichten endlich über die Armut in der Großstadt, ja sie stellen sich sogar immer deutlicher auf die Seite der Smokey-Mountain-Bewohner. Zwei Abgeordnete im
Kongress sowie einige „urban poor"-Organisationen unterstützen nun aktiv die Forderungen von AKBAYAN. Erfahrene
Menschenrechts-Anwälte bieten kostenlos ihre Hilfe an! Wieso nur braucht es immer erst den Druck der Medien, bis sich
etwas tut?

Manche ehemaligen Bewohner der Smokey-Mountain-
Siedlung berichten vom Erleben Gottes während der Räu-
mungsschlacht. Der Bruder des Pastors der Baptistengemeinde erzählte, eine Kugel hätte seinen Oberschenkel durchbohrt.
Die Polizisten hätten weiter auf ihn eingeschlagen. Plötzlich
habe er deutlich eine fremde Kraft gespürt, als ob ihn jemand
getragen hätte, sodass er trotz der Kugel im Bein wegrennen
konnte. Würde man so etwas in der Zeitung lesen, mancher
würde es als Wundergeschichte abtun. Aber wenn der Betrof-
fene selber erzählt, mit Tränen der Dankbarkeit in den Augen, dann muss ein abgebrühter Zyniker sein, wer ihm nicht
glaubt.

Dankbar bin ich auch für den klimatisierten Bus, den wir
im Sommer gekauft, renoviert und mit Jungs aus den Slums
eingeweiht haben. Seit Kurzem setzen wir ihn als öffentliches
Verkehrsmittel ein. Er schafft fünf Arbeitsplätze, zwei davon
für unsere Mitarbeiter, und er soll künftig die laufenden Kosten von ONESIMO mittragen. Um unnötige Risiken zu vermeiden, wollen wir unser kleines Transportunternehmen aber
langsam und vorsichtig aufbauen. Ehrliche Geschäfte sind wegen der Korruption auf allen Stufen und wegen der oft frag-
würdigen Arbeitsethik sehr heikel.

Die Finanzierung des Busses ist ein erhörtes Gebet. Innerhalb weniger Wochen war das Geld beisammen. Viele kleine
Spenden wurden einbezahlt, und dazu noch eine riesengroße,
über sage und schreibe 30 000 Franken von einer Bekannten.

Sie schrieb uns, ihr Auto hätte auf der Autobahn zu brennen begonnen und Totalschaden erlitten, aber sie selbst habe den Zwischenfall heil überstanden. Unter dem Eindruck des Geschehens habe sie sich in eine offene Kirche gesetzt, Gott gedankt und darüber nachgedacht, dass sie jetzt wohl 30 000 Franken für ein neues Auto ausgeben würde. Dann sei ihr unser Freundesbrief in den Sinn gekommen, und sie habe beschlossen, dass unser Bus wichtiger sei als ihr Auto. Welche Größe! Der Himmel scheint seine Wege zu finden, unsere Arbeit zu unterstützen. Wir fühlen uns in Sachen Busprojekt bestätigt.

Natürlich gibt es auch immer wieder kleine alltägliche Ernüchterungen. Die großartige erste Freizeit in Camp Rock vor ein paar Monaten war weniger nachhaltig, als ich erwartet hatte. Zum Beispiel die Jungs von Payatas. Einige von ihnen hatten wirklich eine Ahnung bekommen, wer Gott ist und wie sehr er sie liebt. Sie waren zurückgekehrt mit dem festen Vorsatz, ein neues Leben zu beginnen. Im Slum und auf der Straße hat ihr Alltag sie aber schnell wieder eingeholt – kaputte Beziehungen, Kokain, Alkohol. Ich glaube, ich habe vor allem die schwere Drogenabhängigkeit der Jungs unterschätzt.

Mit tollen Camps ist es also nicht getan. Wir müssten die Jungs viel länger und intensiver betreuen. Wir müssten eine systematische Begleitung entwickeln, eine Lebensschule, eine Art therapeutische Lebensgemeinschaft mit klaren Leitplanken. Wir müssten uns auf eine gemeinsame „Reise" begeben. Dafür bräuchten wir ein Haus und ein kompetentes Team. Also Gott.

... und manchmal der Revolver

Der Kauf von Camp Rock verläuft zäh. Immerhin haben die Behörden vor ein paar Tagen endlich das Land vermessen. Wie es dazu kam, ist eine Geschichte für sich.

Drei Wochen ist es her, da steige ich morgens um vier Uhr in den Bus für einen zweitägigen Ausflug nach Camp Rock. Ich will bei der Lokalregierung auf der Insel Mindoro Bewilligungen einholen und ein paar Ausbesserungsarbeiten des Freizeithauses in die Wege leiten. Der Fahrer lässt den Dieselmotor aufheulen, um die Passagiere zum Einsteigen aufzufordern.

„Reicht es noch für eine Tasse Kaffee?", frage ich ihn.

„Nur zu", ist seine Antwort.

Also stürme ich in den brandneuen Donut-Coffee-Shop, dessen Neonlicht mir entgegenstrahlt. Was mir in der Schnelle entgeht, ist die nagelneue Wand aus Glas, die über die gesamte Front des Restaurants angebracht worden ist, um den Ruß der Busstation fernzuhalten. Ich knalle mit meiner Stirn mit voller Wucht in die Glasfront und krache zu Boden. Die herausgeputzte Dame an der Theke erschrickt fürchterlich und beginnt zu schreien. Ich liege in den Scherben, das Blut läuft mir übers Gesicht und über meine Kleider. Auch an meiner rechten Hand klafft eine tiefe Schnittwunde.

Als ich aufstehe, wird mir schwindlig. Ich taumle hinaus. Vier Taxis stehen dort, alle mit offenen Türen, doch keiner der Fahrer will mich mitnehmen. „Ich zahle extra, ich muss in ein Spital ...", schreie ich. Ein junger Mann kommt mir zu Hilfe. „Ich werde verhandeln, keine Sorge ..."

Der Fahrer, der mich schließlich ins Spital bringt, hat seine Sitze mit Plastik überzogen und erklärt mir während der Fahrt in dramatischen Worten, ich sähe schrecklich aus und es sei ein schlimmes Omen, wenn ein Kunde im Fahrzeug sterben würde. Na großartig.

Die Notfallstation des St. Luke Medical Center kenne ich bereits von verschiedenen „Notfällen" und von Noels Geburt her. Es zählt zu den besten Krankenhäusern im Lande, mit Extrasuiten für die ganz Reichen oben im Dachgeschoss. Ein freundlicher junger Assistenzarzt säubert meine Wunden und rasiert mir die Haare rund um einen tiefen, kreisförmigen Schnitt gleich unter dem Haaransatz. „Die Kopfwunde nähe ich selber", sagt er, „aber die Wunde an der Hand sieht komplizierter aus. Ich werde den Oberarzt rufen."

Der Oberarzt wirkt erst sehr verschlafen. Während er mit der Anästhesienadel in der Wunde herumstochert, wird er zunehmend wacher und beginnt Fragen zu stellen. Wie der Unfall passiert sei, woher ich komme, weshalb ich in den Philippinen lebe und so weiter. Er neigt sein Gesicht tief über mich und schwatzt fröhlich und feucht in die offene Wunde hinein. Ich frage vorsichtig, warum er keinen Mundschutz trage.

„Junger Mann", sagt er, „ich beschwere mich schon die ganze Zeit über zu wenig medizinisches Material auf dieser Station. Da sind wir angeblich das beste Hospital des Landes – und haben keine Mundmasken mehr. Ist doch ein Witz, oder?" Und während er die Sehne zum Daumen zusammennäht, lacht er fröhlich und plappert weiter in die Wunde hinein.

Um 9 Uhr klettere ich schließlich in den Bus nach Mindonoro: mit 12 Stichen an der Stirn, 10 an der Hand, mit Schmerzmitteln und einer Superdosis Antibiotika, die mit den oberärztlichen Mundkeimen wohl auch fertigwerden wird. In der Schweiz wäre man nach so einem Unfall wohl drei Wochen lang krankgeschrieben. Aber ich mag nicht in den Slum zurück, um herumzusitzen. Und mit Kopf- und Handverband sorge ich hier im Bus nicht für mehr Aufsehen als ohne. Als „Americano" fällt man so oder so auf.

Der Noch-Eigentümer unseres Grundstücks von Camp Rock ist Mr. Sison, ein würdevoller älterer Herr mit strengen Augen, hervorstehendem Kinn und Backenknochen, ein leidenschaftlicher Geldspieler. Die Sisons besitzen und bewohnen das große Touristenresort gleich neben dem Camp-Rock-Gelände. Die meisten sprechen ihn mit „Kapitän" an, weil er offensichtlich früher Kapitän eines Schiffes war. Die Sisons wollen endlich unsere Dollars sehen, schließlich finden bereits unsere Camps dort statt. Für Kaufvertrag und Eintrag ins Grundbuch muss das Gelände jedoch erst offiziell vermessen werden. Der von Amts wegen zuständige „Accessor" hat die Vermessung aber bisher verschlampt, und zwar so konsequent, dass der Kapitän mir die Tür zum Beifahrersitz seines neuen Landrovers öffnet, mich hereinwinkt und knurrt: „Wir nehmen uns diesen Vagabunden mal vor!"

Mr. Sison ist leicht alkoholisiert, wie meistens, und mir ist nicht ganz wohl bei der Sache. Andererseits muss der Landkauf endlich über die Bühne, mich ärgert dieser Accessor ja auch. Ein mächtiger, korrupter, großer, dicker Mann mit Machogehabe und einer Aura, die einen erschauern lässt. Einer, der dir mit gezielten Worten zu verstehen gibt, dass du ganz in seiner Gnade stehst und dass ihn ein schöneres Honorar vielleicht ermuntern würde, die Vermessung doch gelegentlich in Angriff zu nehmen.

Wir schlingern über morastige Wasserbüffelwege auf privatem Gelände durch Kokospalmenwälder, erreichen eine zementierte Privatstraße und gelangen zu einer etwas verborgenen Villa am gepflegten Strand. „Hier spielt der Herr Accessor mit seinen reichen Freunden am Nachmittag Tennis, anstatt seiner Arbeit nachzugehen", knurrt der Kapitän. Tatsächlich sehen wir den verschwitzten Accessor auf seinem privaten Tennisplatz mit dem Racket einem Ball nachrennen.

„Einen Moment, Herr Kapitän", keucht er atemlos, als er uns am Spielplatzrand entdeckt, „nur diesen Satz noch, ich komme gleich ..." Sison schreitet auf und ab wie ein Tiger im Käfig. Als der ehrwürdige Accessor schließlich kommt und uns begrüßen will, platzt dem Kapitän der Kragen.

„Ich habe dir genügend bezahlt und lange genug gewartet",
brüllt er den Accessor an. „Du wirst uns nächste Woche unser
Grundstück vermessen oder ich töte dich, verstanden!?" Dann
zieht er unter seinem Barong einen Revolver hervor und fuch-
telt damit herum.

„Okay, okay, Mr. Sison", versucht der Accessor zu lachen
und tupft sich Schweißperlen von der Stirn. „Geht in Ordnung, kann ja nicht alle gleichzeitig bedienen."

Der Kapitän verliert kein einziges Wort mehr, steckt die
Waffe ein und marschiert zum Landrover. Wir steigen ein und
fahren los. Mein Herz rast fast so wie der Landrover.

Eine Woche später: Das Grundstück ist vermessen. Gott –
und vielleicht dem Revolver – sei Dank!

Die therapeutische Lebensgemeinschaft

Unser Busprojekt ist eine ziemliche Ernüchterung. Ich weiß
jetzt auch, wieso wir bisher noch keinen Gewinn eingefah-
ren haben. In der Nacht vor der Busübergabe sind offenbar
mehrere wertvolle Teile aus der Occasion herausmontiert und
durch Schrottteile ersetzt worden. Aufwendige Reparaturen
waren die Folge, aber beweisen können wir nichts.

Später erfahren wir, die mobile Polizei habe ständig Bußgel-
der verlangt, weil die Lizenz der Buslinie angeblich gefälscht
sei. Natürlich ließen die Polizisten den Bus dann weiterfahren,
in dem Wissen, dass sie ihn jederzeit erneut stoppen konnten,
was sie auch regelmäßig taten. Tatsächlich waren die Bußen
also Bestechungsgelder; das Geld ging an korrupte Polizisten
statt an ONESIMO!

Von einer Klage gegen den Busverkäufer rät Harry ab: Wir
hätten kaum Erfolg, aber ein langes Verfahren und hohe Kos-

ten. Das Team sucht intensiv nach einer gültigen Streckenlizenz oder nach privaten Fahraufträgen von Schulen und Firmen. Mein Freund, der das Projekt leitet, meinte, das sei machbar. Aber nun hat wegen eines Risses im Maschinenblock auch noch der Motor blockiert, sodass wir einen Austauschmotor kaufen müssen. Alles in allem beträgt der Aufwand bereits 50 000 Franken. Ich bin froh, dass wir für den Bus nur die explizit für den Bus deklarierten Spenden eingesetzt haben. Über das Risiko des Unternehmens hatten wir unsere Spender ja informiert.

Jeder Geschäftsgang sei schwierig, beruhigen mich Freunde. Das Unternehmen werfe zwar keinen Gewinn ab, schaffe

Die Jungs müssen sich die Teilnahme verdienen; sie arbeiten jeden Morgen am Unterhalt und Weiterbau von Camp Rock. Anschließend zeigt sich, wer von ihnen in die Lebensgemeinschaft eintreten kann.

aber doch sechs Arbeitsplätze, die mehrere Familien ernähren. Nun gut, der Projektleiter ist der weitaus kompetenteste unter meinen Filipino-Freunden. Er wird das schon auf die Reihe kriegen.

Aber es gibt auch gute Neuigkeiten: Unser Konzept für eine therapeutische Lebensgemeinschaft nimmt Formen an – gute Formen! Wir sind dabei, eine vergammelte Hütte in ein wohnliches Slum-Haus umzubauen. Das kostet um die 4000 Franken. Dieses ONESIMO-Haus liegt nur ein paar Schritte von unserer eigenen Unterkunft entfernt. Im Obergeschoss nehmen die ursprünglichen Bewohner ihren Platz ein, die Familie Formilleza mit ihrer begabten Tochter Hazel. Im Erdgeschoss wird die Lebensgemeinschaft genügend Raum finden. Das Betreuerteam: Pastor Noel Gabaldon; Franklyn Sarol, ein Zugezogener aus der Bergprovinz Banawe; Willi und Rolly, zwei Teenager aus Frisco, die von Pastor Noel schon seit zwei Jahren begleitet wurden; Williams Ducos, ein bewährter Freizeit-Gruppenleiter von der Müllhalde Payatas. Allesamt Filipino-Singles, die selbst aus zerbrochenen Familienstrukturen kommen, aber bereits ein Maß an Heilung erfahren haben.

ODT nennen wir unser Experiment: ONESIMO Discipleship Training, eine sechs Monate dauernde Lebensschule für Jungs. Beginnen soll sie mit einigen gemeinsamen Tagen in Camp Rock auf Mindoro – zur Festigung der Freundschaft und zum Drogenentzug. Wir nennen es „Workcamp", damit sich nicht die falsche Idee von „Urlaub am Strand" in den Köpfen festsetzt. Die Jungs müssen sich die Teilnahme verdienen; sie werden jeden Morgen am Unterhalt und Weiteraufbau von Camp Rock arbeiten. Im Workcamp wird sich dann zeigen, wer von den 25 Jungs in die Lebensgemeinschaft eintreten kann.

Wir haben Folgendes geplant: Am Anfang steht eine offizielle Begrüßung. Dann stellen wir eine Schachtel auf, wo die Teilnehmer öffentlich oder anonym ihren Stoff, Zigaretten, Messer und andere Waffen abgeben können. Wer danach mit

Drogen oder Waffen erwischt wird oder andere Regeln bricht, wird ohne Verwarnung direkt zum Schiff in Richtung Manila gebracht. Anders wird es nicht gehen.

Die weiteren Regeln sollen nicht minder klar sein: Niemand verlässt das Grundstück außer Sichtweite. Morgens nach dem Frühstück werden Arbeiten im Haus und auf dem Gelände erledigt. Am Nachmittag stehen Spiel, Spaß, Baden, Basketball, Bergsteigen oder Schlafen auf dem Programm. Dazwischen gibt es Essen, so viel man will. Am Abend treffen sich alle zum Singen, Austauschen und Beten. Die Beteiligung am Programm ist verpflichtend. Der Besuch des Workcamps ist freiwillig, aber wer sich entscheidet, daran teilzunehmen, soll auch wirklich teilnehmen.

Am Schluss wird sich zeigen, wer von den Jungs genügend Willen mitbringt, um in unsere therapeutische Lebensgemeinschaft einzutreten – und dort sechs Monate lang Lebensschule und Menschlichkeit zu erfahren, Gottes Liebe zu spüren und Disziplin zu lernen ... ohne Drogen, Alkohol, Nikotin. Den Übergang vom Workcamp ins ONESIMO-Programm werden wir so nahtlos wie möglich gestalten, damit kein Drogenkonsum dazwischenkommt.

Brief aus Manila

6. November 1996 / Alle Taschen sind gepackt, die Kinder schlafen und wir sind bereit, morgen früh nach Manila zurückzufahren. Mit den Kindern und meiner Mutter haben wir eine wunderbare Zeit am Meer verbracht. Chris war zwei Wochen lang voll mit den 25 Jungs beschäftigt, die hier in Camp Rock den Start in ein neues, drogenfreies Leben wagen. Dank der Unterstützung durch meine Mutter konnte ich Chris ganz für diese intensive Zeit freigeben. Übermorgen wird sie in die Schweiz zurückfliegen, in die Kälte!

Nun freue ich mich darauf, nach fast drei Wochen wieder mit Chris zusammen zu sein. Vor ein paar Wochen habe ich endlich wieder Zeit für meine Hobbys gehabt! Ich gehe regelmäßig schwimmen und ich nähe – teilweise einfach für mich, aber einmal pro Woche auch mit Mädchen aus der Nachbarschaft.

Die neun Monate bis zum Heimaturlaub im nächsten Sommer werden jetzt wie im Flug vergehen. Isabel weiß, dass sie bald einmal in die Schweiz reisen und hoffentlich Schnee sehen wird! Wenn sie groß ist, wird Papa sie zum Klettern mit in die Berge nehmen. Sie hat mit meiner Mutter viele neue schweizerdeutsche Wörter gelernt. Trotzdem spricht sie weiterhin und immer fließender Tagalog. Ab und zu – genau im richtigen Moment – sagt sie: „Jä nu!"

Isabel hat viele Freunde, wird von Filipinos verwöhnt und hat im Gegensatz zu den Slumkindern natürlich ein sehr abwechslungsreiches Leben. Blumen liebt sie über alles, Delfine, Trickfilme im Fernsehen, das Malen mit Wasserfarben … Ihre häufigste Frage ist gerade: „Bakit?" Das bedeutet: „warum?" oder „was ist los?" Viele Wörter kennt sie sogar in allen drei Sprachen.

Noel ist jetzt 9 Monate alt. Er hat vier Zähne, die schlimmsten Zahnschmerzen sind vorüber. Er krabbelt recht schnell und beginnt schon, sich hochzuziehen. Dadurch wird es anstrengender mit ihm.

Liebe Grüße, Christine

Das Workcamp ist überstanden. Happig. Es war eine unheimlich wilde Bande von 25 Teenagern und jungen Erwachsenen aus verschiedenen (zum Teil verfeindeten) Straßengangs. Am Anfang hatte ich ständig das Gefühl, auf einer scharfen Bombe zu sitzen! Ohne knallhartes Durchsetzen der Regeln hätten wir Leiter keine Chance gehabt.

Als sinnvoll hat es sich erwiesen, einigen Jungs erst einmal drei Tage Zeit zu geben, bis sie wirklich an allen Aktivitäten teilnahmen. Solche Ausnahmen geschahen aus Rücksicht auf die Schwerabhängigen, die zu Beginn oft unter Kopfschmerzen, Unwohlsein und Antriebslosigkeit litten. Medikamente gegen die Nebenwirkungen des Entzugs gab es genau zwei: Kopfwehpillen sowie Gespräche und Gebete mit den Leitern.

Jeder von uns acht Mitarbeitern hatte drei Teilnehmer zu betreuen, und das war eine sehr ernste Verantwortung mit klaren Abmachungen. Dazu gehörten beispielsweise ein tägliches Fürbittegebet und mindestens ein persönliches Gespräch mit jedem Einzelnen. Dazu kam der Anspruch, die Jungs ständig im Auge zu behalten. Wichtig war uns die körperliche Arbeit am Vormittag: Die Teilnehmer sollten lernen, dass Mühe und Anstrengung sich lohnen und Befriedigung verschaffen.

Die Abende waren sehr bewegend: Wir motivierten die Jungs, aus ihrem Leben zu erzählen. Wer das nicht schaffte, konnte auch seine Lebenslinie zeichnen und mit Symbolen und Zeichen versehen, die spezielle Ereignisse oder Stimmungen veranschaulichten. Es war erstaunlich, wie diese harten Kerle sich im Rahmen der geschützten Gruppe öffneten. Nicht selten erzählten sie unter Tränen ihre Geschichte. Und immer wieder war es dann das laut gesprochene und individuell ausgerichtete Gebet, das diese Zeit in einen heiligen Moment verwandelte. Noch Wochen später berichteten einige Jungs, sie seien in diesem Moment Jesus beziehungsweise Gott begegnet und hätten eine nie gekannte innere Kraft gespürt.

Ein Höhepunkt des Workcamps war die zweitägige Besteigung des Malasimbo, eines von überall sichtbaren, markanten Berges, der vom letzten bisschen Regenwald der Insel bedeckt wird. Vor allem die Übernachtung im Freien unter einem tropisch hellen Sternenhimmel mitsamt vorherigem Lagerfeuer war ein überwältigendes Naturerlebnis und gab den Teilnehmern nochmals Gelegenheit, ihr Leben anderen gegenüber zu öffnen.

Die Bilanz des Workcamps: Vier Jungs mussten wegen Disziplinproblemen frühzeitig nach Hause geschickt werden. Einmal war es ein gefährlicher Streit ohne Aussicht auf Versöhnung, ein andermal schlicht wiederholter Zigarettenkonsum. Von den 21 Jungs, die das Workcamp beendeten, haben wir nun 9 in unsere Lebensgemeinschaft in Frisco aufgenommen. Darunter sind unsere 7 Jungs aus dem Müllbergslum Payatas, dazu ein Junge aus Potrero und ein weiterer aus dem Armenviertel Paho. Sie sind genügend motiviert, ihr Verlangen nach Veränderung am ehrlichsten. Die übrigen 12 haben wir ermutigt, uns in Manila weiter zu besuchen und, wenn nötig und möglich, vielleicht später ins ONESIMO-Programm einzusteigen.

Nun sind unsere Schützlinge ins ONESIMO-Haus eingezogen und wir werden versuchen, diese Lebensgemeinschaft so gut wie möglich zu verankern. Ich bin nicht nur dankbar für das gute Team, sondern auch dafür, dass wir inzwischen wieder offizielle Vollmitglieder der SERVANTS in Manila sind. Das hat zwei Hauptgründe: Zum einen wurde die neuseeländische Teamleiterin, die ein wichtiger Faktor für unseren Rausschmiss war, nach Hause geschickt. Zum andern standen Charles und Rita Ringma, die Hauseltern des SERVANTS-Hauses, entschlossen und energisch für uns ein, flogen sogar nach Basel und besprachen sich mit den Leitern von SERVANTS Switzerland, Stephan und Monika Thiel. Sie überzeugten auch das internationale Leitungsteam davon, uns wieder aufzunehmen. So sind wir nun wieder SERVANTS, auch wenn wir für die Projekte weiterhin dem Vorstand von ONESIMO Rechenschaft schuldig sind. Wir sind froh über unseren geistlichen Rückhalt im SERVANTS-Team von Manila.

Gemeinsam leben lernen

Camp Rock ist wohnlich geworden. Das Haus ist renoviert, Wasser- und Stromleitungen sind gelegt, ein solides Wachhäuschen ist gebaut. Für dieses Jahr haben wir schon eine Serie einwöchiger Camps für Teenager aus zehn Slums geplant. Sie dürften ein Schwerpunkt in unserer Jugendarbeit werden. Vorab wollen wir jeweils junge Leute so weit schulen, dass sie als Kleingruppenleiter mitarbeiten können. Vielleicht können wir auch unsere ONESIMO-Lebensschüler in der Logistik oder sogar als Kleingruppenleiter einsetzen. In all dem profitieren wir von unserer eigenen jahrelangen Erfahrung im CVJM in der Schweiz und von einem bemerkenswerten Konzept einer christlichen Jugendarbeit in Neuseeland. Die Module des Programms sollen junge Menschen ermächtigen, nicht nur einfach zu konsumieren, sondern selber Akteure zu sein.

Unsere therapeutische Lebensgemeinschaft ist gleichermaßen herausfordernd wie ermutigend. Die neun Teenager und vier Mitarbeiter sind alle noch voll mit dabei. Oft genug zittern und bangen wir um Einzelne, wenn sie ohne äußeren Anlass plötzlich ausrasten, den Druck der Disziplin und Verbindlichkeit nicht mehr aushalten und ausreißen wollen. Unsere Mitarbeiter bringen wenig Erfahrung mit und sind darauf angewiesen, von mir zu lernen, wie man bei Auseinandersetzungen einschreitet und durchgreift (wobei meine Schweizer Art und Weise hier natürlich sehr forsch ankommt). Schon mehrmals haben sich Teilnehmer oder Mitarbeiter von mir verletzt gefühlt. Mich nachher vor allen dafür zu entschuldigen, tut mir aber gut.

Der Tag in der Lebensgemeinschaft ist klar strukturiert: Morgenandacht, Frühstück, Sport, Aufräumen, Waschen, Wasser holen, Einkaufen, Kochen, Essen, Siesta. Am Nachmittag gibt es entweder eine freiwillige Arbeit in der Nachbarschaft, die Vorbereitung für einen Abendeinsatz auf der Straße oder Lesen, Schreiben und Rechnen mit einer Lehrerin, die zu uns kommt. Nach dem Abendessen besuchen wir Kinder und Jugendliche auf der Straße, meistens bewaffnet mit Sandwiches, Fruchtsaft und Gitarre. Oder wir schauen TV oder spielen. Ab und zu organisieren wir einen Kinobesuch. Das Leben in der Gemeinschaft ist kostenlos. Allerdings muss jeder bei allen Arbeiten mithelfen; Taschengeld gibt es keines.

Vor dem Schlafengehen gibt es immer eine „Abendrunde" mit gemeinsamem Gebet füreinander. Hier lernen wir zu reflektieren und bewusst zu leben, statt gelebt zu werden. Zu besprechen gibt es viel – unser Haus ist eng, Konflikte sind unausweichlich. In der Runde können wir Auseinandersetzungen verbal statt mit Fäusten austragen. Mehr als einmal ist es tagsüber schon zum Streit gekommen und dann wurde reflexartig zum Küchenmesser gegriffen. Am Abend können wir dann bewusst und für alle sichtbar Versöhnung praktizieren – immer wieder. Diese Abendrunden sind verbindlich und wohl eines der wichtigsten Elemente in der Rehabilitation der jungen Menschen. Es gibt sehr emotionale Momente, in denen wir Gottes Gegenwart spüren und eine Ruhe sich über uns legt, die mich persönlich fast immer in einen friedlichen Schlaf begleitet.

Das Gewaltpotenzial unter den Jungen kommt manchmal völlig überraschend zum Vorschein. Einmal wollten wir nach einem gemeinsamen Kinobesuch in einem geliehenen Minivan nach Hause, kamen aber nicht aus der Ausfahrt, weil ein Bus sie versperrte. Alles Hupen brachte nichts, der Fahrer wartete seelenruhig auf Passagiere. Nach einigen Minuten geduldigen Wartens schrie ich dem Fahrer zu, er solle endlich die Straße frei machen. Keine Reaktion. Plötzlich sprangen bei unserem Van alle Türen auf, und meine ONESIMO-Boys rannten mit Stahlschlüssel, Wagenheber und anderen Schlaginstrumenten bewaffnet zum Bus. Mir lief es heiß und kalt den Rücken hinunter. Ich rannte hinterher und brüllte sie zurück. Vom Lärm angezogen, stand auch gleich die Polizei da. Irgendwie gelang es mir, die Gesetzeshüter zu beschwichtigen und meine Mannschaft zurück in unseren Van zu bekommen, wo ich sie zusammenstauchte. In jener Abendrunde gab es einiges zu besprechen.

Als zentral hat sich unser Body-Body-System erwiesen: Niemand darf sich alleine vom Haus entfernen. Immer ist ein Mitarbeiter oder ein anderer Teilnehmer dabei. So unterstützen sich die Jungs gegenseitig, um nicht wieder zu kippen, denn Drogen, Alkohol und Mädchen sind im Slum leicht zu haben. Unterstützung und Transparenz sind wichtig.

Vor Kurzem haben wir beschlossen, dass die Jungs einmal pro Woche ihre Familie und Freunde besuchen dürfen, natürlich in Begleitung eines Mitarbeiters. Wenn ein Junge wieder einmal das Gefühl hat, das Leben mit ONESIMO bestehe nur aus Verzicht und Verzicht und Verzicht, dann tut ein Blick in die Realität der andern gut. So etwas rückt den Gewinn, den sie durch die Lebensschulung erhalten, wieder ins rechte Licht.

Zweimal pro Woche sind alle Jungs in unserem Häuschen zu einer gemeinsamen Mahlzeit eingeladen. Isabel und Noel sorgen für viel Spaß und Gelächter, und wir alle genießen diese

Mahlzeiten sehr. Als Menschen, die selber von Gott Heilung erfahren, lassen wir uns gleichzeitig gebrauchen, Heilung weiterzugeben.

Vor einigen Wochen verbrachten wir als Mitarbeiter und Teilnehmer eine Nacht außerhalb der Stadt. Als wir am Abend mit Beten und Singen begannen, wurden wir überrascht von einer ungewöhnlich starken Gefühlswelle, die uns alle spontan ergriff und zum Weinen brachte. Es war eine Mischung aus Trauer über Schuld und eigenes Versagen und die Wucht der Erkenntnis, dass Gott uns bedingungslos liebt.

In einer unserer Mitarbeiterrunden erzählte ich den andern von meinem Traum, einer Art Gütergemeinschaft: Leben wie die ersten Christen, alle aus einer Kasse, darauf vertrauend, dass es für die Bedürfnisse aller ausreichen wird.

Die Augenbrauen gingen in die Höhe, viele runzelten die Stirn – und in der nächsten Runde erklärten sic mir den Haken an der Idee: Für sie als arme Filipinos sei es schon unmöglich, ihre eigenen Bedürfnisse gegenüber den Bedürfnissen von Verwandten und Freunden abzugrenzen. Ihr Leben sei verstrickt in familiäre und anderweitige Beziehungen, und sie seien verpflichtet, mit ihrem Einkommen allen zu helfen, wenn Not vorhanden ist. Sie hätten lieber einen selbst verdienten Lohn zur eigenen Verwendung. Damit würde auch einer langfristigen Abhängigkeit an ONESIMO entgegengewirkt.

Diese Haltung entsprach eindeutig den Vorstellungen unseres philippinischen Vorstandes, der bereits eine Lohnskala für ONESIMO-Mitarbeiter festgelegt hatte. Somit war meine Idee vom Tisch. Ich finde es schade, aber in Ordnung. Wir führen eine Beziehung auf Augenhöhe. Es gibt bereits genug Projekte und Gemeinden mit einem unschönen Gefälle zwischen *bestimmenden* ausländischen Leitern und *ausführenden* Einheimischen.

Zwei Busse, ein Albtraum

Ich könnte den ganzen Bettel hinschmeißen. Es ist nur noch zum Heulen! Was ist passiert?

Wir schreiben bereits Anfang März – und das Busprojekt hat immer noch keine Gewinne für ONESIMO erbracht. Daraufhin verlange ich von meinem geschäftsführenden Freund klare Zahlen – und tatsächlich: kein Gewinn ausgewiesen. Mein Freund windet sich und spricht von vielen unerwarteten Auslagen wie beispielsweise einem Unfall. „Was für ein Unfall?", will ich wissen. Ein kleines Kind habe sich von der Mutter losgerissen, sagt er, sei von unserem Bus erfasst worden und ums Leben gekommen. In einem solchen Fall bezahlt das Unternehmen hierzulande der Familie ein Schmerzensgeld von 15 000 Pesos, selbst wenn den Fahrer keine Schuld trifft.

Ich bin entsetzt, allein schon deshalb, weil ich von dem schrecklichen Vorfall nichts erfahren habe. Ich frage meinen Freund, wer denn unser unglücklicher Fahrer sei. Er nennt mir den Namen, es ist einer seiner Freunde. Ich kenne ihn aus der Nachbarschaft, er ist ein notorischer Alkoholiker und ehemaliger Krimineller, bei dem ich nie ganz sicher war, ob das „ehemalig" wirklich gilt.

Nun explodiere ich. „Wie konntest du nur so eine schlechte Wahl treffen und mir die wahrscheinlichen Folgen davon verheimlichen?", brülle ich meinen Freund an.

„Er hat dreißig Jahre Erfahrung als Chauffeur", verteidigt sich dieser, „er ist der Vater eines ONESIMO-Mitarbeiters, und ich wollte ihm helfen ..."

Tags darauf kommt Pastor Noel verzweifelt zu mir und sagt, er habe aus zuverlässigen Quellen erfahren, dass unser Freund und Geschäftsführer sich schon vor längerer Zeit einen Bus zugelegt habe und diesen auch erfolgreich betreibe – in seine eigene private Kasse. Wir machen uns unseren Reim: Der Preis des zweiten ONESIMO-Busses hat vermutlich ausgereicht für zwei Busse. Das erschlägt mich beinahe. Ich kenne den Mann seit Jahren. Er hat als einer der Einzigen in meinem Umfeld einen Hochschulabschluss, er ist vielseitig begabt und vertrauenswürdig. Wäre es anders gewesen, hätte ich ihm unsere Idee ja nicht anvertraut.

Am gleichen Abend noch stelle ich ihn unter vier Augen zur Rede. Er streitet alles ab; das sei pure Verleumdung, Noel sei doch nur eifersüchtig. Im Gespräch wird mir aber auf einen Schlag klar, dass ich nicht nur meinen Freund vor mir habe, sondern auch einen Betrüger. Und mir wird klar, dass ich ihn durch mein Vertrauen wohl überhaupt erst in Versuchung gebracht habe, zu betrügen … Er als Slumbewohner ist wohl auch ein Opfer seiner Träume von einem besseren Leben geworden. Ich hätte auf Christine hören sollen, die mich ein paarmal warnte, dieser Mitarbeiter habe ihrer Meinung nach Probleme mit der Wahrheit. Ich habe daraufhin immer erklärt, das seien nur kulturelle Unterschiede bezüglich unserer Wertmaßstäbe.

Am späten Abend rufe ich Harry Roque an, der ja auch im Vorstand ist. Am nächsten Tag treffen wir uns alle. Der Vorstand weist mich einstimmig an, mich von jetzt an aus dieser Sache herauszuhalten. Ich stände dem Geschäftsführer schlicht zu nahe, um objektiv bleiben zu können. Jetzt brauche man nüchterne Köpfe. Sie würden die Sache aufklären und die nötigen Schritte einleiten.

Die Erschütterung geht tief. Dieser Mann hat nicht nur mich persönlich verletzt, sondern er hat ONESIMO verraten, ja eigentlich alles, wofür wir stehen und was wir wollen.

Frisco, 21. März 1997 / Ihr Lieben, wir haben eine schwierige Zeit hinter uns. Der Vertrauensbruch unseres Freundes ist vor allem für Chris hart zu verkraften. Pastor Noel und Franklin mussten jetzt voll ins Busgeschäft einsteigen, um die Sache zu retten. Dadurch fallen sie für die kommenden Camps aus. Aber Gott sorgt auch dafür. Für verschiedene Camps haben wir schon andere Mitarbeiter gefunden.

Wir hoffen, dass unser Leben Ende April wieder normal wird. Trotz allem Druck, der auf uns lastet, und trotz der nie endenden Arbeit ist Chris stark. Ich kann mir fast nicht vorstellen, wie er alles tragen kann, ohne dabei sehr gereizt oder nervös zu sein. In unserer Beziehung erleben wir Gottes Gnade und Hilfe. In allem halten wir zusammen und versuchen, einander zu tragen. Ein großes Geschenk! Isabel, Noel, Ron und Jessica machen alles super mit. Noel fühlt sich inmitten der vielen Jugendlichen und Kinder pudelwohl.

Mit Isabel zusammen habe ich vor zwei Tagen eine private philippinische Vorschule angesehen. Nach unserer Rückkehr vom Heimaturlaub kann sie vielleicht dort eingeschult werden. Sie sagt nun fast jeden Tag, sie möchte in die Vorschule gehen.

Herzlich, Christine

Wege in die Arbeitswelt

Camp Rock läuft unglaublich gut. Das Haus wird von verschiedenen Gruppen genutzt, die unter Armen arbeiten. Wir selbst haben darin eine Leiterschulung mit 60 motivierten Teilnehmern sowie vier Sommerfreizeiten mit insgesamt 350 Kindern aus 13 Slums durchgeführt. Auch jetzt noch, Wochen später, bekommen wir ermutigende Rückmeldungen von Gruppen und Gemeinden über die positive Veränderung im Leben junger Menschen.

Auch die neun Jungs unserer therapeutischen Lebensgemeinschaft haben bei den Camps tüchtig mitgeholfen. Sie haben die ersten sechs Monate ihres Rehabilitationsprogramms hinter sich, und keiner ist ausgestiegen.

„Das hat es noch nie gegeben", lautet der überschwängliche Kommentar von Charles Ringma. Er muss es wissen, schließlich hat er sein halbes Leben mit der Rehabilitierung drogenkranker Jugendlicher verbracht.

Schwieriger verläuft bisher der Weg unserer Jungs in die Arbeitswelt. In aufwendiger Arbeit haben wir jedem Einzelnen alle notwendigen Papiere für die Jobsuche besorgt, Ausweise der Einwohnerkontrolle, Arztzeugnisse, Leumundszeugnis und dergleichen. Natürlich können und wollen sie ihren Hintergrund als Ex-Süchtige und Straßenkinder nicht verbergen. Ihre Gesichter und teilweise ihre Tätowierungen sprechen sowieso Klartext. In Rollenspielen probten wir Einstellungsgespräche, damit sie wussten, was auf sie wartet. Wochenlang machten sich unsere Jungs täglich auf den Weg, um eine Arbeit zu finden. Am Abend kamen sie müde und frustriert zurück. Ein Bild des Jammers!

Eines Tages begaben sich daraufhin Pastor Noel und ich auf Arbeitssuche. Wir sprachen mit zehn Personalchefs und empfahlen ihnen unsere fleißigen und hoch motivierten jungen

Männer. Bei eventuellen Problemen würde unsere Stiftung die Verantwortung übernehmen, versprachen wir. Wir erhielten sieben teils verärgerte, teils freundliche Absagen. Die drei übrigen vertrösteten uns auf einen späteren Termin. Noel und ich kamen dann ebenso müde, frustriert und gekränkt nach Hause wie die Jungs. So fühlt es sich also an, wenn man nicht gewollt wird. Sehr demütigend.

Kurz darauf stellte eine Coca-Cola-Fabrik gleich unsere ganze Gruppe ein. Super! Am ersten Arbeitstag gab es buchstäblich keinen Feierabend: Unsere Jungs sollten bis tief in die Nacht Kisten schleppen, ohne spezielle Vergütung. Die Vorarbeiter verdienten an jeder Kiste, wie man sich zusammenreimen konnte. Bereits am zweiten Tag brachen wir die Übung ab.

Wenige Wochen später kam die Wende, und gleich auf mehreren Gebieten. Es gelang uns, den älteren unserer zwei Busse zu verkaufen. Mit dem Erlös konnten wir nicht nur den neuen Bus, der erstaunlich gut lief, komplett abzahlen, sondern dazu noch zwei Häuser im Müllslum Payatas erstehen. In einem von ihnen betreiben jetzt drei unserer Boys zusammen mit unseren Mitarbeitern Arnold und Williams eine kleine Reifenreparatur- und Schweißwerkstatt sowie eine kleine Schweinezucht. Eine künftige Muttersau wird fleißig mit Essensresten von der Müllhalde gefüttert. Im anderen Haus leitet Pastor Jun Arizala unsere neue zweite ONESIMO-Hausgemeinschaft.

Für zwei weitere Jungs haben wir in Frisco eine Sandalenwerkstatt eingerichtet. Ihr Lehrmeister ist mein alter Freund und Ex-Gangster Raol aus Potrero. Zwei andere Schützlinge wurden doch noch in einer Fabrik eingestellt. Steban, der ehemalige Chef der Payatas-Gruppe, hat eine Ausbildung zum Automechaniker begonnen. Mit zwei Ausnahmen leben alle weiter in unseren Lebensgemeinschaften.

Relativ unverhofft sind wir inzwischen sogar zu einer dritten Gemeinschaft gekommen: Joshua Palma hatte mit 60 Kindern aus den improvisierten Unterkünften der vertriebenen Müllsammler an einer Freizeit in Camp Rock teilgenommen. Seither traf sich eine Kerngruppe von etwa 15 Jugendlichen täglich bei ihm zum Reden, Beten, Bibellesen und Essen. Joshua bat uns, ihn zu unterstützen – und so haben wir jetzt im größten Slum Manilas, in Tondo, unsere Lebensgemeinschaft Nummer drei, mit Joshua als Hausvater.

Mit meinem beim Busunternehmen geschäftsführenden „Freund" hatten wir in den letzten Wochen mehrere Gespräche. Dabei kamen weitere unschöne Geschichten zutage. Er stritt immer alles ab, bis man ihm etwas beweisen konnte, dann heulte er und bat um Vergebung. Er ging aber erst, als unser Anwalt Harry ihm mit Anzeige und Gefängnis drohte. Ich war selten so traurig in meinem Leben. Ich bin Christine, dem Vorstand, allen Freunden und besonders unserem ehrlichen und gewissenhaften Noel Gabaldon so unendlich dankbar für ihr Verständnis und ihre Unterstützung in dieser Zeit. Verraten zu werden ist etwas vom Schlimmsten.

Drei Wochen später sitzen wir auf den harten Holzbänken der kleinen Kapelle in Frisco und hören mit wässrigen Augen unsere Freunde ein Abschiedslied singen. In wenigen Tagen geht es nach knapp drei Jahren im Slum für sechs Monate in die Schweiz zurück. So viele Freunde sitzen hier, so viele gute Entwicklungen und Geschichten!

Ron und Jessica hierzulassen, die ja nun lange mit uns gewohnt haben, ist wie eine Trennung innerhalb der Familie. Noel und Isabel werden sie sehr vermissen. „Keine Angst", sagt Isabel, „wir kommen bald zurück und bringen euch Blumen und Schnee mit."

Briefe aus Manila

Januar 1998 / Ein wunderschönes halbes Jahr Schweiz liegt hinter uns. Schweizer Berge, Schweizer Annehmlichkeiten, Herbstwälder. Zugleich überwältigendes Interesse und Unterstützung für unsere Arbeit. Nicht nur von unseren Familien und Freunden, sondern auch von vielen Kirchengemeinden, Jugendgruppen, Hauskreisen, in denen wir berichten durften.

Während der ganzen sechs Monate haben uns die Nachrichten von Pastor Noel und Pastor Joshua aus Tondo, Frisco und Payatas froh gestimmt. Unsere Mitarbeiter haben trotz unserer Abwesenheit die Leiterschulung für die großen Sommerfreizeiten im März/April durchgeführt. Riesig! Ein Beweis für Gottvertrauen, Selbstvertrauen und Initiative, also Werte, die wir durch unser Beispiel und anhand der Bibel weiterzugeben versuchen.

Unser „kleiner Filipino" Noel war zum ersten Mal in der Schweiz! Wir hoffen, dass die Kinder die Rückkehr ins Slumleben wieder einigermaßen schaffen. In einem halben Jahr soll Isabel in die Vorschule eintreten – in den Philippinen fängt das Lesen und Schreiben schon mit vier oder fünf Jahren an.

Nach der Landung auf dem Ninoy Aquino International Airport umfängt mich der vertraute Geruch Manilas. Beim Zoll ist definitiv Schluss mit der westlichen Effizienz, alles wird wieder kompliziert und schikanös. Erst schimpfe ich. Ich muss mir erst wieder in Erinnerung rufen, dass all die Hindernisse ihren Grund haben, dass viele Menschen hier jeden Tag ums Überleben kämpfen. Und dass es eigentlich doch erstaunlich ist, wie viel trotzdem klappt.

Lärm, Schmutz, Gestank und Hitze dieser Riesenstadt versetzen mich in einen Schockzustand. Hierher bin ich freiwillig zurückgekommen? In meiner Erinnerung war vieles positiver und schöner. Die ersten Tage im SERVANTS-Haus fühle ich mich wie gelähmt.

Ein Lichtblick sind unsere Besuche in den Gemeinschaften in Frisco und Tondo. Die größte Neuigkeit aber wartet noch auf uns: Die Mitarbeiter finden, wir würden in Payatas, beim zweiten Trainingscenter von ONESIMO, mehr gebraucht als in Frisco. Das Ganze klingt für Chris und mich überzeugend, aber dorthinzuziehen, ist auch für Slumfamilien eine Zumutung. Wir diskutieren, beten … und freunden uns langsam mit dem Gedanken an.

Manila, 5. März 1998 / *Morgen ziehen wir endlich in ein Häuschen in Payatas um. Etwa vier mal vier Meter ist der Grundriss, mit zwei Stockwerken. Oben haben wir aus dieser Fläche drei (!) Zimmerchen gemacht, wo wir und die Kinder schlafen. Im unteren Stock ist die Küche, mit Esstisch, Kühlschrank und einem Liegebett für Besuch. Im WC/Bad kann man sich kaum umdrehen. Vor dem Häuschen haben wir eine kleine geschlossene Veranda und einen Jackfruit-Baum, der Schatten spendet. Neben der Küche, von der eine Tür nach außen führt, liegen unsere offenen Schweineställe. Im Haus nebenan (ca. ein Meter Abstand) wohnt eine Gruppe von ONESIMO-Boys.*

Ich freue mich sehr, bin mir aber bewusst, dass wir in Payatas weit weg von der Innenstadt und von allen anderen Missionaren leben werden. Langeweile wird also ein Thema sein. Zwei, drei Häuser weiter gibt es eine kleine Basiskirche und einen Slum-Kindergarten. Etwa 100 Meter von unserem Haus beginnt der riesige Abfallberg von Payatas.

Letzte Woche hat jemand auf dem Abfallberg, fast vor unserer Hütte, 12 Container mit hochgiftiger Substanz abgeladen. Unsere Boys mussten alle Fenster schließen. Dann hat die Polizei eingegriffen und das Ganze beseitigt. Ich will ja nicht wissen, wo das Zeug dann gelandet ist – aber es hat in den Zeitungen Schlagzeilen gemacht. *Alles Liebe, Christine*

Die Aasgeier von Payatas

„Daran erkennt ihr den Retter der Welt: Er liegt eingewickelt in Windeln in einem Futtertrog für Tiere …" lese ich im Lukasevangelium. Der groteske Satz passt gut in diese Müllhaldensiedlung.

Ab vier Uhr morgens starten immer wieder mit lautem Aufheulen die Dieselmotoren der Lkws und entladen ihre schmutzigen Auspuffrohre direkt auf unser Häuschen. Aber was soll's. Dreht der Wind von der Müllhalde in unsere Richtung, werden wir ohnehin vom süßlich-fauligen Abfallgeruch eingenebelt. Neulich sind Christine und ich gleichzeitig aufgewacht. Es stank fürchterlich. Zuerst spürten wir nur ein Beißen im Hals, dann kämpften wir gegen Übelkeit. Hoffentlich haben diese Rauchwolken keine ernsthaften gesundheitlichen Folgen.

Unser neuer Wohnort bleibt eine Herausforderung. Isabel weint manchmal abends, weil sie ihre Cousins und Freunde in der Schweiz vermisst; außerdem würde sie jetzt von den andern ausgelacht, weil sie kein Tagalog mehr spreche, klagt sie. Noel muss außerhalb des Hauses ständig bewacht werden, weil der Kinderspielplatz auf einer mit Abfall und Glasscherben übersäten Wiese liegt.

Aber komisch, trotz allem fühlen wir uns langsam wohl hier. Wenn der Wind aus der „guten Richtung" bläst, also vom Naturschutzgebiet her, wo der Stausee mit dem Trinkwasserreservoir von Manila liegt, empfinden wir das Klima als erträglicher als im Frisco Innercity-Slum. Payatas ist eine sogenannte „Shantytown", eine sehr große Slumsiedlung aus einzelnen Hütten am Stadtrand, mit vielen Bäumen. Wir haben sogar Aussicht auf die nahen Hügel von Montalban, der angrenzenden Provinz. Aber eben: die Müllhalde!

Heute begleite ich die Frühschicht zum Müllsammeln. Um

fünf Uhr morgens zottle ich hinter Michael D. und Steban den Müllberg hinauf, Gummistiefel an den Füßen und in der Hand eine Stahlahle mit Haken. Meine erste Erfahrung als „Aasgeier". Ein früher Aufbruch, wenn es noch fast dunkel ist, das kenne ich von Bergtouren aus der Schweiz. Nur sind es dort andere Berge …

Ich versuche so zu tun, als wäre dieses Stolpern durch den Abfall das Normalste der Welt. Es sind ja noch ein paar Hundert andere, die sich dieser widerlichen, menschenunwürdigen Arbeit hingeben. In meinem Fall geht es ja nur um Futter für unsere Mastschweine; da reichen täglich zwei bis drei Stunden am frühen Morgen. Die meisten anderen müssen den ganzen Tag und manchmal auch nachts mit Stirnlampen im beißenden Gestank herumstiefeln.

Zu Beginn stehe ich etwas hilflos herum und lasse mich von den Leuten angrinsen. Ich lächle halt zurück. Die mustern mich und fragen sich, was denn dieser Americano hier verloren hat. Dann wenden sie sich aber wieder dem Abfall zu.

Michael und Steban haben eine Art Riecher dafür entwickelt, wo die besten Essensreste zu finden sind. Das Ekelhafte besteht nach dem Aufreißen der Säcke darin, durch die stinkenden Abfälle zu wühlen – mit bloßen Händen, weil man sonst kein richtiges „Gefühl" hat. Aluminiumbeschichtetes Papier oder Plastik würde unseren Ferkeln nämlich nicht gut bekommen. Dabei stößt man natürlich laufend auf schmierige Dinge wie kotgefüllte Windeln, verfaulte Ratten, Stuhlgang pur, verpackt in Papier oder Plastiksäckchen. Achtzig Prozent der Armen in Payatas besitzen kein eigenes WC. Ihre Alternative: Zeitung oder Plastiksack. Verwesungsgerüche verfaulter Innereien verschlagen einem fast den Atem. Die sind vor allem in den Säcken vom Markt zu finden, aus denen man sonst noch recht gut erhaltenes Gemüse herausfischen kann.

Dabei muss man jedoch aufpassen, dass man nicht unversehens in einem Haufen wühlt, der schon einem Obermüllsammler gehört. Die Marktwirtschaft hier hat nämlich ihre eigenen Gesetze. Wenn jemand etwas Geld hat, kauft er vom Müllhaldensyndikat eine ganze Lastwagenladung. Will ich dann in diesem Haufen herumwühlen, muss ich kurz mit dem neuen Eigentümer einen Deal eingehen. Das entspricht offensichtlich der Methode von Michael und Steban: Während sie fleißig nach altem Essen Ausschau halten, sammeln sie nebenbei Glas, Aluminium und guten Plastik in einem separaten Korb. Mit dem bezahlen sie beim „Eigentümer" des Haufens quasi ihre Schürfrechte.

Zum Glück erbarmt sich eine lustige Frau meiner und erklärt mir, was sich für Schweine eignet und wie ich am besten vorgehe. Dann ein fröhlicher Aufschrei: „Oh, das ist der Lastwagen vom Hilton Hotel. Da ist gutes Essen drin!" Und weg ist sie.

Um fünf Uhr morgens zottle ich den Müllberg hinauf, Gummistiefel an den Füßen und in der Hand eine Stahlahle mit Haken. Meine erste Erfahrung als „Aasgeier".

Es sind vor allem Kinder, Teenager und betagte Menschen, die hier sammeln. Auch einige recht gepflegte Mütter und rüstige Männer aus unserer Nachbarschaft treffe ich an. Und Ate Viki, die Frau des Pastors der kleinen christlichen Gemeinde nebenan. Ich stelle mir vor, wie reiche Christen in klimatisierten teuren Stilbauten mit modernsten Musikanlagen den Herrn loben, während Glaubensgeschwister in der gleichen Stadt täglich im Abfall wühlen, um zu überleben. Der Stall von Bethlehem war wohl nicht klimatisiert …

Auf diesem Heimweg entdecke ich in einem offen stehenden Hüttchen einen Kindersarg. Ein alltägliches Bild – 50 Prozent der Kinder hier sind fehl- oder unterernährt. Ich halte kurz inne, blicke mich um und sehe in die traurigen Augen eines hübschen, schon etwas größeren Teenagermädchens. „Im Sarg liegt mein Brüderchen, es ist erst 6 Monate alt", beantwortet sie meinen fragenden Blick.

Am Abend besuche ich die Familie noch einmal. Marisa, die ausgemergelte Mutter mit verlebtem Gesicht, erklärt mir, dass der Vater betrunken sei. Alles sei so schwer, sagt sie. Es sei das achte Kind gewesen. Es hatte Asthma. Aber ihr ältester Sohn sei auch schon in einem Unfall gestorben. „Schau ihn dir an", fordert sie mich auf, „er schläft so friedlich."

„Nanay", stammle ich etwas umständlich, „euer Schicksal bewegt mich sehr. Ich bin selber Vater von kleinen Kindern. Ich möchte dir mein Beileid aussprechen." Dann lege ich etwas Geld in die leere Konservendose, die als Sammelbüchse traditionsgemäß neben der kleinen Leiche steht. Die Beerdigungskosten belaufen sich auf etwa 6000 Pesos, für diese Menschen ein kleines Vermögen. Die Teufelsspirale von Verschuldung und Elend dreht sich weiter. Der müden Mutter spreche ich leise den Segen Gottes zu. Mehr habe ich nicht und es wäre zu diesem Zeitpunkt vielleicht auch unangebracht.

Manila, 31. März 1998 / Gestern wurde der Brunnen vor dem Haus fertig. Fünf bis sechs Männer bohrten mit einfachsten Mitteln in drei Wochen ein 40 Meter tiefes Loch. Nun wird mit einer Pumpe das Wasser hochgeholt. Bis jetzt hatten wir nur braunes Wasser vom alten Brunnen in der Nachbarschaft. Da der neue Brunnen direkt neben dem Haus steht, müssen wir jetzt nicht mehr kesselweise Wasser ins Haus schleppen, sondern können die große Plastiktonne im WC mit einem Schlauch auffüllen. Super!

In Payatas sind wir bei allen im Gespräch. Wir sind unter den 300 000 Bewohnern vermutlich die einzigen Ausländer. Wir haben zwar schon einige neue Freunde gewonnen, aber noch immer empfinde ich das Leben als Über-Leben und fühle mich oft verunsichert und bedroht. Und doch kehrt langsam die Überzeugung zurück, dass es wichtig ist, gerade hier zu sein. Immer wieder erlebe ich auch die Filipinos, ob Arm oder Reich, als enorm hilfsbereit und großzügig. Davon möchte ich mich neu anstecken lassen und im Kleinen, meinen Möglichkeiten entsprechend, für andere Menschen da sein, wie Jesus es mir aufgetragen hat.

Schwimmen gehen wir jede Woche in einem Pool, der zirka eine halbe Stunde von hier entfernt liegt. Ich suche mir dazu einen Jugendlichen aus der Gegend, der mich und die Kinder mit einem Motorrad mit Seitenwagen hinfährt. Jedes Mal ein Abenteuer!

In Liebe, Eure Christine

Ein Oster-Erlebnis

Vor gut vier Wochen bekamen wir überraschend Besuch aus Indien: Mercy und Wolfgang Simson mit ihren zwei Kindern verbrachten eine Woche Ferien an „unserem" Strand in Camp Rock. Wolfgang stammt ursprünglich aus derselben Kirchengemeinde in Basel (EGB) wie wir. Er arbeitet für die DAWN-Bewegegung („Discipling A Whole Nation") und bereist als Missionar und Networker den Mittleren Osten, Asien und Europa. Für uns war es eine schöne Überraschung, so plötzlich vertraute Freunde bei uns zu haben.

Wolfgang berichtete in seiner begeisternden Art von einer neuen Gründungswelle von Hauskirchen: „Kleine, von Laien geführte Nachbarschaftskirchen, die sich teilen, sobald sie gegen 20 Teilnehmer zählen. Kein Aufwand mehr mit theologischen Ausbildungsstätten, Bauprojekten, Gesangsanlagen und komplizierten Leiterschaftsstrukturen – einfach Menschen, die täglich ihr ganzes Leben teilen und damit Gott anbeten – eine Art Wiederbelebung der frühen Kirche in der Zeit vor Kaiser Konstantin!"

Ich hörte Wolfgang nur mit einem Ohr zu, denn ich war in jener Woche in Camp Rock intensiv damit beschäftigt, die

Was sich dann abspielte, war Spaß, Überraschung und unbeschreibliches Fischerglück.

nächsten Jugendfreizeiten mit 625 Personen vorzubereiten. Aber dann kam der Ostersamstag. Christine und ich spazierten zu einem nahen Restaurant, um den Tag bei einem kühlen Drink ausklingen zu lassen. Der weiße Sand, die Palmen und das weite Meer glitzerten im Silberlicht der Vollmondnacht. Das Plätschern kleiner Wellen unterstrich die tropisch warme Stille. Auch das sonst übliche Tuckern der Fischerboote fehlte – bei Vollmond gibt es keine Fische zu fangen, das weiß jeder hier.

Unterdessen saßen unsere ONESIMO-Boys am Strand, spielten Gitarre und plauderten. Plötzlich entdeckten sie einen großen dunklen Schatten im Wasser, genau vor ihren Füßen. „Schaut mal, das ist ein Fischschwarm", rief einer. Die Boys sprangen auf, fanden in der Nähe ein altes Moskitonetz und rannten damit übermütig ins Wasser. Was sich dann abspielte, war Spaß, Überraschung und unbeschreibliches Fischerglück: Die Jungs standen hüfttief im Wasser, umgeben von Abertausend hüpfenden kleinen Fischen. Mittels Moskitonetz, aber auch mit bloßen Händen und herbeigebrachten Becken füllten sie ein am Strand liegendes Fischerboot bis zum Rande und zusätzlich noch alle in Camp Rock verfügbaren Behälter.

Den größten Teil der Fische schafften wir noch in der Nacht zum Markt und verkauften sie mit schönem Gewinn. Es dürften mehrere Tausend Stück gewesen sein, das biblische Fischwunder vom Ostermorgen mit 153 Fischen hatten wir spielend getoppt. Bei Vollmond gibt es keine Fische zu fangen, das weiß jeder hier ... also ein Wunder!

Ein paar Stunden später, am Ostermorgen, gab es köstlich gebratene Fische zum Frühstück. Bewegt lasen wir das Kapitel 21 im Johannesevangelium, wo beschrieben ist, wie der Auferstandene seine Jünger mit einem „Fisch-Frühstück" überrascht: „Kommt her, frühstückt!"

Erst blickten wir uns still an. Dann sagte Ate Josy, unsere „Mutter" und Meisterköchin: „Jesus lebt!"

Am selben Vormittag verabschiedeten sich die Simsons

von uns. „Etwas noch", bemerkte Wolfgang in letzter Minute. „Dass es kleine und viele Fische waren, deutet an, dass es sich um viele kleine Leute handelt. Und dass es ein altes Moskitonetz war, bedeutet, dass es auf ungewöhnliche Weise geschieht. Und seid bereit, es geschieht schnell und ohne große Anstrengung."

An diese Worte habe ich oft gedacht, als sich in Camp Rock in den Wochen nach Ostern Hunderte Teenager dem Auferstandenen anvertrauten.

Workcamp und Alltag

Juni 1998. Morgen geht es ins Workcamp nach Camp Rock. Es ist Einstieg und Brücke für unsere Müllsammler und Straßenkinder in die Lebensgemeinschaft von ONESIMO. Mit Herzklopfen warten wir am vereinbarten Treffpunkt, aber von den verwaisten Jungs von der Müllhalde erscheint niemand. Ihnen ist der Schritt hinaus wohl zu groß, die Scham, die Unsicherheit, mit Nicht-Müllsammlern zusammen zu sein.

Wir machen uns auf die Suche nach ihnen. Unser Mitarbeiter Steban, der einstige Bandenführer, führt uns zielsicher durch die einbrechende Dunkelheit auf den schwarzen matschigen Müllberg. Man muss die Pfade hier kennen, um nicht in der widerlichen Brühe stecken zu bleiben oder sich zu verlaufen.

Auf einmal stehen wir in unseren Gummistiefeln und mit weichen Knien vor einer halbzerfallenen Shantyhütte mit Totenkopfgraffiti am Eingang. Etwa zehn Jungs und junge Männer sitzen oder liegen um ein kleines Feuerchen, auf dem eine Suppe brodelt. Sie sind dreckig und in Lumpen gehüllt. Die meisten schnüffeln an einer Tüte mit Leim. Halbwüchsige Jungs und Mädchen liegen im Halbdunkel, ineinander verschlungen, manche starren mit weit geöffneten Augen ins Leere.

Steban kennt Terry, den Führer der Gruppe, von früher. Er ist spindeldürr, hat unruhige und eindringliche Augen. Wir sprechen über ONESIMO, über das Camp, über die Jungs, die eigentlich mitkommen wollten, jetzt aber nicht erschienen seien. Steban erzählt von seinen Erfahrungen.

Sechs Jungs machen sich auf, um mitzukommen, allen voran Terry! Vielleicht ist es ja auch nur die Aussicht auf eine richtige Mahlzeit, die sie bewegt, uns zu folgen. Aber ich habe vor Freude Herzklopfen. Um ein solches Wunder habe ich ernsthaft gebetet. Wir gehen ins ONESIMO-Haus. Die Jungs genießen sichtlich das frische Wasser, die Seife, den dampfenden Reis mit richtig großen Fleischstücken.

Am anderen Morgen geht es los nach Camp Rock. Wir fahren mit dem Kleinbus, den unsere Freunde von der OJC in Reichelsheim finanziert haben. Die Jungs sehen lustig aus – alle tragen T-Shirts von mir, die ihnen einige Nummern zu groß sind. In Cubao steigen noch weitere Jugendliche zu, die von Freunden der CMC aus Lüdenscheid für unser Camp zusammengetrommelt wurden. Auf der Fähre stoßen schließlich noch Teilnehmer und Mitarbeiter aus Tondo dazu.

In den ersten Tagen lernen wir die 20 Teenager ein wenig kennen. Sie sind völlig unberechenbar. Da ist zum Beispiel Jimmy, 17 Jahre alt, ziemlich unterernährt, mit einer eitrigen Wunde am rechten Schienbein. Seine Mutter arbeitet in einem Nachtclub, seinen Vater kennt er nicht. Weil der Freund seiner Mutter ihn immer gequält hat, ist er abgehauen. Seit vier Jahren schon lebt er im Asphaltdschungel der Großstadt und wirbt Kunden an für Sammeltaxis. Trommelt er genügend zusammen, reicht es zum Essen, manchmal sogar für einen Kinobesuch. Einige Male versuchte Jimmy, etwas zu sparen. Aber die paar Pesos wurden ihm regelmäßig von stärkeren Jungs gestohlen, sogar wenn er das Geld in den Unterhosen versteckte. Manchmal wird er von Leuten gequält. Einmal haben sie ihm mit Zeitungspapier die nackten Füße angezündet, als er auf dem Gehsteig schlief. Wenn es finanziell ganz eng wird, verkauft er sich an Männer für Sex. Aber eigentlich hasst er das.

Während wir im Camp die atemberaubenden Geschichten vieler Jungs hören, hält Christine daheim die Stellung:

Es ist halb elf Uhr morgens. „Bayan magiliu …" Mit der rechten Hand auf dem Herz und hohlem Kreuz singt Isabel in der kleinen Slum-Vorschule nebenan die philippinische Landeshymne. Dann spricht sie mit den andern Kindern im Chor ein Treueversprechen an „ihr Vaterland", die Philippinen, und gelobt, sich in ihrem Leben stets nach dem zu richten, was Eltern, Lehrer und Vorgesetzte sagen. Die vielen engagierten Lehrerinnen an den Vorschulen in Armenvierteln haben meist eine minimale Ausbildung und praktisch keine Hilfsmittel. Daher beschränkt sich der Unterricht auf Vorsprechen und Nachsagen, Abschreiben und Singen. Und das in viel zu engen Räumen, unter dem heißen Blechdach. Isabels Schulsack ist gefüllt mit Büchern und Notizheften für Einträge und Hausaufgaben. Unterrichtssprache ist Tagalog, was sie bereits wieder fließend spricht. Beim Lesen und Schreiben hat Englisch den Vorrang.

Gestern sind wir haarscharf an einer Tragödie vorbeigeglitten. Dennis, Nar, Joel, Joseph, Terry und Edward von der Rauschgiftbande vom Müllberg hassten einen anderen Teilnehmer aus Tondo. Warum auch immer. Die Bande beschloss, ihn mit Schaufeln umzubringen und dann nach Manila abzuhauen. „Irgendwie" kam etwas dazwischen.

Da es draußen zu heiß ist, verbringe ich mit den Kindern viel Zeit im dunklen Untergeschoss unserer Slumhütte. Zeichnen, Lego spielen, Büchlein und Video ansehen; für die Kinder sind die Tage oft zu kurz. Für mich schleicht sich schon ab und zu Langeweile ein, wenn ich nicht zwischendurch aus Payatas herauskomme. Ausflüge und Besuche sind jedoch mit mühsamen Reisen verbunden; kilometerlange Staus in tropischer Hitze und in Abgasen, eingequetscht zwischen schwitzenden Mitreisenden … Ich bin froh, wenn Chris wieder da ist. Ich bete, dass es gut geht mit den wilden Jungs. Chris trägt eine immense Verantwortung.

Wir haben entdeckt, dass Joseph, ein Straßenjunge, ein großes Buschmesser dabeihat, auch in der Nacht. Er braucht es, weil Terry eine Axt bei sich versteckt hat, erklärte er uns. Zwischen den beiden herrschte Krieg. Wir versuchten, Joseph zu beruhigen und zur Versöhnung aufzufordern, aber er wurde immer ruheloser und verstockter. Entschlossen beteten wir zu Jesus, den die Bibel ja „Friedefürst" nennt. Joseph beruhigte sich vor unseren Augen und war dann sogar bereit, mit Terry zu sprechen. Nach einem weiteren Gebet gaben sie sich die Hand und baten einander um Vergebung. Wenn das keine Wunder sind, was dann?

Isabel ist gut gestartet. Noel ist schon mehrfach mitgegangen und hat sich andächtig neben Isabel auf die Schulbank gesetzt. Die Lehrerin toleriert das gerne. Der kleine dicke Americano sorgt überall für ein Schmunzeln, und am liebsten kneift man ihn in die Backe, was er gar nicht schätzt. Er ist aber gesellig und spricht auch schon viel Tagalog.

Heute sind wir von einer zweitägigen „Bergtour" zurückgekommen. Ein strahlender Morgen zwischen den Sträuchern auf einer Art Grasterrasse, 400 Meter über dem Südchinesischen Meer. Wir saßen – noch etwas steif von der Nacht im Freien – mit einer dampfenden Tasse Kaffee in der Hand. Zuerst lachten wir noch über ein paar Scherze. Dann wurde es still und wir genossen die frische Brise, die uns zusammen mit den ersten Sonnenstrahlen so richtig guttat.

Einer von uns begann zu beten und lud uns ein, dem Schöpfer dieser Pracht ebenfalls ein Dankgebet zu schenken. Tatsächlich folgte einer dem anderen mit zaghaften, holprigen und doch entschlossenen Sätzen. Ich bin jetzt noch bewegt. Das ist keine angelernte Religiosität. Das ist der Aufbruch einer lange verschütteten Beziehung zu Gott; die erwachende Sehnsucht nach dem Zuhause beim Vater.

Noel ist eine „people person". Er will wissen, wer wohin geht, wer mitkommt, wenn wir verreisen, wem was gehört und so weiter. Isabel ist viel sachorientierter. Das ist mir kürzlich wieder einmal aufgefallen: Wir beide sind auf dem Heimweg nach Payatas und kommen am großen Markt an der Hauptstraße vorbei. Auf einem Tisch wird gerade ein Schwein zerlegt, der Kopf und die Eingeweide liegen daneben. Isabel geht neugierig ganz nahe heran, schaut eine Weile zu und sagt cool: „Jetzt weiß ich endlich, wie eine Sau von innen aussieht."

Am Ende des zweiwöchigen Workcamps ist die Entscheidung gefallen, welche Jungs in das ONESIMO-Trainingsprogramm eintreten können. Auch für Joseph und Resty steht das Angebot offen. Doch sie lehnen ab. Die Verlockung zügelloser „Freiheit" auf der Straße ist stärker. Schweren Herzens lassen wir sie ziehen.

Septembertage

Ich freue mich über Joseph und Resty. Vor ein paar Wochen standen sie vor unserem ONESIMO-Zentrum in Payatas und erzählten aufgeregt, dass sie bereit seien, in die Lebensgemeinschaft einzutreten. „Jetzt habe ich die Straße satt!", sagte Joseph und zeigte mir eine frische Stichwunde am Rücken. Resty seinerseits hatte seit dem Workcamp immer wieder in seiner neuen Bibel gelesen, auf dem Gehsteig, wo er lebte, und war deswegen schikaniert und ausgelacht worden. Jetzt hat auch er bei uns ein neues Zuhause gefunden.

Den Bus haben wir verkauft. Er hat zwar fünf Personen beschäftigt und monatlich einen kleinen Gewinn für ONESIMO abgeworfen, aber Aufwand und Ertrag stehen in keinem Verhältnis. Der Vorstand hält nach besseren Verdienstmöglichkeiten Ausschau.

Am Sonntagabend steht Nora vor der Türe, das typische philippinische Lächeln auf dem schönen Gesicht. Sie ist gerade 18 Jahre alt, Mutter des süßen Rixy und seit drei Wochen Witwe. Ihr Mann, Müllsammler und ebenfalls kaum den Teenagerjahren entwachsen, wurde im Schlaf erstochen. Rache in einem alten Streit, sagen die Nachbarn.

„Morgen könnte ich als Hausmädchen bei einer reichen Familie arbeiten, aber wo soll ich hin mit meinem Rixy?" Nora ist relativ neu in unserem Slum und traut ihren Nachbarn kaum. Wir bringen sie mit ihrem Problem, das jetzt auch unser Problem wird, zu einer guten Familie der lokalen Kirchengemeinde. Dort diskutieren wir verschiedene Möglichkeiten und bieten uns an, für die ersten paar Tage das herzige Baby bei uns aufzunehmen.

Am Montagnachmittag treffen vier ältere Mitarbeiter und ich uns regelmäßig mit Annabel Manalo, einer ausgebildeten Psy-

Jaymar (Mitte), einer der wilden Jungs, frisch von der Straße ...

chologin. Sie hilft uns zu reflektieren und gut mit uns selbst, mit unseren Erlebnissen und den uns Anvertrauten umzugehen. Es ist immer ein echter Genuss!

Nach dem Abendessen geht es weiter, wir beten, planen, tauschen aus. Einer der heutigen Tagesordnungspunkte ist brisant: Der frisch gewählte Abgeordnete Dingh möchte, dass wir in seiner Stadt Pasay ein Rehabilitationszentrum für Jugendliche eröffnen. Unser Gespräch letzte Woche scheint ihn beeindruckt zu haben. Unser Anwalt Harry Roque, ein vertrauter Freund von Dingh, stellt uns kostenlos 1 000 Quadratmeter Gelände mit einem halbzerfallenen zweistöckigen Haus mitten in einem Armenviertel zu Verfügung. Natürlich sind wir begeistert, gleichzeitig aber auch alarmiert. Mit den bestehenden drei Zentren stoßen wir schon jetzt kräftemäßig an unsere Grenzen. Wir werden die Entscheidung aufschieben und auf Gott hören müssen: erst *ob* und dann *wie* und *wann*.

Am Dienstag trifft Christine sich mit der Frau eines Mitarbeiters, deren Ehe in einer gefährlichen Krise steckt. Wir spüren unsere eigene Ohnmacht in diesem Konflikt, sind aber entschlossen, beiden zur Seite zu stehen, ohne Partei zu ergreifen. Wenn sie doch nur Gottes Hand nicht loslassen!

Am Mittwoch verstaut der zwanzigjährige Jaymar wieder

einmal seine drei Sachen im Plastiksack und will sich aus der Lebensgemeinschaft verabschieden: „Ich gehöre nicht hierher, ich ändere mich doch nie."

Wir sagen ihm, dass er sich riesig verändert habe: „Drei Monate bist du schon frei von Drogen, Raubdiebstählen und Zuhälterei! Wir lassen dich nicht einfach gehen." Es folgt ein stundenlanger „Kampf" mit Gespräch und Gebet. Jaymar packt seine drei Sachen schließlich wieder aus. Wer weiß, für wie lange.

Am Donnerstag zieht Bernardo ein, für ein paar Tage oder auch Wochen. Der ausgehungerte Leimschnüffler ist fünfzehn, hat aber den Körper eines Zehnjährigen, fast schwarze Haut und große traurige Augen. Wir konnten ihn gestern Abend beim wöchentlichen Besuch der Müllhalden-Bande einfach nicht im Abfall zurücklassen. Er hat Fieber und seine rechte Hand ist durch eine große infizierte Wunde bewegungslos geworden. Beinahe willenlos ließ er sich von uns „abführen". Bis jetzt kam kaum ein Wort über seine Lippen. Scham, Empfindungslosigkeit oder ein Hirnschaden – das wird sich noch zeigen.

Am Freitag sagt mir Jaymar, er werde von Stimmen geplagt, die ihn von uns wegziehen. Ich schlage vor, ihn für ein Ge-

Jaymar ein paar Monate später in der Lebensgemeinschaft

spräch zu Dr. Randy zu bringen, zu unserem einheimischen Freund, der auch im ONESIMO-Vorstand sitzt und von Beruf Psychiater ist. Außerdem kommt Cory auf einen kurzen Besuch vorbei. Sie ist Professorin an einem theologischen Institut und unterstützt unsere Arbeit. Sie fragt, ob sie nächste Woche einen Besuch aus den Staaten mitbringen darf. Bei dieser Gelegenheit würden wir auch zwei weitere Pastoren von Payatas kennenlernen, was für unsere lokale Zusammenarbeit wichtig ist.

Am Samstag organisiert Pastor Jun Arizala den Ausgang. Weil wir zu wenig Betreuer haben, können nicht alle mit. Das schlägt auf die Stimmung. Joel möchte schon lange einmal seinen Vater besuchen. Er sitzt lebenslänglich im Hochsicherheitsgefängnis Muntinlupa. Bisher hat es nie geklappt mit einem Besuch – die An- und Rückreise beträgt etwa fünf Stunden, die Besuchsregelungen sind kompliziert …

Am Ende dieser Woche nehmen wir uns Zeit für einen Familienausflug. Zur Wahl stehen Einkaufszentrum mit Spielplatz, Schwimmbad oder Stadtpark mit Reitpferden und Rollschuhbahn. Es ist nicht mehr so heiß, darum gehen wir in den Stadtpark. Am frühen Nachmittag müssen wir allerdings zurück sein, sonst stecken wir im allabendlichen Verkehrsinfarkt fest.

In der Woche darauf ruft Dr. Randy an und rät mir dringend, Jaymar wieder auf die Straße zu lassen: „Er ist psychotisch. Er hört Stimmen, die ihn beauftragen, sich selbst oder Leute im ONESIMO-Haus zu töten. Der Junge ist gefährlich."

Ich bin wie erschlagen. Wie oft haben wir um Heilung und Befreiung gebetet! Darf ich es nicht als Wunder betrachten, dass ein so wildes „Tier" bereits seit zwei Monaten ein so geordnetes Leben bei uns führt? Ich spreche mit Jaymar, und er ist einverstanden, dass wir in der Gruppe offen über seinen Zustand und über Randys Empfehlung reden. Nach Gespräch und Gebet beschließt die Gruppe einstimmig, Jaymar könne trotz des Risikos bleiben.

Randy gibt nach – unter der Bedingung, dass Jaymar in eine medikamentöse Behandlung einwilligt und jede Woche zur Gesprächstherapie kommt.

Die 18-jährige Nora hat nun eine Nachbarin gefunden, die Rixy hütet. Sie wird dafür ihren Lohn mit ihr teilen. Und Bernardo ist wieder da, nachdem er zwei Tage lang verschwunden gewesen war. Seine Wunde ist schnell zugeheilt, Antibiotika sei Dank, und er ist etwas gesprächiger geworden. Wir haben ihn eingeladen, verbindlicher „ONESIMO-Teilnehmer" zu werden, und ihm die Spielregeln erklärt. Er will es sich überlegen.

„Ich dachte nicht, dass er mir wehtun würde"

Ein paar Wochen ist es her, da höre ich Lärm vor der Hütte, und plötzlich steht Jessica vor mir: „Es ist was passiert mit Daisy, komm schnell …"

Draußen kauert das kleine schmutzige Mädchen aus der Nachbarschaft, gerade zwölf Jahre alt. „A… A… Arol wa… war immer so nett zu uns, ich da… da… dachte nicht, dass er mi… mir wehtun würde …" Daisy schluchzt, dass es sie richtig schüttelt.

Vorsichtig lege ich meinen Arm um ihre schmale Schulter und suche den Blickkontakt mit den Herbeigeeilten. „Tut doch was, sie ist ein Kind eurer Nachbarschaft …", denke ich, sage es aber nicht.

„Die hat das verdient, sie ist eine Herumtreiberin und gehört zu den Leimschnüfflern", sagt einer der Nachbarn und geht. Die Verachtung in seiner Stimme schmerzt mich beinahe körperlich. Die anderen Gaffer gehen ebenfalls. Sachte schubsen wir Daisy in unser Heim. Hier kann sie sich noch eine ganze Weile ungeniert ausheulen. Dankbar nimmt sie dann ein Bad und isst etwas.

Daisy gehört zu den Mädchen, die immer wieder mal für eine Mahlzeit, ein Bad oder einfach nur so bei uns vorbeischauen. Sie hat auch schon an Jessicas Bibelgesprächskreis teilgenommen. Obwohl die Mädchen gewöhnlich eine Familie haben, hausen sie in selbst gebastelten Hütten auf der Müllhalde. Sie sind leim- oder shabusüchtig.

Auch Arol kennen wir. Nüchtern ist der 18-Jährige ein liebenswerter Junge. Er hatte sogar einige Wochen bei uns im Zentrum gelebt, hatte sich aber bei jeder Gelegenheit betrunken und war dann extrem aggressiv geworden. Eines Tages wollte er sich bei ONESIMO vor der Polizei verstecken, weil er im Streit einen anderen Jungen niedergestochen hatte. Hier ist es nicht immer klar, ob man der Polizei Vertrauen schenken kann. In seinem Falle sahen wir wenig Anlass, ihn vor der Polizei zu schützen, und schlugen vor: „Wir werden dich zur Station begleiten und dir mit einem Anwalt zur Seite stehen." Er hatte jedoch unser Angebot ausgeschlagen und war verschwunden.

Daisy verbringt die Nacht bei uns und verlässt uns am nächsten Morgen. Zwei Tage später wird sie von Arol erneut in sexueller Absicht angegriffen. Diesmal kommt Daisys 15-jährige Schwester Geraldine dazwischen. Arol sticht ihr in die Brust, Nachbarn bringen sie rechtzeitig ins Krankenhaus. In den folgenden Wochen besuchen uns die zwei Schwestern oft. Christine und Jessica kümmern sich um sie, ich ziehe die Fäden von Geraldines Stichwunde. Jessica, ermutigt durch uns, begleitet die Mutter zur Polizei, um Arol anzuzeigen.

Zwei Wochen später taucht Arol wieder auf. Ich mache mir Sorgen um die Kinder in der Nachbarschaft und um Isabel. Also bitte ich Jessica, der Polizei zu melden, dass Arol wieder hier ist. Zwei Wochen lang findet Jessica Gründe, den Gang zur Polizei zu verschieben, und gesteht schließlich, sie hätte Angst vor Arols Rache: „Wenn die herausfinden, wer hinter Arols Anzeige steht ..."

Am Samstagabend, im Schutz der Dunkelheit, begeben Jessica und ich uns auf die Suche nach der Hütte von Daisys Familie. Beinahe eine halbe Stunde lang folge ich Jessica im Nieselregen durch enge, schlammige Slumgässchen, vorbei an den rostigen Kanten der Wellblechdächer, die oft genau auf meiner Kopfhöhe in den Weg hineinragen. Wir finden ein armseliges Hüttchen und erkennen im Schein einer Petrolfunzel vier kleine Kinder, auf Strohmatten schlafend, die Mutter dabei. Vier Kleine, zwei Teenager, kein Mann ...

Die müde Mutter willigt ein, mitzukommen, und schon stolpern wir weiter durch die sternlose Nacht.

Im weiß getünchten, kahlen Raum der Polizeistation hängen gelangweilt drei zivil gekleidete Männer auf Plastikhockern herum. Auf einem alten Pult liegt eine großkalibrige Schrotflinte, daneben qualmen Zigarettenstummel aus einer halbierten Konservendose.

„Guten Abend, wir möchten den diensthabenden Offizier sprechen", sage ich. Der Mann neben dem Pult zieht seine Augenbrauen hoch. „Erzählt ihm, was passiert ist", ermuntere ich Daisys Mutter und Jessica, die schüchtern im Hintergrund stehen. Die beiden Frauen berichten.

„Arol ist uns bekannt", sagt der Diensthabende schließlich. „Er hat vor ungefähr einem Jahr einen anderen Jungen niedergestochen. Ihr hättet aber sofort zu uns kommen sollen. Wenn dieser Vorfall mehr als vier Wochen zurückliegt, können wir Arol nur mit einem gerichtlich ausgestellten Haftbefehl fassen." Obwohl wir drei Tagalog sprechen, antwortet der Offizier in sehr gebrochenem Englisch. Er will wohl Eindruck schinden. Zudem ärgere ich mich, dass er sich nur mir zuwendet, die Mutter des Opfers und Jessica aber gar nicht beachtet.

„Würden Sie bitte den beiden Frauen in ihrer Sprache erklären, was sie nun im Einzelnen zu tun haben", bitte ich ihn höflich, was er dann auch tut.

„Im fünften Stock der Stadtregierung ist das Büro des Gratisanwaltes für die Armen. Mit seiner Hilfe könnt ihr ein Gerichtsverfahren einleiten. Sobald wir den Haftbefehl erhalten haben, treten wir in Aktion ..."

Müde und enttäuscht machen wir uns auf den Heimweg. Beim Abschied versichert uns Daisys Mutter, dass sie Freunde habe, die ihr im Gericht beistehen würden. Willig nimmt sie ein paar Pesos an, als Fahrgeld zum Anwalt und ein wenig darüber hinaus. Jessica und ich zweifeln, dass sie gehen wird.

Am anderen Tag unternehmen wir als Familie mit dem ausgeliehenen Kleinbus der SERVANTS einen Sonntagsausflug. Gegen 18.00 Uhr kommen wir zurück und parken in der Dämmerung vor unserem Haus. Etwa 20 Meter entfernt stehen ein paar Männer zusammen, die sich anschreien. Ein abendlicher Streit der Betrunkenen, denke ich. Aber dann wird die Gruppe plötzlich handgreiflich, von irgendwoher fliegt ein Stuhl durch die Gegend. „Hoffentlich ist keiner unserer Jungs dabei", schießt es mir durch den Kopf. Wir zögern noch mit dem Aussteigen. Dann sehe ich eine Gestalt etwas gebeugt am Boden kauern, während eine andere Gestalt mit einer Pistole zielt und schießt. Das Mündungsfeuer blitzt, die gebeugte Gestalt sackt auf den Asphalt. „Schnell ins Haus!", schreie ich Christine zu, packe Noel unter den Arm und renne los. Aus einem einzelnen Schuss ergibt sich nicht selten eine Schießerei.

Ein paar Männer packen den Angeschossenen wie ein verletztes Tier und werfen ihn auf den Blechboden eines Jeepneys. Jemand streut etwas Erde auf den kleinen Blutfleck auf der Straße. Nachbarn stehen herum und diskutieren. Ein unbekannter Soldat auf Urlaub soll der Schütze gewesen sein, sagt jemand, Arol habe ihn auf seine üble Weise provoziert. Arol! „Schieß doch, schieß doch!", habe er ihn angebrüllt ...

Nach einer halben Stunde rollt die Polizei in einem rostigen Jeep heran. Zu fünft marschieren sie unsere Straße hinauf, die Finger im Anschlag ihrer Flinten. Der Diensthabende von gestern Abend scheint auch heute der Boss zu sein. Ich trete ihm seitlich in den Weg. „Hi, Boss, dass Arol so schnell etwas zustößt, hätte ich nicht gedacht", sage ich und schaue ihm in die Augen.

„Der hat bekommen, was er verdient", entgegnet er kaltschnäuzig.

Der Jeepney bringt den angeschossenen Arol in das eine Stunde entfernte Regierungsspital. Dort schneiden sie ihm in einer Notoperation den Bauch von oben bis unten auf. Die Kugel ist neben dem Schlüsselbein in den Körper eingedrungen, an lebenswichtigen Organen vorbei schräg nach unten geschossen und im Gesäß stecken geblieben. Dort wird sie so lange bleiben, bis sich Arol wieder so weit erholt hat, dass man ihn erneut operieren kann.

Mit unseren Jungs richten wir für Arol einen Besuchs- und Betreuerdienst ein. Der aus der Provinz angereiste Vater ist froh um gelegentliche Ablösung. Als Arol aus der Klinik entlassen wird, pflegen wir ihn ein paar Nächte bei uns im Zentrum. Allerdings muss zuvor noch die Krankenhausrechnung von 2000 Pesos beglichen werden, die wir ihm „leihen". Wir alle sprechen mit ihm über Gott, Jesus und den unendlichen Wert seines Lebens. Er lässt auch gerne mit sich beten.

Bestimmt wäre Arol bei uns geblieben, hätten wir ihn nicht nach Hause geschickt. Wir wollten jedoch seine Notsituation nicht dazu benutzen, ihn in unsere Lebensgemeinschaft hineinzumanipulieren. „Wenn du wieder ganz bei Kräften bist und immer noch mit uns ein neues Leben beginnen möchtest, steht unsere Tür für dich offen", versicherten wir ihm.

Das alles ist bereits einige Wochen her. Arol lebt inzwischen in unserer Nachbarschaft, zusammen mit seinem Vater und einem jüngeren Bruder aus der Provinz. Gelegentlich trinkt er oder raucht eine Zigarette. Er konsumiere auch wieder Shabu, sagte mir einer unserer Jungs neulich. Sooft ich ihn sehe, lächelt er mir zu: „Chris, nagbabago na ako …" – Chris, ich bin bereits am neu werden …

Daisy ist mit ihrer Familie in die nahe Provinz gezogen. Ihre ältere Schwester Geraldine habe jetzt einen „Asawa", einen Ehemann, munkelt man. Sie lebt weiter als Müllsammlerin und Süchtige auf dem Abfall. Wir freuen uns jedes Mal, wenn sie bei uns hereinschaut. Natürlich in der steten Hoffnung, dass auch sie einmal aufsteht mit dem Auferstandenen.

Es wäre viel einfacher, wenn man simpel zwischen Gut und Böse unterscheiden könnte. Aber besonders im Leben mit den Armen haben wir oft genug die Wahl zwischen zwei schlechten Lösungen, bei denen wir uns dann für die weniger schlechte entscheiden müssen. Auf Drogenhandel und Vergewaltigung steht in den Philippinen die Todesstrafe. Häufig ist aber gerade auch die Polizei darin verstrickt. Um nicht das Vertrauen der Süchtigen zu uns zu verlieren, ist es wichtig, dass wir ein nicht zu vertrautes Verhältnis zur Polizei unterhalten. Arol ist nicht nur Bösewicht, sondern auch Freund.

Tropenfieber

Jetzt haben wir November, und seit Januar gab es bereits 11 209 Erkrankte und 202 Tote durch das Dengue-Fieber. Tatsächlich werden es viel mehr sein – denn bei Fieber gehen die Armen nicht ins Spital und tauchen dann auch in der Statistik nicht auf. Das Virus wird von Stechmücken übertragen. Es greift in die Blutgerinnung ein, was zu tödlichen Blutungen führen kann. Oder die Menschen bekommen bei Fieber zu wenig Flüssigkeit und sterben im Fieberschock. Neben den enormen Kopf- und Gliederschmerzen können sich auch Durchfall und schmerzhafte Ekzeme einstellen. Das San Lazaro Hospital habe 418 Dengue-Patienten in stationärer Behandlung, berichtet die Tageszeitung, 13 befänden sich wegen innerer Blutungen bereits im Schockzustand, vor allem Kinder. Die Bettenkapazität sei zu 250 Prozent überbelegt – und Christine plagt sich seit über einer Woche mit Fieber, Schmerzen und einer schrecklichen Müdigkeit …

Da ich selbst und die meisten Slumarbeiter Dengue bereits einmal durchgemacht haben, nehmen wir die Krankheit relativ gelassen. Medikamentöse Therapie beschränkt sich auch in der Klinik auf Schmerzmittel und auf die Zufuhr von Flüssigkeit und Salzen. Solange Christine genügend trinkt und nicht selber ins Krankenhaus will, ist sie im kühleren Untergeschoss unserer Wellblechhütte gut aufgehoben.

Eines Nachmittags verschlechtert sich Christines Zustand jedoch dramatisch. Sie kann nicht mehr allein zur Toilette gehen, hat keinen Antrieb mehr zum Sprechen, Trinken und überhaupt zum Leben. Ich gerate in Panik. Die eineinhalb Stunden im geliehenen Jeep dauern ewig, und bereits im Aufnahmezimmer des modernen St. Luke Medical Centers bekommt Christine eine Infusion. Die Blutwerte sind schlecht, die Anzahl der Blutplättchen (Thrombozyten), die für die lebenswichtige Blutgerinnung zuständig sind, ist viel zu tief.

Ich versuche, meine Angst zu verbergen. Natürlich weiß ich, dass alle für Christine beten, dass alles in Gottes Händen ist, dass St. Luke eines der besten Privatspitäler ist. Aber ich spüre, dass Christine der Lebensmut verlassen will. Nach über dreißig Stunden bangen Wartens eröffnet uns der Oberarzt, eine Bluttransfusion sei unumgänglich, wenn der Wert der Blutplättchen weiter sinke. Wieder zermürbendes Warten auf die nächste Blutentnahme. Dann endlich das große Aufatmen: Die Werte sind stabil. Bei der nächsten Entnahme zeigt sich sogar ein Anstieg. Wir sind unglaublich erleichtert. Halleluja!

Doch Christine erholt sich nur langsam und wird weiter von einer merkwürdigen Niedergeschlagenheit geplagt. Mehrfach beschreibt sie mir Gefühle von Todesnähe. Auch nach Wochen fehlen ihr jeglicher Antrieb und Freude über das neu geschenkte Leben. Sie verliert beinahe alle Haare, fühlt sich sehr schwach, wie in einem dunklen Loch.

Als Christine schließlich mit den Kindern zusammen für vier Wochen in die Schweiz fliegt, um in der vertrauten Umgebung wieder zu sich selbst zu finden und neue Lebenskraft zu tanken – hoffentlich –, werde ich nachdenklich. Ist es schon Zeit, unsere „Zelte" in den Philippinen abzubrechen? Wenn es die Umstände verlangen, bin ich dazu bereit. Aber so viele Dinge bei ONESIMO sind noch im Aufbruch und Aufbau, so ungefestigt noch unsere Mitarbeiter und die Dienste. Ich hoffe und bete, dass Christine sich in der Schweiz wieder erholt, damit wir die Pionierphase dieser Arbeit gemeinsam zu Ende führen können.

Aber wenn ich ehrlich bin: Auch ich bin müde. Die vergangenen Monate waren vielleicht die härtesten der letzten Jahre. Wenn Christine und die Kinder zurück sind, werden wir ein Jahr bei der Müllhalde gewohnt haben. Zeit für einen neuen, vielleicht letzten Umzug. Isabel muss eingeschult werden, und ihre philippinische Privatschule liegt näher in Richtung Stadtzentrum. In einem Slum dort in der Nähe könnte ich Christine und Jessica behilflich sein, eine Lebensschule für Mädchen zu eröffnen. Drei bis vier Mädchen von der Müllhalde sehnen sich nach einem Neubeginn.

23. Januar 1999 / Ihr Lieben, schon eine ganze Woche sind wir zurück in Manila. Die Reise verlief wie am Schnürchen, war aber elend lang! Die Kinder hielten gut durch, nur die letzten fünf Stunden, von Malaysia bis Manila, mit einer zusätzlichen Landung in Saba, Indonesien, waren für Isabel unerträglich langweilig. Noel schlief zum Glück. Ich selbst hatte mit Durchfall und extremer Müdigkeit zu kämpfen. Habe praktisch nicht geschlafen.

Im SERVANTS-Haus wurden wir ganz herzlich empfangen. Am ersten Tag haben wir gründlich ausgeschlafen, am Tag darauf schauten wir eine mögliche neue Hütte in einem anderen Slum an. Ich war positiv überrascht. Mit einer Renovierung wird das eine prima Hütte. Eventuell können wir sogar einen zweiten Stock aufbauen für das neu geplante Girls-Center. Ich freue mich sehr auf den neuen Ort, wo wir jederzeit im nahen Stadtpark spielen können!

Am Freitag hatten wir einen Familientag. Isabel freute sich königlich darauf: ausschlafen, in einem Hotel-Swimmingpool schwimmen, im Kino den Disneyfilm „Bugs life" reinziehen, zum Schluss noch bei McDonald's ein Eis essen. Das sind so ziemlich alle Freizeitangebote, die wir hier haben. Seit die Kinder selbstständig schwimmen, können wir sogar zwischendurch Zeitung lesen.

Gestern nahmen wir für ein paar Stunden ein fünfmonatiges Baby von der Müllhalde mit uns, um seiner Urgroßmutter, die das Waisenkind pflegt, eine Pause zu verschaffen. Isabel hat dem kleinen Mädchen, das kaum älter als einen Monat wirkt, begeistert die Flasche gegeben und mit ihm gespielt. Heute sprachen wir mit der Sozialarbeiterin einer Stiftung, welche Findelkinder aufnimmt. Sie hat das Kind nach einem Gespräch mit der Urgroßmutter gleich mitgenommen – diese hatte uns darum gebeten, einen Ort für die Kleine zu suchen.

Nun sind wir sehr froh, dass Baby-Grace einen Platz hat, wo sie gut versorgt und gepflegt wird.
In Liebe, Eure Christian, Christine und Kinder

Umzug nach Philcoa

Seit einigen Tagen ist es wieder deutlich heißer. Die erfrischenden Regengüsse bleiben aus. Die lähmend heiße Mittagszeit muss zur Siesta genutzt werden, damit man am kühleren Abend wieder fit ist.

Christine hat sich richtig gut erholt. Vor ein paar Tagen zogen wir nach „Philcoa", ein größeres Slumdorf von ein paar Hundert Familien. Wir haben nette Nachbarn. Von unserer renovierten Hütte aus erreichen wir in einem kurzen Spaziergang einen der schönsten Parks Manilas und einen klimatisierten McDonald's. Wir freuen uns, dass unser neuer Wohnort zentral liegt. So werden wir in Zukunft unsere Freizeit auch mal mit Schwimmen, Fahrradfahren (im Park gemietet) und Besuchen bei Freunden verbringen können.

Isabels neue Schule ist ebenfalls nur 20 Motorradtaxi-Minuten entfernt. „Learning Tree" ist eine kleine philippinische Privatschule, die nach europäischem Vorbild mit kleinen Klassen, viel kreativen Anregungen und persönlicher Betreuung arbeitet. Unterrichtet wird in Englisch und Tagalog. Nach einem gelungenen Versuch mit der Deutschen Fernschule werden wir Isabel und später auch Noel zu Hause weiterhin in Deutsch unterrichten, damit sie eines Tages den Anschluss ans Schweizer Schulsystem schaffen.

Da Christine in die neu gegründete Lebensschule für Mädchen und junge Frauen involviert ist, versuchen wir uns die Erziehungsarbeit wieder vermehrt zu teilen. Für die Lebensschule haben wir in unserem neuen Wohnort ein geeignetes Hüttchen gefunden, wo Jessica sich bereits mit vier Mädchen aus Payatas eingerichtet hat.

Die bisherigen laufenden Dienste sind bei unseren Mitarbeitern in guten Händen und brauchen lediglich meine Begleitung und Koordination. Mit meinem Motorrad bin ich bei anfallenden Sitzungen oder Notfällen schnell zur Stelle. Wir haben jetzt vier therapeutische Lebensgemeinschaften mit Selbsthilfeprojekten: Kantine, Autoreparatur, Autowaschanlage, Schweinezucht, Keramikwerkstatt. Dazu Gruppenleiterausbildung und Freizeitarbeit mit Hunderten von Teenagern aus etwa zwanzig Slumgebieten – in Zusammenarbeit mit lokalen Gruppen und Gemeinden.

Meine Bürotage habe ich jetzt ins SERVANTS-Haus verlegt. Korrespondenz, Abrechnungen und Projektanträge nehmen immer mehr Zeit in Anspruch. Unsere erfahrene Buchhalterin Rose Pecio-Salve, die ebenfalls aus den Armenvierteln stammt, kontrolliert schon seit Beginn von ONESIMO die wachsenden Finanzflüsse mit allen nötigen Abrechnungen.

Joshua und seine Tondo-Lebensgemeinschaft sind umgezogen in ein gutes Slumhaus, das zudem auf legalem Land steht. Das zweistöckige Gebäude war uns zum Kauf angeboten worden. Wieder einmal schrieben wir unseren Freunden in der Schweiz und in Deutschland, und wieder einmal reagierten sie schnell und großzügig! Eine große Privatspende überraschte mich besonders: Ein Schweizer Familienvater schrieb, dass er für seine Familie ein schönes Haus in der Schweiz habe kaufen können. Danach habe er beschlossen, zehn Prozent des Kaufpreises an unser Haus im Tondo-Slum zu spenden. Dieser Beitrag kam, neben Hunderten von kleinen Spenden, als entscheidende Hilfe.

Nun besitzen wir unser erstes Gebäude im Stadtgebiet auf legalem Boden. Das wird uns auch helfen, vom Sozialamt endlich eine offizielle Lizenz für die Arbeit zu bekommen.

Sommercamps und Mädchenarbeit

Vom großen Zeltdach her klingen die traurig-schönen philippinischen Gebetslieder zu mir herüber. Wieder geht ein Freizeittag in Camp Rock mit gut hundert Teilnehmern zu Ende. Es ist die zweite von sieben aufeinanderfolgenden Jugendfreizeiten. Die April-Abendsonne taucht die Bucht, das Wasser, den Strand und die Palmen in Gold. Zwischen den Liedern erschallt manchmal spontanes Freudengeschrei: Begeisterung über das Leben, über Gott und die Lagergemeinschaft.

Manchmal gibt es auch Tränen, so wie letzte Nacht, als unser Mitarbeiter Jun am Lagerfeuer von der Liebe des Schöpfers zu uns Menschen sprach. Viele Jugendliche weinten und brachten die Last ihres Lebens Gott. Der Strand von Camp Rock bedeutet nicht nur Rettung für viele Gestrandete, sondern gibt auch vielen jungen Slumbewohnern den entscheidenden Anstoß, vor Problemen nicht mehr in Alkohol und Drogen zu fliehen.

Am meisten bewegt hat mich Steban. Der ehemalige süchtige Bandenführer ist seit drei Jahren in unserer Gemeinschaft. Sein Heilungsweg war schwer, oft wollte er aufgeben. Und nun sehe ich ihn gestern, wie er neben einem Teilnehmer, der sich ihm anvertraut, niederkniet und mit ihm weint. Steban beginnt jetzt, andere zu tragen. Dabei hätten wir ihn vor ein paar Wochen beinahe verloren. Er wurde auf der Straße vor unserem Zentrum in Payatas in der Nacht von einer Bande angegriffen. Die Angreifer kannten ihn wohl von seinem früheren Leben her. Zwei Kugeln durchschlugen seine Unterschenkel, eine dritte blieb im Schienbein stecken. Trotz der massiven Verletzung konnte Steban davonrennen. Er habe eine überirdische Kraft gespürt, berichtete er später.

Enttäuschend läuft es dagegen in der Lebensgemeinschaft der Mädchen. Man hatte uns schon gewarnt: Mit verwahrlos-

Neue Mitarbeiterinnen und elf neue Mädchen von der Straße
und der Müllhalde waren eine echte Herausforderung.

Die Mädchengemeinschaft mit Noel, Isabel und Christine
am Strand von Camp Rock. Christines Sprachhelferin Jessica,
vorne mit weißen T-Shirt. Oben links (mit erhobenen Händen) Hazel.

ten Mädchen sei schwieriger zu arbeiten als mit Jungs aus vergleichbarem Hintergrund. Von den vier Mädchen, die im Februar bei uns einzogen, waren zwei, Edna und Grace, nach ein paar Wochen wieder weg. „Wir sind noch nicht bereit für ein geordnetes Leben", schrieben sie uns in einem Dankesbrief.

Jetzt leben noch Rachel und Shionny mit uns. Rachel entwickelt sich prächtig, sie hilft in der Lagerküche. Shionny hingegen ist sehr verletzt und hält uns fast pausenlos auf Trab. Sie hat uns ungeheuerliche Missbrauchsgeschichten erzählt, und da sie glaubhaft machen konnte, dass sie keine Eltern hat, nahmen wir sie auf. Nun klären wir, ob sie nicht in einer Klinik besser betreut wäre.

Die Mädchengemeinschaft

Und schon ist es Juli. Etwas gerädert, aber glücklich begleiteten wir gestern Abend achtzehn Mädchen und junge Frauen nach Manila zurück, die unsere erste „Drogen-Entzugswoche für Girls" in Camp Rock absolviert haben. Christine hatte die Hauptverantwortung und stand unter Hochspannung, während ich mich um Kinder und Haushalt kümmerte.

Nun weicht die Spannung und Erleichterung über den guten Verlauf der Woche macht sich breit. Neue Mitarbeiterinnen und elf neue Kontakte von der Straße und der Müllhalde waren eine echte Herausforderung. Nach anfänglichem Zögern fanden die Neuen dann doch Vertrauen und Trost. Auch hier gab es Tränen und erschütternde Lebensgeschichten von Missbrauch, Drogen und Gewalt. Gottes Gegenwart und heilende Liebe war mit Händen zu greifen.

Nun sind fünf von den Mädchen bereit, sich auf eine Lebensschule mit ONESIMO einzulassen. Die andern möchten mit uns in Kontakt bleiben. Unsere Großfamilie am neuen Slum-Wohnort wird damit auf etwa 14 Personen anwachsen, es ist unser zweiter Anlauf für das erste ONESIMO-Reha-Zentrum für Mädchen und junge Frauen! Zweifellos werden ein paar happige Wochen auf uns zukommen.

Shionny wird nicht mehr dabei sein. Die Achtzehnjährige mussten wir nach einigen Wochen in einem staatlichen Heim für Frauen unterbringen. Sie hat unsere Nerven unglaublich strapaziert, weil wir nie wussten, was sie als Nächstes anstellen würde. Sie war sehr gerissen und manipulierte uns alle. In den drei Monaten, in denen sie mit uns als Familie lebte, haben wir ihr unzählige Chancen gegeben, die sie nicht nutzte. Hoffentlich hat Shionny so viel Liebe von uns mitbekommen, dass sie sie nie mehr vergessen wird. Vielleicht können wir es zu einem späteren Zeitpunkt wieder mit ihr wagen.

Das zweiwöchige Drogenentzugslager der Boys war nicht minder spannend. Zehn Neue stoßen zu unseren drei Gemeinschaften für Jungs, über zehn weitere müssen wir auf eine Warteliste setzen. Für sie heißt das konkret: zurück auf die Straße oder in den Müll. Das bricht uns fast das Herz.

Im Moment sitze ich im klimatisierten Spitalzimmer am Krankenbettchen von Noel. Seit sechs Tagen hat er Fieber, hat kaum gegessen und nur getrunken. Unsere gute Kinderärztin ließ ihn dann sofort ins Spital einweisen. Bluttests, Infusionen und so weiter hat Noel tapfer mitgemacht, solange Mami in der Nähe war. Heute, am zweiten Tag im Spital, geht es unserem Dreijährigen schon besser. Morgen oder übermorgen werden wir wissen, ob er eine starke Grippe, Typhus oder das Dengue-Fieber erwischt hat.

Brief aus Manila

Philcoa, 26. August 1999 / Letzte Woche sind zwei der Straßenmädchen, die wir in die Gemeinschaft aufnahmen, in Rage geraten und haben stundenlang getobt und geschrien. Wie besessen. Ausgelöst wurde alles durch einen Streit zwischen den beiden. Die anderen Mädchen und auch uns Mitarbeitende hat es sehr mitgenommen und zum Teil verängstigt. Mit Gebet und viel Zuwendung hat sich das meiste gelegt. Wir haben den Mädchen erklärt, wie sie sich selbst mit Gottes Hilfe von den bösen Kräften und ihrer extremen Wut lossagen können. Sie haben sich versöhnt. Letzten Sonntag haben sie im Gottesdienst einen Ausdruckstanz vorgeführt. Ich weinte vor Freude.

Kürzlich kaufte ich mir wieder einmal frische Blumen. Einige meiner Nachbarinnen und Freundinnen betrachteten den Strauß ganz erstaunt, betasteten die Blumen und meinten: „Die sind aber wirklich schön. Fast so schön wie künstliche Blumen!" Tja, in so vielem sind unsere Kulturen gegensätzlich. Ich musste wirklich schmunzeln. Aber ich komme nun nach fünf Jahren Philippinen langsam in die Phase, in der ich gar nicht mehr sicher bin, ob ich wieder in der Schweiz leben könnte und möchte. Mit vielem hier habe ich mich versöhnt. Ich genieße die positiven Seiten des Lebens, wie zum Beispiel die Spontaneität.

Alles Liebe, Christine

Unsere Nachbarn, die Milliardäre

Das zinslose Darlehen für das alte Spaghetti-Haus ist frist-
gemäß zurückbezahlt – dank der Hilfe vieler Freunde in der
Schweiz und in Deutschland. Wir konnten Camp Rock sogar
noch ausbauen – obwohl das Anwesen ein Stein des Anstoßes
für die Nachbarn ist, da es in einer touristisch interessanten
Zone liegt. Wir spüren Feindseligkeiten, auch seitens der lokalen Behörden. Erst untersagten sie uns, am Strand Zelte auf-
zustellen, später verboten sie Lagerfeuer, weil sonst der weiße
Sand schwarz würde. Seither feuern wir nicht minder fröhlich,
aber mit einem Blech als Unterlage.

Während der letzten Regenzeit hing wochenlang ein heftiges
Sturmtief über der Inselgruppe. Dabei wurde der steile Hang
hinter dem Haus so aufgeweicht, dass er abzurutschen drohte.
Mit viel Vertrauen und wenig Geld beschlossen wir, den Hang
mit tiefen Betonfundamenten zu sichern. Gleichzeitig erhielten
wir dadurch eine Fläche für Parkplätze und ein Basketballfeld.
Darunter entstand Raum für ein zweites großes Haus für die
Jungs mit Versammlungshalle und WC-Anlagen.

Das Projekt bei den korrupten und feindseligen lokalen Behörden durchzubringen, war ein einziger Nervenkrieg. Ich reiste
ein ums andere Mal zum Hauptort der Insel, wo die Leute mich
gerne warten ließen und dann immer wieder neue Forderungen
stellten. Ich brauchte Verbissenheit und Geduld, bis sie begriffen,
dass wir nicht bereit waren, Bestechungsgelder zu bezahlen.

Schließlich war der Rohbau abgeschlossen, doch für den
Ausbau fehlte immer noch Geld. Es gibt allerdings durchaus
Geld an diesem Strand … Gut 800 Meter entfernt besitzt ein
Familienclan spanischer Herkunft drei prächtige Strandhäu-
ser. Die Mitglieder verbringen nur ein paar Tage pro Jahr hier.
Manchmal fliegen sie ihren Besitz mit drei Helikoptern an,
manchmal kommen sie auf ihrer Luxusjacht.

Als gesprächiger Nachbar lernte ich sowohl den Hausmeister als auch den Architekten dieser Milliardäre kennen. Der Architekt zeigte mir eines Tages stolz die prächtigen, in Handarbeit und aus einheimischen Materialien erbauten Häuser. Er führte mich sogar durch die wunderbaren Wohnräume. Als er erfuhr, dass uns das Geld für die Fertigstellung unseres Camp-Hauses ausging, ermutigte er mich, die „Doña" (spanischer Adelstitel), die Mutter der Familie, um Hilfe anzufragen. Sie sei eine Frau mit gutem Herzen und habe immer wieder lokale Projekte unterstützt und sogar selbst Stiftungen gegründet.

Mit etwas Hartnäckigkeit gelang es mir, der persönlichen Sekretärin der Doña einen Bettelbrief mit unserer Broschüre zu übergeben. Ihr Büro liegt im 35. Stock des modernsten Wolkenkratzers im Herzen von Makati, dem wichtigsten Geschäftsviertel der Hauptstadt. Das Prachtgebäude, in dem auch die philippinische Börse untergebracht ist, gehört der Familie. Seine architektonische Schönheit und seine Größe verschlugen mir fast die Sprache.

Tage später rief ich die Sekretärin der Doña an und fragte nach. „Sie haben Glück", sagte die Dame am Telefon, „die Doña verbringt gerade einige Tage in den Philippinen." Ich war also guten Mutes und wartete auf einen Anruf oder auf Post. Tatsächlich kam dann auch Post, nämlich ein Brief des Bürgermeisters, in dem er uns per sofort sämtliche Bewilligungen und Lizenzen für Camp Rock und die Baustelle entzog. Begründung: Eine Drogenreha zerstöre das Touristenprogramm.

Nachdem die Doña meinen Brief gelesen hatte, war sie in ihrem Helikopter zur Begutachtung unserer Baustelle nach Camp Rock geflogen, um sich daraufhin schnurstracks und höchstpersönlich beim Bürgermeister über uns zu beschweren, weil Drogensüchtige und Straßenkinder nicht an ihren Strand gehören würden und weil das geplante neue Gebäude bestimmt nicht in ihre hübsche Gegend passe.

Ich besuchte den Bürgermeister. Nicht im Regierungsgebäude, sondern bei ihm zu Hause. Ohne Voranmeldung. An einem Sonntag. Mit einem Stoßgebet. Mein Mund war ausgetrocknet und ich hörte mein Herz bis in den Kopf hinauf schlagen, als ich anklopfte. Ein Bursche führte mich in die Stube. Der Bürgermeister erhob sich aus seinem Sessel. Sein feistes Gesicht mit Dauerlächeln und Schnurrbart war mir nur zu bekannt, nicht zuletzt von Wahlplakaten.

Ich erklärte ihm so freundlich wie möglich, das Ganze sei ein Missverständnis: „Erstens betreiben wir keine Drogenreha-Station am Strand, zweitens hatten wir dort in all den Jahren nicht einen einzigen Drogenmissbrauch. Und drittens planten wir sowieso, den neuen Bau mit einheimischen Materialien wie Bambus und Rattan einzukleiden."

Der Bürgermeister zuckte die Achseln. „Die Doña ist eine wichtige Steuerzahlerin bei uns. Warum habt ihr sie überhaupt um Geld angefragt?! Wegen eurer Sache hat mich die Doña zum ersten Mal persönlich besucht!"

Deprimiert schlich ich nach Hause. Nach einigem Grübeln und Beten war der Kampfgeist wieder da. Es folgte ein nervenaufreibendes Hin und Her, Briefe und Faxe zirkulierten zwischen dem Bürgermeister, der Doña, unserem Anwalt Harry Roque und mir. Lady Steinreich bequemte sich tatsächlich, uns per Fax aus dem Peninsula-Hotel in New York zu erklären, sie sei ja nur um die Harmonie und Schönheit der Gegend besorgt ...

Harry explodierte fast vor Wut. „Diese Hexe! Schon seit Jahrhunderten halten diese Leute unser Land okkupiert, die sind unersättlich!"

Harry reichte nun die Unterlagen meiner Korrespondenz zusammen mit dem Artikel einer bekannten Journalistin beim nationalen Fernsehen und bei der größten Tageszeitung der Philippinen ein. Harry ist auch die rechte Hand (chief of staff) eines bekannten Parlamentariers in Manila, der, wie ich erfuhr, demnächst ein Gespräch mit dem Gouverneur der Insel habe, welcher nun bei unserem Bürgermeister ein gutes Wort für uns einlegen würde.

Als nach zwei Wochen nichts geschehen war, besuchte ich den Bürgermeister ein weiteres Mal, wieder bei ihm daheim. Ich war nervös und die Atmosphäre war gespannt, aber ich versuchte, so sachlich wie möglich zu bleiben. Ganz beiläufig ließ ich ins Gespräch einfließen, die Geschichte der „überraschenden Schließung" liege nun bei der Fernsehstation und auf der Zeitungsredaktion.

Dem Bürgermeister schoss das Blut ins Gesicht und er schrie mich an: „Was, du willst mir drohen!" So ruhig wie möglich antwortete ich: „Was haben wir Kleinen denn für eine andere Option gegen eine so mächtige Familie?!" Wütend wurde ich fortgeschickt.

Die Arbeit auf der Baustelle Camp Rock stand still. Weitere Tage verstrichen. Dann endlich kam Antwort aus dem Büro des Bürgermeisters, in Form einer Vereinbarung, die wir zu unterschreiben hätten, wenn wir die Bewilligung für Camp Rock und die Baustelle wieder erhalten wollten. Die Vereinbarung bestand aus einer Liste von Bedingungen, in der wir nichts fanden, was wir nicht sowieso wollten. Aber damit konnten die Doña und die Behörden einigermaßen ihr Gesicht wahren.

Die Mittel für die Fertigstellung von Camp Rock kamen übrigens rechtzeitig zusammen, wie immer. Unsere Mitkämpfer in Europa haben keine Milliarden, aber sie sind wunderbar, großartig und treu!

Vertrauen ist unbezahlbar

Juni 2000, es ist nicht zu fassen. So vieles hat sich getan seit dem letzten Herbst. Weihnachten und Neujahr haben unsere 50 Schützlinge gut überstanden. Am 22. Januar feierten wir unter freiem Himmel 18 Teenager, die die ersten 6 Monate in der neuen Gemeinschaft bestanden haben. Es ist unglaublich, mitzuerleben, wie sich junge Menschen in einem halben Jahr verändern können, wenn sie geliebt und umsorgt werden.

Von März bis Mai waren wir zu unserem zweiten Heimaturlaub in der Schweiz, wenn man das denn „Urlaub" nennen mag. Immerhin gehörte eine Tournee mit 40 Veranstaltungen dazu. Wir berichteten in Kirchgemeinden, Hauskreisen, Schulen, Jugendgruppen. Es hat uns berührt, wie viele Freunde hinter uns stehen und uns tragen. Kein Wunder, dass wir in den letzten Jahren so viel Segen und Gelingen erlebt haben. Die Kinder genossen die vielen Spielplätze, das Fahrradfahren und ihre Cousins und Cousinen. Noel wollte trotzdem schon nach einigen Tagen wieder „heim nach Manila".

Während unseres Aufenthalts in der Schweiz fand in Camp Rock erneut eine Freizeitserie statt, diesmal mit „nur" 450 Teilnehmenden. Kurz vor den Freizeiten war wieder einmal eine altersschwache Fähre auf der Überfahrt zu unserer Ferieninsel gesunken, es hatte zahlreiche Tote gegeben. Davon abgeschreckt, waren einige Angemeldete nicht gekommen. Die 80 jungen Mitarbeiter aus verschiedenen Slums und deren Basisgemeinden, die unser Team vor den Neujahrstagen ausgebildet hatte, scheinen sich in den Camps gut bewährt zu haben.

Wir haben schon im letzten Herbst beschlossen, in drei Jahren die ONESIMO-Arbeit den Einheimischen zu überlassen und ganz in die Schweiz zurückzukehren. Isabel ist dann neun und kann ihre wichtigen Teenagerjahre in der Schweiz durchleben. Dieser Zeithorizont scheint uns auch hilfreich in den schwer erträglichen Momenten im Slum.

Als wir am Tag nach unserer Ankunft mit unseren Kindern und etwas Gepäck schweißtriefend und von Abgaswolken umhüllt 30 Minuten am Straßenrand auf ein Taxi warteten, bemerkte ich Tränen in Christines Augen. Vor dem Schlafengehen las sie mir dann die Losung vor, Psalm 20,2: „Der Herr erhört dich in der Not!" Sie sagte: „Gell, das brauchen wir jetzt wieder ..." Dann beteten wir zusammen.

Ein schönes Erlebnis war am Sonntagmorgen der überraschende Besuch von Shionny und Steban. Wir hatten Shionny letztes Jahr auf Anraten unseres Psychiaters in ein geschlossenes Frauenhaus gebracht, aus dem sie kurze Zeit später ausgerissen war. Steban hatte sie daraufhin wieder bei uns angeschleppt und erklärt, er liebe sie und werde sie heiraten. Und nun waren sie da ... mit ihrem Baby.

Shionny braucht nach wie vor ständige Begleitung, klagt über Beschwerden, hört imaginäre Stimmen und verweigert Medikamente. Ich fragte Steban, wie er das mit Shionny denn nur schaffe. „Es ist hart, aber ich liebe Shionny eben", antwortete er.

„Und wie geht es mit deiner Arbeit?", fragte ich weiter. Steban arbeitet als Laufbursche für Harrys Anwaltspraxis im Geschäftsviertel Makati.

Da sagte er: „Es geht super. Ich werde gut behandelt. Gleich zu Beginn musste ich einen größeren Geldbetrag abholen. Sie fragten mich, ob ich mit dem Geld abhauen würde. Da habe ich geantwortet: ‚Keine Angst – Geld kann ich immer irgendwie beschaffen, Vertrauen dagegen ist unbezahlbar.'"

Briefe aus Manila

Philcoa, im Juni 2000 / Wir sind seit gut einer Woche zurück in Manila. Unsere Nachbarn begrüßten uns herzlich: „Gut, dass ihr wieder da seid. Ihr seid aber dick geworden ..." Schon nach ein bis zwei Tagen ist die Schweiz für mich weit weg – schade! Und wir sind wieder am Ein- und Auspacken! Ich habe das Gefühl, mein ganzes Leben besteht aus Packen und Reisen. In den ersten paar Tagen hier hätte ich am liebsten das Flugzeug zurück in die Schweiz genommen.

Das Blechdach unserer Hütte ist undicht. Während wir in der Schweiz waren, haben Nachbarskinder das Dach offenbar als Spielplatz benutzt. Unser hilfsbereiter Nachbar „Boy" übernimmt die Reparatur für einen Tageslohn. Während er und seine Freunde löchrige Blechstücke auswechseln, geht völlig überraschend ein orkanartiger Regenguss nieder. Nun läuft überall Wasser herein, auf Sofa, Betten, Boden ... Ich stelle hastig Gefäße auf, aber das Wasser ist schneller, erste Pfützen bilden sich. Dann rieche ich Rauch und sehe, dass Regenwasser direkt in eine Steckdose tropft. Es funkt und raucht, und im Geist sehe ich unsere Hütte schon in Flammen aufgehen. Mit rasendem Herzen laufe ich zum Sicherungskasten. Gerade noch!

Am folgenden Tag kommt Boy wieder. Er soll Kunststoffplatten auf unseren Zementboden kleben, damit es einfacher wird, ihn sauberzuhalten. Unsere wenigen Möbel stellen wir in eine Ecke und machen uns auf den Weg zu Arbeit und Schule.

Am Nachmittag beim Heimkommen trifft mich fast der Schlag: Das ganze Innere der Hütte, mein einziges bisschen Privatsphäre, ist von einer dicken roten Staubschicht überzogen! Um den roten Zementboden zu ebnen, musste Boy mit einer Schleifmaschine nachhelfen. Die Kinder, die kurz vor mir mit Jessica heimgekommen waren, helfen Boy eifrig beim Auf-

kleben der Platten – in ihren schönen sauberen Kleidern natürlich. Da fällt mir ein, dass unser Wassertank leer ist und ich gleich ohne Wasser putzen muss … Das gibt mir den Rest. Ich raffe meine letzten Kräfte zusammen, packe einige Sachen in eine Tasche und fahre mit den Kindern ins SERVANTS-Haus.

Chris und unsere Hauseltern Margrit und David sehen mir sofort an, dass es mir nicht gut geht. Verschnaufen, erzählen, duschen. Spontan beschließen wir, noch Schreibarbeiten und Telefonate zu erledigen und morgen in einem einfachen Hotel ein Zimmer zu belegen. Chris verschiebt einige Termine auf nächste Woche, Margrit und Dave verabschieden uns mit einem Geschenkkorb voller Snacks und einem Rosenstrauß. Auch sie sind froh, dass wir uns diese nötige Pause gönnen. Im Hotel erledigen wir dann alle Verdankungen und Briefe und ruhen uns am Pool aus. Die Kinder bekommen fast Schwimmhäute vom vielen Baden.

Es braucht in dieser verrückten Stadt mit ihrem Dauerstress so wenig, um mich an meine Grenzen zu bringen. Dabei – was ist mein Stress im Vergleich zum Überlebenskampf der Armen? Hunger, Gewalt, Feuer, Taifune, Umsiedlungen, Katastrophen, Tod von Familienmitgliedern, entwürdigende Lebensumstände, Diskriminierung – die meisten unserer Freunde haben mehr als eines dieser Schicksale erlebt. Experten sagen, dass mehrere unverarbeitete Traumata einen Menschen in eine Art Dauerschock-Zustand versetzen. Gleichgültigkeit, Abstumpfung der Gefühle und Apathie sind die Folgen. Das ist wohl ein Grund, warum unsere Freunde manche Chancen nicht packen: weil die emotionale Kraft fehlt, um ein Wagnis einzugehen. Viele Jugendliche sind es gewohnt, den Weg des geringsten Widerstandes zu gehen. Sie leben nur im Augenblick und geben einfach ihren Stimmungen und Gefühlen nach. Erst wenn sie gelernt haben, auch in Schwierigkeiten dranzubleiben und durchzuhalten, haben sie die Chance, eine gute Arbeitsstelle zu finden.

Unsere geliebte Daisy, die nun seit einem Jahr mit uns zu ONESIMO gehört (und dort mehr aufzuarbeiten hatte als nur das, was Arol ihr antat), ist gerade zum zweiten Mal abgehauen. Auf dem Schulweg hat die nun Dreizehnjährige ihre alten Bandenfreunde und ihren „Boyfriend" getroffen. Aus einer momentanen Sehnsucht nach körperlicher Liebe und Anerkennung heraus hat sie nun all unsere Fürsorge, die neue Schule und die Geborgenheit im Girls-Center über Bord geworfen, um sich zu holen, was sie im Moment zu brauchen meint. Wir sind traurig, dass dieses herzige Mädchen und die liebste Freundin unserer beiden Kinder aufgegeben hat. Gleichzeitig ist uns bewusst, dass unsere Hilfe ein freiwilliges Angebot ist. Wir hoffen fest, dass Daisy von selbst zurückkommt.

Diese Woche lebt Shionny mit ihrem süßen Baby bei uns. Steban braucht dringend eine Pause von ihr! Schon nach ein paar Tagen könnten wir mit verrückten Geschichten ein halbes Buch füllen. Aber sie hat auch kleine Fortschritte gemacht. Bisher hatte sie panische Angst vor Wasser und duschte ganz selten. Sie wollte auch nie Geschirr abwaschen.

Gestern musste ich sie fast zwingen, eine Dusche zu nehmen. Es war dringend nötig! Ich ging mit ihr in unser winziges WC, in dem man auch duscht. Wir machten extra Wasser warm, damit es angenehm wird. Ich betete mit ihr und machte ihr Mut. Als ich das warme Wasser mit dem Becher über sie leerte, schrie sie wie am Spieß: „Bitte, Christine, bring mich nicht um!" Zum Glück regnete es draußen gerade sehr stark. Ich hoffte, dass es keinen Menschenauflauf gibt wegen der Hilfeschreie …

Payatas in den World News

10. Juli 2000, Montagmorgen, gegen 8 Uhr. Nichts ahnend biege ich in die Straße ein, die zu unserem Zentrum für Boys und zur Mülldeponie führt. Irgendetwas stimmt nicht. Da sind Hunderte von Menschen, die alle in Richtung einer Rauchsäule laufen. Mein Herz fängt an zu hämmern, ich spurte los.

Minuten später packt mich das Entsetzen: Wo gestern noch viele Hütten standen, liegt ein mehrere Meter hoher „Lawinenkegel" aus nassem, verwesendem Müll. Der gut 30 Meter hohe und kilometerlange Abfallberg ist nach zwei Wochen orkanartigem Regen auf den Slum heruntergerutscht.

Am Rande stehen eingedrückte Hütten in Flammen. Das Feuer prasselt, Menschen schreien, ein Jeep voller Kinder, teils mit schweren Brandwunden, rast davon. Bis zum nächsten Hospital brauchen die mindestens eine Stunde! Bei den brennenden Hütten bildet sich eine Kette von Menschen, die sich in panischer Anstrengung Wassereimer reichen – angesichts des vom Wind geschürten Feuers ein hoffnungsloses Unterfangen. Mütter schreien nach ihren verschwundenen Kindern, Kinder schreien nach ihren Müttern.

Ein verzweifelter Teenager versucht, mit bloßen Händen seinen Vater auszugraben. Der etwa Vierzigjährige liegt eingeklemmt bis zur Gürtellinie unter Blechdach, Holzbalken und Müll. Er atmet schwer: „Ich kann nicht mehr, schnell, schnell …"

„Wo ist Mutter?", jammert der Sohn.

„Zur Arbeit, macht vorwärts, schnell …", keucht der Vater. Wir graben wie irre, aber der nasse Müll ist schwer und kompakt, fast wie Stein. Es sind zu wenige, die helfen! Sie haben Angst, und ich verstehe sie: Hütten brechen zusammen, es liegen abgerissene Stromkabel herum, und jeden Augenblick kann noch mehr Müll ins Rutschen kommen. Eine gespenstische Szenerie.

Jemand reicht mir ein Stemmeisen, ein anderer kommt mit einem Wagenheber. Jetzt geht es vorwärts: Ich organisiere Wasser, das der unglückliche Unbekannte dankbar aus einem Plastikdeckel schlürft. Plötzlich sind genügend Helfer da, und ich schleiche mich davon – ich muss sofort zum ONESIMO-Zentrum!

So schnell wie heute lege ich die 200 Meter zu unserer Lebensgemeinschaft selten zurück. Dann fällt mir ein Stein vom Herzen: Unser Zentrum wurde verschont. Auch zwei unserer Jungs, die am Morgen auf dem Berg noch Essensresten für die Schweine gesammelt hatten, sind mit dem Schrecken davongekommen.

24 Stunden später erlebe ich etwas, das ich in den ganzen Jahren im Slum noch nie erlebt habe: Die Welt kommt zu Besuch. Laufende Kameras überall, internationale Fernseh- und Radiosender haben Stationen aufgebaut und berichten vom Schrecken. Und wenn immer die Kameras laufen, stehen sie auch sofort da: Abgeordnete, Regierungsräte, Polizeisprecher, viele, viele Gaffer … Und natürlich Staatspräsident Joseph Estrada, der ehemalige Schauspieler. Er, der in Tondo aufgewachsen ist und in über hundert Filmen die Hauptrolle spielt – oft als Rächer der Unterdrückten –, auch er will der Welt gern seine tiefe Betroffenheit kundtun und vor den Kameras zeigen, wie sehr er sich um die Aasgeier sorgt. Hunderte von Soldaten und Polizisten sind da, suchen mit Geruchsmasken, Schaufeln und Baggern nach Leichen. Ja ja, sie tun was. Unser Müllberg ist zum Event geworden!

Zehn Tage später haben sie weit über 200 Leichen ausgegraben, und die Suche geht weiter. Noch bringen Hilfswerke lastwagenweise Essen. Menschen stürzen sich buchstäblich darauf. Wir warten ab, bis die berühmten Helfer abgezogen sind und wir mit ein paar anderen lokalen Gruppen und den Opfern zurückbleiben.

Natürlich wird die Müllhalde jetzt geschlossen. Es könnte

ja sein, dass irgendwelche Journalisten ein halbes Jahr später vorbeischauen – und die sollen dann nicht berichten, es hätte sich nichts geändert!

Den Aasgeiern wird allerdings keine Alternative geboten. Die Schließung bringt also Tausenden von Menschen Arbeitslosigkeit, Hunger und Verzweiflung. Der größte Teil der Armen in dieser Stadt ist nirgendwo registriert, viele existieren statistisch gar nicht. Sie stellen nicht mehr als eine Peinlichkeit dar, an die man am liebsten gar nicht denkt. Außer vor den Wahlen. Dann bekommen alle plötzlich einen Wahlausweis und eine Zufahrtsstraße wird asphaltiert – unübersehbar mit dem Namensschild des mildtätigen Politikers.

Wenn ich mal ruhig und ganz alleine mit mir selber bin (was selten genug vorkommt), dann ziehen die Schreckensbilder dieses Unglücks an mir vorüber. Ich höre die verzweifelten Schreie und das prasselnde Feuer. Dann spüre ich, wie mein Atem schneller geht, und ich denke: Nichts wird mehr so sein wie früher.

Warum gerade die Ärmsten? Was soll das alles, Gott? Mit ONESIMO kämpfen wir um jedes einzelne Leben, und dann kommt der Müllberg ins Rutschen und auf einen Schlag sind Hunderte tot und Tausende bleiben zurück! Verletzt, innerlich und äußerlich. Gott kann es nicht gewesen sein, nein. Aber ich stehe da, ohne Antwort und manchmal auch wütend.

Ich muss mir meinen persönlichen Gott immer wieder ins Bewusstsein rufen, muss mir vor Augen halten, was er sagt: „Ich war nackt und krank und hungrig …“ Gott hat sich auf die Seite der Opfer gestellt, mit Entstellten und Verletzten leidet er mit. Was will ich ihn da verantwortlich machen für das Geschehen! Ich will mich daran festhalten, dass er am Ende der Zeit sein Friedensreich aufrichten und alles ins Gleichgewicht bringen wird. Nur im Glauben an solche Zusagen kann ich innerlich zur Ruhe kommen. Was bleibt, ist der Glaube.

Fließendes (Ab)wasser

Der heftige Regen hat aufgehört. Aber vor zwei Wochen hat er uns selbst noch erwischt, wenn auch weit harmloser. Ich hatte Christine zum Flughafen gebracht. Ihre Großmutter in der Schweiz hatte einen Herzinfarkt mit Komplikationen, und dank einer Reiseversicherung konnte Christine für ein paar Tage hinfliegen. An diesem Tag regnete es wie aus Kübeln; als ich ins Bett ging, prasselte es immer noch aufs Dach. Gegen 2 Uhr rissen mich meine aufgeregten Nachbarn buchstäblich aus dem Bett. Ihr Schreien und Türklopfen hatte ich nicht gehört, aber glücklicherweise haben sie einen Schlüssel zu unserer Wohnung.

Ich rutschte etwas benommen von meinem Bett und war schlagartig hellwach. Denn da stand ich mit bloßen Füßen in einer bereits 20 Zentimeter tiefen Dreckbrühe. Der überfließende Abwasserkanal floss durch unsere Hütte! Und die Brühe stieg weiter!

In fieberhafter Eile halfen mir die Nachbarn, unsere Matratzen mit Schnüren unter das Dach zu binden. Schuhe, Bücher, Wäsche, Papiere und anderes Zeug, das noch nicht nass war, verpackte ich in Plastiksäcke und nagelte sie möglichst weit oben an die Balken und Sperrholzwändchen. Dann reichte es gerade noch, um Noel und Isabel zu wecken, bevor sie nass wurden. Wir zogen uns zu dritt für die nächste Stunde der Nacht auf den letzten trockenen Fleck unseres Häuschens zurück, den oberen Stock des Kajütenbettes der Kinder. Von dort aus beobachteten wir, wie der Schmutzwasserpegel beinahe die Tischplatte erreichte. Mit dem Handy rief ich ins Mädchenhaus und in die Frisco-Gemeinschaft an, die ja ebenfalls an einem Fluss liegt. Sie seien im oberen Stock des Häuschens in Sicherheit, hieß es. Das Wasser stehe hoch, aber alles sei unter Kontrolle und bei guter Laune …

Ich war froh, dass Christine dies nicht miterleben musste. Sie saß wahrscheinlich zufrieden im Jet hoch oben am Himmel irgendwo zwischen Manila und Zürich. Im Unterschied zu mir hängt sie sehr an Orten und dem Wohnraum. Das hätte sie alles sehr mitgenommen. Für Isabel und Noel war es vor allem ein Abenteuer.

Die Brühe stieg weiter und weiter. Irgendwann wurde es mir doch zu gefährlich und ungemütlich – zu dritt auf dem Bett über dem bewegten Wasser. Ich packte Isabel und Noel je unter einen Arm und watete mit ihnen hinaus in die Nacht, vorbei an lachenden Nachbarn. Filipinos lachen gerne und viel, es ist ihre Art, etwas emotional zu verarbeiten. Wir gingen zu einem höher gelegenen Teil unsrer Nachbarschaft, wo ich meine zwei Kleinen für den Rest der Nacht im Trockenen lassen durfte.

Der Fluss zog sich fast so schnell wieder zurück, wie er gekommen war. Zurück blieb ein übel riechender, klebriger Schlamm, der alles überzog. Weil viele Straßen in Manila überschwemmt waren, fiel die Schule aus. Unsere Jungs von Payatas standen frühmorgens schon vor der Tür und halfen tatkräftig beim Aufräumen mit. Ihr Haus bei der Müllhalde war vom Hochwasser verschont geblieben.

Manches konnten wir gleich wegwerfen. Briefe, Fotos und ein paar Bücher und Hefte versuchten wir mit Haartrockner und mithilfe der Sonne zu retten. Unsere Kinder waren besonders über den Verlust ihrer Meerschweinchen sehr traurig. Statt an die Tierchen in der Kiste am Boden hatte der Vater nachts nur an die teure Nähmaschine gedacht ...

Streit um Leichen

Seit dem Müllbergrutsch im Juli, also vor gut vier Monaten, bin ich ein paarmal am Rand des „Massengrabes" gewesen und habe mit Überlebenden geweint. Einmal wurde ich Zeuge von schrecklichen Szenen. Soldaten legten auf dem Dorfplatz die erdrückten und entstellten Überreste menschlicher Körper nebeneinander auf den Boden, damit Überlebende sie identifizieren konnten. Die meisten Gesichtszüge waren schlecht oder so gut wie gar nicht mehr erkennbar. Ich sah, wie Männer und Frauen sich um die Leichen stritten. Jeder wollte sich wenigstens verabschieden können von seinem Kind, seinem Bruder und seiner Schwester, Mutter oder Vater. Und: Die Regierung hatte betroffenen Familien pro Toten einen Geldbetrag versprochen.

Die Not und der Hunger sind am Müllberg brutaler denn je. Der Berg steht still, die Arbeit ist weg, und für Müllsammler gibt es keine staatliche Sozialhilfe. Die Suche nach weiteren Opfern wurde inzwischen eingestellt. Bisher wurden 234 Leichen geborgen. 73 Familien vermissen immer noch Angehörige. Auf dem Müll gelebt, unter dem Müll gestorben.

Letzte Woche demonstrierten Familien mit einem Sitzstreik vor der Stadtverwaltung. Sie forderten endlich die von der Regierung versprochenen 15 000 Pesos „Soforthilfe", die die Behördenvertreter in der ersten Stunde vor laufenden Kameras zugesagt hatten. Weiter forderten sie die Herausgabe der Überreste von fünfzig Verstorbenen, die „zur genauen Identifizierung" seit Monaten zurückbehalten werden. Die etwa fünfzig mutigen Sitzstreikenden wurden mit einem hundert Mann starken Aufgebot einer Polizei- und Schlägertruppe verjagt, erreichten aber immerhin ein Gespräch mit dem Stadtpräsidenten. Er versprach erneut die Auszahlung der erwähnten Unterstützungsbeiträge. Er würde auch sofort wieder die Weitersuche nach den übrigen Verschütteten in Auftrag geben.

Schöne Worte. Die Medien waren anwesend.

Von den Überlebenden sind viele weggezogen oder wurden „umgesiedelt". Ein großer Teil der hiergebliebenen Slumbevölkerung hat keine Arbeit mehr, aber umso mehr Hunger. Private Hilfsorganisationen verteilen täglich Essen an Hunderte von ihnen. Wir sind froh, dass wir wenigstens unseren etwa zwanzig Jugendlichen von Payatas in unseren Gemeinschaften ein Zuhause geben können. Jun Arizala, unser Leiter der ONESIMO-Gemeinschaft in Payatas, ist eigentlich voll beansprucht mit der Betreuung unserer Jungen. Trotzdem hat er sich in der Not einspannen lassen: als Präsident einer Nachbarschaftsvereinigung in Payatas. Die an unseren Slum angrenzenden Landbesitzer wollten die Stunde der Verwirrung zu ihren Gunsten nutzen und versuchten mit einem großen Zaun die Zufahrtsstraße zu den Armensiedlungen zu schließen. Dank Juns Einsatz konnte die lokale Behörde diesen Zaunbau verhindern.

Alles, was wir hier tun, ist heikel …

Joachim und Sieglinde Hammer haben eingecheckt. Morgen ist Silvester, dann sind sie wieder in Reichelsheim. In Camp Rock hatten wir einmal mehr bewegte Tage. Wir haben die Sommercamps 2001 vorbereitet und Teenager zu Kleingruppenleitern ausgebildet. Joachim hat vor Begeisterung über die kreativen und erlebnisorientierten Bibelgesprächskreise im Camp richtig gesprudelt.

Auf dem Heimweg vom Flughafen piepst mein Handy: Randy, unser jüngster ehemaliger Müllsammler und Leimschnüffler aus Payatas, liege auf der Notaufnahme des Regierungshospitals in der Provinzstadt Batangas. Auf der Anreise nach Camp Rock habe ihm die tonnenschwere Laderampe der Fähre den Fuß zerquetscht.

Zwei Stunden später stehe ich im Hospital, einem einstöckigen und wenig vertrauenerweckenden Flachbau. Randys Fuß sieht schlimm aus. Immerhin erkenne ich in der blutigen Masse noch deutlich drei ganze Zehen. Ich stelle mich dem Arzt als medizinischer Pflegefachmann und Randys Pflegevater vor und frage nach dem Prozedere.

„Amputation, Sir", antwortet der Arzt trocken. Bloße Schadensbegrenzung also, Drittweltmedizin, mehr nicht. Man müsse eine lebensgefährliche Infektion vermeiden und das so schnell wie möglich, erklärt der Arzt. Ob sie denn keinen Chirurgen hätten, der den Fuß wieder zusammenflicken könne, frage ich. Er schüttelt den Kopf: „Bei so großen Verletzungen gibt es hier in der Stadt nur die Amputation."

„Dann muss Randy eben nach Manila, und zwar schnell!", erkläre ich sehr bestimmt. Der Arzt überlegt kurz. „Gut, wenn Sie einen solchen Transport riskieren wollen, dann stelle ich Ihnen eine Ambulanz zu Verfügung. Aber einen Arzt kann ich nicht abdelegieren – die Verantwortung tragen Sie."

Die Fahrt ist nervenaufreibend. Manchmal geht es voran mit freier Fahrt und lauter Sirene, aber viel zu oft kriechen wir in kilometerlangen Staus, gegen die auch Blaulicht und Sirene machtlos sind. Und als wir das Radio anstellen und die Breaking News hören, kommt noch ein Hammer: Eine Serie von Bombenanschlägen in der Hauptstadt mit einigen Toten und Hunderten Verletzten. Ausgerechnet!

Nach fast drei Stunden sind wir im Großraum Manila. Das Chaos auf den Straßen ist perfekt, aber wenigstens eskortiert uns die Polizei mit Blaulicht ins Orthopädische Zentrum. Dort trifft mich fast der Schlag: Behandlungsräume und Korridore sind überfüllt wie ein Kriegslazarett nach der Schlacht. Auf improvisierten Bettgestellen und Pritschen liegen stöhnende Verletzte. In einer halbdunklen Ecke sehe ich eine junge Frau, regungslos. Eines ihrer Beine ist am Oberschenkel abgetrennt, der Stumpf ist mit einem Gummischlauch abgeschnürt, der Verband blutgetränkt. Offensichtlich wartet sie auf einen freien Chirurgen.

Eine gestresste Krankenschwester informiert uns, am Nachmittag seien innerhalb einer Stunde fünf Bomben explodiert, eine auf dem Flughafen, eine andere in einer überfüllten Hochbahn gleich beim Spital.

„Den Fuß kann man retten", sagt ein Arzt, „aber der Junge muss noch ein Weilchen warten." Das Weilchen dauert sieben Stunden. Unglaublich lange Stunden. Die Operation verläuft dann nach Auskunft des Chirurgen erfolgreich. Wenn der Fuß ohne Komplikationen heilt, kann Randy in den nächsten Monaten wieder gehen lernen.

In den Tagen darauf berichten die Medien von 22 Toten und Hunderten Verletzten. Präsident Estrada ruft die Bevölkerung auf, Ruhe zu bewahren. Natürlich ist er nervös, gegen ihn läuft ein Amtsenthebungsverfahren wegen Bestechlichkeit. Urheber der Attentate war einmal mehr die islamistische Terrorgruppe Abu Sayyaf.

Genau 15 Tage später ist es so weit: Eine halbe Million Filipinos verjagen Staatspräsident Joseph Estrada aus dem Regierungspalast. Stunden später wird Vizepräsidentin Gloria Arroyo vereidigt. Wir freuen uns sehr über den Sieg des gewaltfreien Volksaufstandes, aber unsere Dankbarkeit und unsere Freudentränen gelten an diesem historischen Tag den 17 jungen Menschen, die die ersten 6 Monate ihrer Rehabilitation abgeschlossen haben. An der Abschlussfeier vor 150 Angehörigen und Freunden aus den Slums berichten sie, dass sie mit der Hilfe von Christus unterwegs seien in ein Leben mit Sinn und Würde. Das ist die wahre Revolution!

Trotzdem habe ich je länger, je mehr das Gefühl, dass es einfach nicht reicht, was wir hier machen. Es reicht nicht, die Armen mit etwas Anleitung, einem guten wirtschaftlichen

Selbsthilfeprojekt und der Entdeckung eines lebendigen persönlichen Glaubens zu befähigen, aufzustehen und sich selber zu helfen. Sie brauchen ihren Anteil an den Gütern dieser Welt. Gerechtigkeit. Und wir Reichen täten gut daran, unseren Wohlstand mit den wirtschaftlich Benachteiligten zu teilen, bevor wir an Fettsucht, Herzinfarkten, Umweltverschmutzung oder am Terrorismus zugrunde gehen, der ja auch eine der Folgen dieses Ungleichgewichts ist.

Arm und Reich, Nord und Süd brauchen einander. Sie müssten einander finden, indem sie beide begreifen, dass sie die gleichberechtigten Empfänger einer Liebeserklärung Gottes an die Menschen sind. Sie könnten sich gegenseitig kraftvoll inspirieren.

In voraussichtlich gut zwei Jahren kehren wir unseren Kindern zuliebe endgültig in die Schweiz zurück. Bis dahin sollten wir daran arbeiten, dass zwischen den Menschen in Europa und denen hier in den Slums so etwas wie eine lebendige Partnerschaft entsteht. Mir kommt ein Gedanke: Wie wäre es, wenn wir in unseren letzten Heimaturlaub in einigen Wochen zwei, drei unserer Jugendlichen mitnehmen würden? Unsere Freunde in Europa sähen plötzlich die Gesichter, würden die Stimmen hören, live und nicht durch den Schneider-Filter.

Das ist heikel, logisch! Aber alles, was wir hier tun, ist heikel. Wer nur tut, was nicht heikel ist, tut gar nichts.

Drei Filipinos in der Schweiz

12. Juni 2001. Schon wieder sitzen wir im Flugzeug Richtung Manila. Die sechs Wochen in der Schweiz waren kein Urlaub, sondern ein Marathon an Veranstaltungen. Neben mir sitzt Joan (25), ehemaliger Straßenjunge und Nachtclub-Tänzer. Neben ihm wiederum Terry, der Chef jener Müllsammler-Bande, von der die meisten in unser zweites Reha-Programm eintraten, und hinten ist Jaymar, der frühere Dieb und Zuhälter. Wenn ich dran denke, wie uns damals Dr. Randy empfohlen hatte, Jaymar sofort wieder auf die Straße zu stellen, er sei psychotisch, er höre Stimmen und sei für uns alle eine Gefahr ... Und wenn ich dran denke, wie er und die zwei andern nun unseren Freunden wochenlang fast jeden Abend aus ihrem Leben berichtet haben. Keine Frage: Da sitzen drei Wunder! Ich bin froh, dass unsere Mitarbeiter genau Joan, Terry und Jaymar für die Reise ausgewählt haben.

Natürlich waren sie schon am Flughafen Zürich von der Polizei festgehalten worden. „Denen hat unser Gesicht nicht gefallen", sagte Joan hinterher, aber Terry fand, es sei schon in Ordnung gewesen: „Die Polizisten behandelten uns mit Respekt, nicht wie die in Manila."

Besonders berührt hat mich, wie Jaymar einer Gruppe von Konfirmanden sagte, dass er sie nicht um ihren Besitz und um ihr schönes Land beneide, sondern darum, dass sie in Familien aufwachsen könnten, in denen sie wertgeschätzt, geliebt und diszipliniert erzogen würden. Das hätte er sich immer gewünscht. Die Reaktionen der Jugendlichen waren unglaublich. Ein Besucher brachte es auf den Punkt: „Es war für mich, als wären alle kulturellen und materiellen Barrieren und Unterschiede überwunden."

Vielleicht wachsen dank ONESIMO anhaltende Beziehungen zwischen Menschen in Europa und in den Slums. Es sind eben nicht nur „die Armen", sondern es sind Gesichter. Drei solche Gesichter haben unsere Freunde in der Schweiz und in Deutschland nun gesehen.

Der 11. September

Zwei Wochen ist es jetzt her: der 11. September 2001. Seit zwei Wochen gibt es ja in den Medien überhaupt kein anderes Thema mehr. Ein unfassbarer Tag mit einem unfassbaren Geschehen: An diesem 11. September 2001 starben weltweit 35 615 Kinder an Unterernährung. So wie an jedem Tag, laut Welternährungsorganisation.

Brief aus Manila

Manila, 11. Oktober 2001 / Ihr Lieben, unsere neue Unterkunft, inzwischen unser fünftes Slumhaus, ist herrlich. Es ist eine alte Blechhütte, und sie liegt fast inmitten der letzten Reisfelder der 14-Millionen-Stadt Manila. Wir freuen uns über ein eigenes Gärtchen und fließendes Wasser – natürlich muss man es filtern.

Am Abend beim Einschlafen hören wir kein Geschrei betrunkener Nachbarn, sondern Grillenzirpen und Froschquaken. Oft lege ich mich mit einem richtigen Glücksgefühl ins Bett und genieße einfach diese Ruhe! Nur ganz in der Ferne dröhnt ruhelos der Verkehr. Und weil unsere Blechhütte nur 200 Meter vom alten Wohnort entfernt liegt, haben unsere Kinder ihre Freunde nicht verloren. Im Gegenteil, die freuen sich über unseren kleinen Vorplatz zum Spielen!

*Glückliche Zeit
für unsere Kinder
in den Slums*

Von 7 bis 12 Uhr sind Isabel und Noel in der Schule. Das bedeutet für mich viel freie Zeit für den Haushalt, zum Blumenpflanzen und so weiter. An zwei Nachmittagen in der Woche kümmert sich Christian um die Kinder, und ich arbeite im Büro. Die Wochenenden sind in letzter Zeit meist unverplant und echte Familientage. Das ist eine wirklich neue Entwicklung in der Familie Schneider.

Seit drei Tagen haben wir übrigens eine Haushaltshilfe in unserer kleinen Wohnung. Das Ganze ist so zustande gekommen: Zufällig höre ich mit, wie der zehnjährige Nachbarsjunge Bongbong zu Noel sagt: „Morgen werden ich und Macmac in die Provinz zu unseren Verwandten gebracht. Ich werde euch lange nicht mehr sehen, vielleicht eine oder zwei Weihnachten nicht, an deinem Geburtstag auch nicht." Noel ist aufgewühlt. Auch ich mische mich nun ins Gespräch ein und frage nach. Mir schwant nichts Gutes.

Anschließend suche ich Bongbongs Mutter in ihrem winzigen Häuschen am stinkenden Abwasserkanal auf. Marie-Thess erzählt mir, sie hätte vor ein paar Monaten erfahren, dass ihr Mann seit vier Jahren eine zweite Frau und Familie hat. Ihr Mann hat ihr gegenüber keine rechtlichen Verpflichtungen, weil sie, wie die meisten Slumpaare, nicht legal verheiratet sind. Wenn er auf Besuch kommt, behandelt er Marie-Thess selbstverständlich als seine Frau, die ihm zur Verfügung steht. Das gehört zum „Service", weil er sich ja immerhin noch ein wenig um seine Kinder kümmert. Ab und zu bringt er etwas zum Essen mit. Marie-Thess möchte aber, dass er sie in Ruhe lässt. Das wiederum bedeutet, dass sie überhaupt kein Geld mehr von ihm bekommt. Sie muss zusehen, wie ihre Kinder hungern und nicht mehr zur Schule gehen können.

Nun plant sie, die Buben zu den Verwandten ihres Mannes in die Provinz zu bringen. „Was soll ich anderes tun?", klagt sie mir unter Tränen. „Dort bekommen meine Söhne wenigstens etwas zu essen. Und hoffentlich kommt dann mein Mann nicht mehr zu Besuch."

Nur zu gut weiß ich von unseren ONESIMO-Schützlingen, dass Kinder ohne ihre Eltern bei den Verwandten oft furchtbar vernachlässigt werden. Viele mussten als Hausklaven arbeiten und täglich Schläge und sogar Folterungen einstecken. Ohne jemanden, der zu ihnen hält, sind sie verloren. Dies alles gebe ich Marie-Thess zu bedenken: „Weißt du, deine Kinder brauchen deine Mutterliebe vielleicht noch mehr als Essen. Aber auch Essen haben sie dringend nötig, ich weiß."

Und so reden Christian und ich noch am selben Abend über eine mögliche Lösung. Wir kennen ja viele, viele überforderte Mütter in der nächsten Nachbarschaft. Aber diese beiden Knaben spielen jeden Tag in unserem Haus und gehören schon zur Familie. Die traurigen Augen der beiden, in denen sich böse Vorahnungen spiegeln, brechen mir das Herz.

Und so kommt es, dass seit drei Tagen Marie-Thess für uns

kocht. Sie nimmt mir Arbeit ab, und ich kann sie zwischendurch auch mit allen Kindern alleine lassen. So komme ich zum Schreiben, zu Einkäufen oder auch mal zu einem freien Abend mit Christian. Abends bin ich müde vom Trubel, aber sehr glücklich. Zwischendurch schenken mir Bongbong und Macmac ein Lächeln. Welch eine Belohnung für die Bereitschaft, von unserer Privatsphäre ein wenig zu opfern. Übers Wochenende werden wir weiterhin unter uns sein. Mit ihrem kleinen Wochenlohn kommt Marie-Thess dann einigermaßen über die Runden.

Am nächsten Mittwoch werden wir in unserer Hütte hohen Besuch empfangen: Der Schweizer Botschafter und sein Vize wollen sehen, wie wir im Slum leben können. Sie hatten in der „Schweizer Familie" eine Reportage über uns gelesen. Ich werde dafür sorgen, dass sie dann auch einen Blick in jene winzige Hütte am Abwasserkanal werfen, in der eine der wirklichen Heldinnen lebt.

Alles Liebe, Christine

Eine Brücke zwischen Arm und Reich

Neuerdings bin ich stolzer Besitzer eines Dolchs. Der 18-jährige Jon-Jon bat mich um 50 Pesos. Er habe Spielschulden, flehte er, und wenn er die nicht bezahlen könne, geschehe etwas Schlimmes. Ich schüttelte den Kopf, obwohl ich die Angst in seinen Augen und seiner Stimme bemerkte. Aber wir geben nie Bargeld, das weiß er.

Schließlich sagte Jon-Jon: „Wenn du mir nicht hilfst, muss ich einen Raubüberfall machen, du lässt mir keine andere Wahl."

„Du bist viel zu gescheit, um eine solche Dummheit zu begehen", antwortete ich.

Da zog er einen etwa 40 Zentimeter langen Dolch aus seinen Shorts und schrie mich an: „Du glaubst mir nicht? Ich werde es tun!"

„Ich kaufe dir den Dolch ab, für 50 Pesos", sagte ich. Er überlegte kurz und nickte. Ein Handschlag und der Handel war perfekt. Seither bin ich also Besitzer eines Dolches, wer hätte *das* gedacht?

Wir schreiben inzwischen das Jahr 2002, das siebte Jahr von ONESIMO. Mittlerweile werden alle Camps, alle Schulungen, ja alle regelmäßigen Veranstaltungen von Einheimischen durchgeführt. Wir Schneiders sind vor allem Freunde und Mentoren dieser zumeist jungen Mitarbeiter. Und natürlich werden wir immer noch als wichtige Fundraiser aktiv.

Inzwischen leben und arbeiten über 80 Personen mit ONESIMO. Dabei sind es hauptsächlich unsere treuen Freunde in Europa, die das Werk über Spenden oder durch Patenschaften finanzieren.

Das klingt normal, aber dieses „Geschäftsmodell" befriedigt mich nicht. Anfangs hatten wir noch geglaubt, dass wir mit dem Aufbau eines gewinnbringenden Geschäftsprojektes unser schnell wachsendes Sozialwerk finanziell auf eigene Beine stellen könnten. Aber wir waren naive Idealisten. Wir haben den mörderischen wirtschaftlichen Wettbewerb, die unmenschlichen Arbeitsbedingungen und die Korruption unterschätzt. Kurz und schlecht: ONESIMO lebt immer noch von Spenden aus Europa.

Naiv waren auch meine Erwartungen an die „Reichen" und an die christlichen Kirchen hier in Manila. Wenn ich an all meine erfolglosen Kontaktaufnahmen in den letzten Jahren zurückdenke …

Einmal waren wir von der Stiftung einer solventen Bank eingeladen worden. Ich hatte vorab eine aufwendige Projektbeschreibung erarbeitet. Es gab ein feines Essen im stilvollen Dachgeschoss des Wolkenkratzers der Bank, danach ein Foto-shooting, bei dem uns ein Direktor einen Scheck über umge-rechnet gut 500 Euro überreichte ... Wir waren schlicht für die PR dieser Bank missbraucht worden.

In wohlhabenden großen Kirchen war es oft ähnlich: leere Versprechungen und Vertröstungen. Ich achtete stets darauf, nicht bei Kirchen anzuklopfen, die bereits eine Straßenkinder-arbeit unterhielten.

Ich war in Gottesdiensten, allein oder im Team, oft in kli-matisierten Kirchen mit Teppich und tollen Soundsystemen für die hingebungsvolle Anbetungsmusik. Und dann waren die Gottesdienste in Englisch, statt in Tagalog, sodass mei-ne armen Freunde nicht allzu viel verstanden. Manchmal war ich regelrecht froh darüber. Besonders in jenem Gottesdienst, als eine offensichtlich prominente Dame erzählte, wie Gott sie aus einer Geschäftskrise rettete, in der sie absolut alles ver-loren hätte: *„I went down to only one car..."* Der Besitz ei-nes einzigen Autos bedeutete für sie „absolut alles verloren", und sie weinte dabei! Gut, dass meine Slumfreunde das meiste nicht mitbekommen haben.

Ich denke an Conny, die Theologin, die an ihrer Doktor-arbeit schrieb, plötzlich auftauchte und mich eifrig anpredigte, die Slumbewohner wären besser in ihren Provinzen geblieben, dort würde es ihnen besser gehen, und darauf sollte man hin-arbeiten, womit sie ja grundsätzlich nicht falschlag. Ich fragte sie dennoch, woher sie käme. Aus der Provinz Bicol, sagte sie, 14 Busstunden südlich von Manila. Dort besitze ihre Fami-lie ein großes Haus mit Land. Ich hakte nach, wieso sie nach Manila gekommen sei. Die Antwort lautete: „Unsere Kinder brauchen eine gute Ausbildung, und die bekommen sie nur in der Hauptstadt."

Als ob die Armen nicht noch viel mehr das Recht hätten, in der Stadt nach einer Zukunft für ihre Kinder zu suchen, nach Arbeit, nach Essen und nach einer Verbesserung ihrer Lebensumstände!

Ich höre immer wieder diese stereotypen Antworten und Vorurteile über die Armen: Viele müssten gar nicht in den Slums leben, sondern täten es nur, weil es so bequemer für sie sei ... Die meisten würden sich dort verstecken, weil sie faul oder kriminell seien. Nach dieser Logik wären rund vier Millionen Leute faul oder kriminell, ein Großteil davon im Kindesalter!

Wiederholt sagten mir reiche Christen, die meisten seien doch professionelle Slumsiedler – also Leute, die in den Slums zusätzliche Häuser bauen und an arme Familien vermieten. Aber nach meiner Erfahrung sind das vielleicht zehn Prozent der Slumbewohner. Und oft sind gerade sie nötig, bringen sie doch Beziehungen zu den Ämtern mit oder bauen kleine Dienstleistungsbetriebe auf.

Natürlich gab es beim Fundraising auch großartige Begegnungen. Da ist der Besitzer einer bekannten Schweizer Privatbank, den ich in seinem Büro in Zürich besuchen durfte, der uns jedes Jahr die Beträge, die von philippinischen Spendern kommen, verdoppelt – und dabei unbedingt anonym bleiben will. Da ist ein Schweizer mit philippinischem Pass, Direktor eines bekannten Pharma-Unternehmens, welcher bis heute ONESIMO großzügig und aus seiner persönlichen Tasche unterstützt. Da ist die Union Church of Makati mitten im Geschäftsviertel von Manila, die verschiedene Projekte unter den Armen substanziell unterstützt. Und da sind unter den gebildeten Filipinos trotz allem immer wieder Christen anzutreffen, die auf eine gut bezahlte Karriere in der freien Marktwirtschaft oder im Ausland verzichten und sich stattdessen in Hilfswerken oder NGOs mit vergleichsweise niedrigen Gehältern engagieren. Und das, während jedes Jahr 14 000 ausgebildete Pflegefachleute die Philippinen verlassen, um im Ausland gutes Geld zu verdienen. Und während jedes Jahr

5 000 Ärzte Kurse besuchen, um eine Lizenz als Pflegefach-
person zu erhalten, mit der sie ebenfalls im Ausland ihr Glück
machen können.

Wir brauchen dringend eine Brücke zwischen Arm und
Reich innerhalb von Manila. Und eine Brücke zwischen dem
reichen Norden bzw. Westen und dem armen Süden bzw.
Osten.

Briefe aus Manila

*März 2002 / Seit über drei Jahren wohnen wir Schneiders nun
im Philcoa-Slum. So lange lebten wir als Familie noch nie zuvor am gleichen Ort. Immer wieder habe ich mich in dieser
Zeit danach gesehnt, mit meinen Nachbarinnen und Freunden
vor Ort die Bibel zu lesen und darüber zu diskutieren. Doch
tief in mir sträubte sich etwas dagegen, sie zu überreden. Ich
beschränkte mich darauf, Nachbarin und Freundin zu sein, am
Leben Anteil zu nehmen, Grenzen und Schwächen zuzugeben,
Hilfe anzunehmen und zu geben und nach einem Streit Frieden zu suchen. Und dann, nach fast genau drei Jahren, lässt
mich meine Nachbarin und Freundin Iyeng über eine dritte
Person fragen, ob wir nicht zusammen die Bibel lesen könnten.
Wow!*

*Jetzt treffen wir uns jede Woche in ihrer Hütte, um das Mat-
thäusevangelium zu lesen, während im gleichen Haus andere
Nachbarinnen ihrer Freizeitbeschäftigung nachgehen, dem
Geldspiel. Aus ihrem eigenen Leben voller Entbehrungen und
Leiden versteht Iyeng die Bibeltexte oft auf Anhieb. Sie fühlt
sich dem einfachen Leben Jesu und seiner Jünger nahe. Oft
höre ich ihr gebannt zu, wie sie von ihren neuen Erfahrungen mit Gott redet: Gebetserhörungen, wenn die drei Kinder
krank sind; Bewahrung, als ihr Mann vor ihrer Hütte fast*

niedergestochen wird; Trost, wenn das Geld nicht einmal für Essen und Schule reicht; Versöhnung mit der seit Langem verfeindeten Nachbarin.

Einige Frauen haben Iyeng wegen unserer Treffen scherzhaft „Die Heilige" genannt. Aber nun sind vor einer Woche zwei Neue zur Bibellese dazugestoßen: zum einen Marie-Thess, die ja mit ihren Kindern halbtags bei uns lebt, zum andern Lucy. Lucys Mann wartet im Gefängnis auf die Todesstrafe, weil er ihre neunjährige Tochter vergewaltigt hat. Und nun treffen sich Iyeng, Marie-Thess, Lucy jede Woche – auch wenn ich nicht dabei bin!

Iyeng strahlt vor Begeisterung über die neue Entwicklung. Ich auch. Ihr neuer Glaube wird in der Nachbarschaft Kreise ziehen, da bin ich sicher.

Philcoa, 8. Mai 2002 / *In ein paar Tagen fliegen wir in die Familienferien: Boracay, die Trauminsel, mit weißem Sand und hohen Palmen … Leider ist sie inzwischen touristisch stark ausgebeutet. Gegen Ende der Hochsaison wachsen Algen im seichten Meerwasser, die Pfade sind ausgetrampelt. Wir werden sehen, ob's trotzdem noch schön ist …*

Unsere Aufgaben bei ONESIMO haben sich verändert. Während Chris vieles an einheimische Mitarbeiter und das neue Leiterteam abgeben kann, sodass er sich manchmal schon „nutzlos" fühlt, bin ich nach all den Jahren im Hintergrund nun voll in meinem Element. Die Kinder werden selbstständiger, dadurch habe ich viele Möglichkeiten, mich einzubringen. Zum Beispiel begleite ich junge Frauen oder auch neue SERVANTS als Mentorin. Ich finde das sehr erfüllend. Was ich mache, wird geschätzt; trotzdem bin ich frei zu bestimmen, wie viel Zeit ich investiere.

Zugleich freue ich mich schon auf unsere Rückkehr in die Schweiz. Aber ich reiße mich zusammen und zeige es nicht so deutlich … denn ich weiß, dass es Chris ganz anders geht. Viel-

leicht so, wie mir damals, als wir in die Philippinen ausreisten. Obwohl ich mich an vieles gewöhnt habe, gibt es immer noch vieles hier, das ich nicht verstehe.

So gegen 5 Uhr abends, wenn es etwas kühler wird, gehen wir jetzt oft als Familie in einen schönen Park mit Bäumen und Bänken ganz in der Nähe der Universität. Wir nehmen eine Decke und Picknick mit und Noel seinen Pfeilbogen aus den Bergen. Chris macht ein Paar Runden Dauerlauf, lässt mit den Kindern Drachen steigen, ich lese ein Buch oder unterhalte mich mit den jeweiligen Begleitern. Nebenan gibt es ein Café mit feinem Schoggikuchen und kaltem Eistee in großen Tassen. Das Einzige, was mich stört: Wir müssen immer zuerst eine Abfallsammelaktion machen, weil die Wiese damit übersät ist.

Herzliche Grüße, Christine mit Anhang

Wehmütige Weihnachten

Bald ist Weihnachten. Das Jahr 2002 geht zu Ende, unsere Zeit in Manila auch. Am liebsten möchte ich die Zeit aufhalten. Meine Verbundenheit mit diesem Land und seinen Menschen reicht tief ...

Hier erlebte ich Flutkatastrophen, Erdbeben, einen Vulkanausbruch, einen Müllrutsch, Wirbelstürme, Feuersbrünste, Revolutionen, Mord und Totschlag. Hier hat die Liebe zu Christine durch Freude und Not an Tiefe gewonnen. Hier in den Slums ist unser Noel geboren. Hier sind unsere zwei Kinder bis heute glücklich und gesund herangewachsen und haben uns fit gehalten. Hier erlebte ich die ausgelassene Lebensfreude von Menschen, die praktisch nichts besitzen. Hier sah ich mehr oder weniger hilflos zu, wie Kinder, junge und alte

Jungen Menschen, die buchstäblich aus dem Müll kommen, die Augen öffnen für das Wunder der Natur – was gibt es Schöneres?

Menschen an Hunger, Krankheit und Gewalt starben. Hier begegnete ich meinem Schatten, meinem persönlichen Versagen. Hier lernte ich ein anderes Weinen, Beten und Lachen. Hier erlebte ich, wie Hunderte von jungen Menschen zu Gott Vertrauen fassten und sich auf einen neuen Weg machten, wie sie Kreise ziehen in einer Bewegung, die sich längst meinem Einfluss entzogen hat.

Vor drei Wochen konnte ich nochmals für einige Tage mit vierzig Jungs auf einer wunderschönen Insel einen Berg besteigen. Jungen Menschen, die buchstäblich aus dem Müll kommen, die Augen öffnen für das Wunder der Natur – was gibt es Schöneres?

Nur die, die fit waren, durften diesmal mit. Ich kannte die

Gegend nicht, Wanderkarten gab es keine, ebenso mangelte es an Windjacken und Wanderschuhen. Kurz vor dem Gipfel, auf etwa 1300 Metern, überraschten uns starke Windböen und dichter Nebel, der uns schnell zu unterkühlen drohte. Ohne den höchsten Punkt erreicht zu haben, traten wir den Abstieg in wärmere Regionen an. Keiner schien enttäuscht darüber. Schließlich waren wir so hoch gestiegen, dass wir mitten in einer richtigen Wolke gestanden hatten!

Die meisten trugen nur die üblichen Zehenschläppchen. Ariel war sogar barfuß unterwegs, allerdings ohne mein Wissen: Kurz vor dem steilen Aufstieg durch den Regenwald hatten wir in einem Dorf unsere Wasserbehälter aufgefüllt und unnötigen Ballast deponiert. Dazu hatte Ariel offensichtlich auch seine Zehenschläppchen gezählt. Beim Abstieg musste er wegen seiner wunden Füße mächtig auf die Zähne beißen.

Zwei Tage brauchten wir für den Heimweg. Das Härteste für mich waren die fünf Stunden im Jeepney: 43 Jungs saßen in diesem schlecht abgefederten Fahrzeug, das für 20 Passagiere gedacht ist, holperten über staubige Naturpisten und durch kleine Flüsse hindurch. Sitzhöcker und Nacken ließen mich spüren, dass ich altersmäßig nicht mehr so ganz zu den Jungen gehöre.

Der Holperfahrt zum Trotz, schlummerte in meinen Armen einer unserer Neuen, ein 16-jähriger Bandenjunge. Nach eigenen Berichten sind durch seine Hände bereits drei Menschen verfeindeter Banden gestorben. Ich hoffe von Herzen, dass er bald sein persönliches Weihnachten erleben kann, dass durch Christi Geburt Gottes Geist in seinem Leben Gestalt annimmt und bleibende Veränderung schafft. Dass er vom Frieden Gottes einfach überwältigt wird, das wünsche ich ihm mehr als alles in der Welt, ihm und allen andern.

Weihnachten erinnert uns Christen an unseren Auftrag, Friedensstifter zu sein. Die Arbeit für den Frieden und die Frage nach Gerechtigkeit gehören für mich fest zusammen. Henri Nouwen schrieb in seinem Text „The Road to Peace", Christus werde bei seiner Rückkehr nicht mehr als Weihnachtskind, sondern als Richter kommen, und er werde nicht fragen, wie hoch unsere Honorare und unser Einfluss gewesen seien, sondern er werde fragen, was wir für die geringsten Menschenbrüder getan hätten, für Fremde, Hungernde, Nackte, Kranke, Gefangene, Flüchtlinge, Sklaven, Heimat- und Obdachlose, Behinderte, Verstoßene, Ausgelachte, Verspottete.

Brief aus Manila

Philcoa, 19. Dezember 2002 / Ihr Lieben, die Geschichte der drei Frauen in Philcoa geht noch weiter. Marie-Thess, Lucy und Iyeng haben sich in ganz verschiedene Richtungen entwickelt.

Marie-Thess, die Frau, die ihren Mann mit keiner anderen Frau teilen wollte, hat versucht, ihre fünf Kinder alleine durchzubringen. Etwa sechs Monate teilten wir unser Essen mit ihnen. Dafür half mir Marie-Thess im Haushalt und schenkte mir wertvolle freie Zeit. Ich hoffte, sie würde eine Arbeit finden, bevor wir in die Schweiz zurückkehren. Aber dann wurde Marie-Thess wieder schwanger – von ihrem „verstoßenen" Mann! Ab und zu war er eben doch auf Besuch gekommen, um die Kinder zu sehen ...

Marie-Thess war verzweifelt. In den Wochen rund um den Geburtstermin entschied sich ihr Mann jedoch, wieder ganz zu ihr zurückzukehren. Sie nahmen sich vor, seine andere kleine Familie regelmäßig zu unterstützen. Nach der Geburt des kleinen Jungen vor einigen Wochen konnten die beiden nach all den Jahren doch endlich offiziell heiraten. Die lokalen Behörden organisierten nämlich auf einem Basketballplatz eine Art „Massenhochzeit" für all die Ehepaare, die sich eine Hochzeit mit allen nötigen Papieren nicht leisten können. Mit dieser unerwarteten Wende sind natürlich nicht alle Probleme der achtköpfigen Familie gelöst. Zwar hat der Vater Arbeit, aber sein Einkommen ist so dürftig, dass jede unerwartete Auslage sie wieder in Not bringen kann.

Lucy wird vermisst. Die Gerichtsverhandlungen gegen ihren Mann, der eine ihrer Töchter vergewaltigt hatte, zogen sich in die Länge. Viele Nachbarn im Slum und auch eine Hilfsorganisation standen Lucy zur Seite. Doch sie fing an, die Helfenden auszunützen, lieh sich Geld von armen Nachbarn und gab es nicht zurück. Ihre kleinen Kinder ließ sie tagelang allein zu Hause, niemand wusste, wo sie sich herumtrieb. Sie wird nun von der Polizei gesucht, aber bis heute fehlt jede Spur von ihr.

Iyeng, mit der ich seit einem Jahr die Bibel lese, ist dankbar, dass ihre drei Töchter gesund sind und zur Schule gehen können und dass die Familie in Frieden zusammenlebt. Ihr Mann Boy hat leider seine Arbeitsstelle verloren. Iyeng gehört mittlerweile zu einer Bibelgruppe und hat sich taufen lassen. Sie besucht jeden Samstag „Lilok", eine Art Bibelschule für Slumbewohner. Dort saugt sie alles Neue auf wie ein trockener Schwamm. Ihr Mann sagte ihr neulich, sie hätte sich sehr zum Guten verändert. Inzwischen kommen viele Leute in ihr Haus, die ihren Rat suchen.

Iyeng hat sich übrigens zusammen mit einigen Nachbarinnen „Kamay Krafts" angeschlossen, einer von SERVANTS gegründeten Kooperative für Fair-Trade-Produkte aus Handarbeit (www.kamay-krafts.org). Jetzt nähen und sticken sie daheim und verdienen sich damit ein kleines, für sie so wichtiges Einkommen. Kürzlich machte Iyeng mich strahlend darauf aufmerksam, was sich in ihrer Nachbarschaft schon alles verändert hat: Die Geldspielerei, die Tag und Nacht betrieben wurde, hat ganz aufgehört. Einige langjährige Süchtige möchten ein neues Leben beginnen, darunter ein paar Männer, die sich nach einer eigenen Austauschgruppe erkundigt haben.

Und etliche ihrer Nachbarn haben angefangen, den Gottes-
dienst der Slumgemeinde zu besuchen.
Drei völlig unterschiedliche Wege. In den Geschichten die-
ser drei Frauen steht sie geschrieben, die gute Nachricht von
Gottes rettender Liebe – und die verschiedenen menschlichen
Antworten darauf.
Liebe Grüße, Christine

Das Leben geht weiter

Im April fliegen wir „nach Hause", in die Schweiz. Noel Gabaldon, der Gesamtleiter von ONESIMO, zieht mit seiner Frau Olen und seinen zwei Kindern in unser Häuschen. Sie freuen sich sehr über den kleinen Garten, eine Seltenheit im Armenviertel.

Immer wieder sprechen wir von der Schweiz und wie wohl alles werden wird. Unseren zwei Wildfängen versuchen wir noch mit wenig Erfolg, ein paar Grundsätze im schweizerischen Kultur-Knigge zu vermitteln. Eine große Überraschung und Hilfe in diesem Unterfangen ist Heidi Berdat. Die Lehrerin aus Basel kam kurzerhand für drei Monate nach Manila und unterrichtet jetzt Noel und Isabel in Deutsch und Rechnen. Das wird den Übertritt in die Schweizer Schule erleichtern. Heidi ist ein Geschenk vom Himmel!

Für die Zukunft von ONESIMO bin ich zuversichtlich. Eine Leiterkrise im vergangenen Oktober gab den philippinischen Mitarbeitern und unserem Vorstand das nötige Signal, um sich wach, aufrichtig und engagiert dem Anliegen der verlorenen Jugend zu widmen.

ONESIMO besteht nun aus fünf Reha-Lebensgemeinschaften, einer Schule für Erwachsenenbildung, Leiterausbildung und Jugendfreizeiten, mehreren Selbsthilfeprojekten, Ehemaligenbetreuung, Öffentlichkeitsarbeit, Administration und Verwaltung von Camp Rock, Mitarbeiterschulung und -betreuung. Möglicherweise eröffnen unsere Nachfolger ein neues Reha-Haus für Mädchen – von der letzten Reha-Gruppe vom Juli sind noch alle Mädchen dabei! Das Mädchenhaus wird nun ehrenamtlich betreut von Annabel Manalo, einer reifen Frau, Psychologin und Dozentin an einer Hochschule. Die „Zentrums-Mutter", unsere gute Jessica, konnte bei Ingrid und Lothar Weißenborn im Slum-Häuschen ein Zimmer beziehen. Sie fühlt sich schon ganz als Familienmitglied, was uns den Abschied erleichtert.

Das deutsche Ehepaar Weißenborn und auch der junge Schweizer Daniel Wartenweiler stecken in ihrem Sprach- und Kulturlernjahr. Sie möchten bei ONESIMO einsteigen.

Das letzte Wochenende war so etwas wie ein Höhepunkt, bevor wir uns hier verabschieden. Um die dreißig Vorstandsmitglieder, Leiter und ehrenamtliche Mitarbeiter versammelten sich in einer zweitägigen Retraite auf einem Hügel vor der Stadt. Für Christine und mich war es sehr wohltuend und motivierend, zu sehen und zu spüren, mit wie viel Begeisterung und Energie die Leute beten, planen und Arbeit verteilen. Das Gruppenfoto dieses Treffens wird immer einen Ehrenplatz bei uns haben.

Laut Plan soll unser Flugzeug am 1. Mai 2003 in der Schweiz landen. Nach achteinhalb gemeinsamen Jahren in den Slums ziehen wir wieder in Basel ein. Einen Monat lang wollen wir uns einrichten, einleben, die Kinder einschulen. Anfang Juni möchte ich mit bezahlter Arbeit beginnen, vermutlich als Krankenpflegefachmann. Und daneben mit aller Kraft für ONESIMO da sein!

Oben von links nach rechts: Jun Arizala (Pastor), William Ducos und Michael Mestiola (zwei Ehemalige aus dem Programm
vor 7 Jahren, die jetzt voll im Arbeitsleben stehen), Ezra Martinez (verstorben; Ingenieur), Harry Roque (Anwalt und Uni-
Professor für Internationales Recht), David Feliciano (Theologe
und Bauer), Danny Pecio (Ingenieur), Regula Hauser, Christine Schneider, Ruel Billones (Psychologe), Daniel Wartenweiler,
Dr. Dan Veneracion (Zahnarzt), Jerom Turga (Anwalt).

Mitte von links nach rechts: Baby Gonzales (Hausfrau),
Rory Floro (Geschäftsfrau), Pine Gutierrez (Leiterin des philip-
pinischen Nationalverbandes für christliche Kinderhilfswerke),
Armi Martinez (Sozialarbeiterin), Evelyn Miranda-Feliciano
(verstorben; Theologin und bekannte Buchautorin), Rose Pecio
(Buchhaltung und Admin. Direktorin), Ate Grace (Managerin),
Becky Roxas (Lehrerin), Linda Polidario (Kindergärtnerin),
Hazel Sarol (Sekretärin), BG Polidario (Pastor), Joven Turga
(Pastor).

Unten von links nach rechts: Jun Alindogan (Lehrer und
Direktor der ONESIMO-Erwachsenenbildung), Pepe Gonza-
les (Pastor), Joshua Palma (Jugendarbeiter), Manolo Araneta
(Fotograf und Agrikulturist), Noel Gabaldon (Pastor, Direktor
ONESIMO).

Nun schreiben wir das Jahr 2011. Wir als Familie leben immer noch im selben Reihenhäuschen in Basel, in das wir vor bald acht Jahren eingezogen sind. Isabel und Noel sind nun 15 und 17 Jahre alt. Für sie war unser Umzug in die Schweiz keine Rückkehr, sondern ein Neuanfang.

Der Einstieg in die Schule klappte erstaunlich gut. Sie besuchen heute beide das Leonhards-Gymnasium in Basel. Aber sie fühlen sich nirgendwo – oder doch überall – zu Hause und zählen sich zu den „Third culture kids". Es fehlt die tiefe Verbundenheit, die man vielleicht nur dort entwickelt, wo man geboren ist und seine ersten Lebensjahre verbringt. Zwar ist die Schweiz schöner, sagen sie, wirklich wohl fühlen sie sich aber erst im Tempo, im Lärm und im Menschengetümmel von Manila.

Maribell (2007 / als Baby s. S. 18): Das letzte Mal sah ich sie 2007, eine gepflegte und energische Achtzehnjährige, die immer noch bei ihrer Großmutter lebt und für vier jüngere Geschwister sorgt. Maribell hat inzwischen die Highschool abgeschlossen und arbeitet als Wäscherin.

... und was aus ihnen wurde

Seit unserer Rückkehr in die Schweiz sind wir regelmäßig nach Manila geflogen. Die Slums haben sich verändert (oder auch nicht), die Menschen und Freunde haben ihre Biografien weitergeschrieben (oder weiterschreiben lassen). Hier erfahren Sie mehr über einige Personen und Orte, denen Sie im Buch begegnet sind.

Manila: In „Greater Manila", der sogenannten Metropolregion, leben derzeit (2010) etwa 20 Millionen Menschen. Die Luftverschmutzung übersteigt die Schadstoff-Grenzwerte der WHO (Weltgesundheitsorganisation) um das Dreifache. In der Hauptstadtregion fallen täglich 7000 Tonnen Müll an. Im September 2008 berichtete die NZZ, dass die Hälfte der Bevölkerung Manilas in Slums lebt und dass jährlich 100 000 Menschen aus den verarmten Provinzen dazukommen. Landesweit leben 44 Prozent der Stadtbewohner in Slums. Groteskerweise dazu steht in Manila inzwischen das größte Shoppingcenter Asiens, die „Mall of Asia", die unter anderem über eine Kunsteisbahn samt Beschneiungsanlage verfügt.

Bagong Silang (Caloocan City): Dieses Umsiedlungsgebiet, mein erster Wohnort, ist zu einer Vorstadt geworden. Die Hauptstraßen sind derart verstopft, dass ich selbst auf dem Motorrad nur mühsam durchkomme. Obwohl ich einzelne Geschäfte mit schicken Glasfronten ausmache, wirkt die Straße schmutzig und verstaubt, nicht gerade einladend für eine Einkaufstour. Offizielle Zahlen sprechen von 220 000 registrierten Einwohnern. Tatsächlich sind es aufgrund der illegalen Siedler weit mehr. Diese Zugezogenen leben in neu entstehenden Slums.

Bagong Barrio (Caloocan City) ist auch heute noch das dicht bebaute Wohnviertel mit seinen wild ineinander verschachtelten Häusern. Einige schicke Fastfood-Restaurants sind dazugekommen, der alte Markt wurde renoviert.

Potrero ist ein Straßenslum geblieben. Die Straße ist zwar inzwischen betoniert und die meisten Bewohner haben fließendes Wasser, aber die Hütten zum Araneta Park hin stehen dichter denn je. Die kleine Gemeinschaft „Living Spring", die damals entstanden ist, versucht weiter, an diesem Ort ein kleines Licht zu sein. Sie wird von der treuen Ate Lita und ihren Frauen, von Pastor Raol, einer Handvoll fröhlicher Teenager und einzelnen Männern belebt.

Navotas: Der Slum zwischen Pfahlbausiedlung und Gräbersiedlung ist heute noch dichter besiedelt als vor sieben Jahren. Kaum vorstellbar, wenn man es nicht selber sieht. Die Vorschule von Ate Juliet wurde von einer britischen Stiftung übernommen und in eine Grundschule umgewandelt. Nun träumt Juliet von einem neuen Kindergarten für die große Kinderschar in ihrer Nachbarschaft.

Tondo: Der bekannte „Smokey Mountain", von dem die Müllsammler gewaltsam vertrieben wurden, ist zum Teil abgetragen worden. Der andere Teil bildet heute einen grasbewachsenen Hügel, den man von Weitem sieht. Eine neue, von der Straße aus versteckte und bewachte Müllhalde ergießt sich direkt ins Meer. Damit der Müll nicht wieder zu einem Berg anwächst, wird er laufend auf Schiffe verfrachtet und auf einer entfernten Insel abgeladen. Am Rande der offenen Deponie wächst ein neues, schreckliches Slumdorf. Die von der Regierung neu erstellten Wohnsilos werden zum großen Teil von ehemaligen und aktiven Müllsammlern bewohnt. Dort angrenzend befindet sich bis heute eine der zehn Lebensgemeinschaften von ONESIMO.

Frisco: Der dicht bewohnte Innercity-Slum zwischen Flussufer und Fabrikmauer hat sich kaum verändert. Im Schnitt sind die Hütten und Häuser durch Zugezogene um ein Stockwerk höher geworden. Auch das Haus der ONESIMO-Gemeinschaft wurde mit soliden Mauern neu erbaut und um eine Etage aufgestockt. Bei dem tropischen Regensturm mit Flut im Oktober 2009 wurden über die Dachterrasse etwa 60 Leute aus dem Wasser gezogen. Drei Kinder in der Nachbarschaft sind ertrunken.

NIA: Das Unglaubliche an NIA ist, dass dieser Slum seit dem Feuer 1995 noch dreimal gebrannt hat. Immer wieder hat man ihn aufgebaut. Die Ausdauer der Leute ist enorm. Die kleine Living-Spring-Gemeinschaft wird immer noch von Pastor BG Polidario geleitet.

Payatas: Nach dem traumatischen „Müllbergsturz", der ein halbes Slumdorf und seine Bewohner begraben hatte, wurde diese offene Deponie geschlossen. Doch schon kurze Zeit später entstand ein neuer Abfallberg gleich nebenan. Im Jahr 2009 wurde schließlich auch der alte, eingestürzte Müllberg wieder als Deponie freigegeben. Allerdings ist alles schwer bewacht, damit die Presse nicht hereinkommt und negative Schlagzeilen macht. In Payatas eröffnete ONESIMO im Januar 2010 eine weitere Gemeinschaft mit Tagesstätte.

Philcoa: Nach einem Feuer im Jahr 2007, bei dem auch das Haus der ersten Mädchengemeinschaft zerstört wurde, hat dieser Slum ein neues Gesicht bekommen. Der Sumpf wurde entwässert und überbaut, und auch die letzten Reisfelder schwinden langsam dahin. Die Häuser sehen nach dem Wiederaufbau stabiler aus. Auf dem Dorfplatz hat die Regierung ein schönes Mehrzweckgebäude errichtet. In unserem ehemaligen Slumhaus wurde mithilfe des ehemaligen Schweizer Botschafters Dr. Werner Baumann das dritte Mädchenzentrum eröffnet.

Rob und Lorraine Ewing fanden nach ihrer Rückkehr nach Australien Zeit und Raum zur Verarbeitung, Ruhe und Erneuerung. Beide haben sich weitergebildet und arbeiten nun schon viele Jahre als Pastoren im Westen Australiens.

Maribell war das missgebildete unterernährte Neugeborene eines drogensüchtigen Teenagers, dem ich 1988 an meinem ersten Tag in Bagong Silang begegnete. Maribell überlebte und wurde bei einer US-amerikanischen NGO gratis operiert. Das letzte Mal sah ich sie 2007, eine gepflegte und energische Achtzehnjährige, die immer noch bei ihrer Großmutter lebt und für vier jüngere Geschwister sorgt. Maribell hat inzwischen die Highschool abgeschlossen und arbeitet als Wäscherin. „Dir habe ich mein Leben zu verdanken", schrieb sie mir, „und ich freue mich sehr an meinem Leben!"

Reymond gehörte 1989 zu meinen „Bodyguards" im „Waisenhaus" in Bagong Silang. Er war damals 14 und auf der Flucht vor der Polizei. Ich habe in all den Jahren immer wieder Post von ihm erhalten (er hat darin nie um Hilfe gebeten oder um Geld gebettelt!). Beim letzten Besuch 2007 bei ihm daheim in Bagong Silang erlebte ich Reymond als 33-jährigen liebevollen Vater dreier Kinder. Er verdient als Chauffeur eines Jeepneys ein bescheidenes Einkommen. Er und seine Frau Bianca strahlen mir mit offenen und lachenden Augen entgegen, ihr Einzimmer-Wellblechhaus ist sauber herausgeputzt. Die beiden besuchen regelmäßig die lokale christliche Gemeinschaft.

Nora und Boy habe ich nie mehr getroffen. Ich weiß nicht, wo und wie sie leben.

René oder **Diego**, wie sie ihn nannten, als er noch der „Einäugige" war, sei heute ein fleißiger Bauarbeiter, der gut für seine Frau und die Kinder sorge, habe ich mir sagen lassen.

Joel Mangaba ist eines der rund 30 Kinder unseres ersten Patenschaftsprogramms in Bagon Silang. Bald schon hatte sich bei ihm eine außerordentliche Begabung für Mathematik gezeigt. Joel arbeitete als Direktor einer technischen Hochschule in Manila, bis er als Professor an die University of the East berufen wurde. Joel ist verheiratet mit Nivalyn. Das kinderlose Ehepaar setzt sich in der Freizeit voll für die Living-Spring-Gemeinschaft in Bagong Silang ein. Bei meiner letzten Begegnung sagte mir Joel. „Ich bin so glücklich, mit einem Teil meines Einkommens ONESIMO unterstützen zu können."

Josslin Rinion, die Frau meines ersten Freundes und Mutter des an Durchfall plötzlich verstorbenen Jonels, habe ich nie mehr getroffen. Man sagt, sie habe wieder einen Mann finden können und lebe mit ihm in der an Bagong Silang angrenzenden Provinz.

Noel Rinion gilt seit vielen Jahren als verschollen. Die Begegnung in den Bergen, wohin er sich als Widerstandskämpfer der NPA zurückgezogen hatte, war unsere letzte. Vermutlich ist Noel im Kampf gegen die Regierungstruppen ums Leben gekommen.

Beda und Jon-Jon Rinion, die jüngeren Brüder in meiner ersten Gastfamilie, leben bis heute in Bagong Silang. Beda ist verheiratet mit Veronica und hat einen Sohn. Jon-Jon und seine Frau Winnie haben vier Kinder. Beide sind verantwortungsbewusste Väter und arbeiten als Vorarbeiter in einem Zoologischen Garten. Beda pflegt bewusst einen evangelischen Glauben, während Jon-Jon aktives Mitglied in einer katholischen Gemeinde ist.

James, der Gewerkschafter, ist heute 45 Jahre alt und arbeitet im Bewachungsdienst. Er verdient sehr wenig, fährt mit dem Fahrrad zur Arbeit und schuftet 7 Tage die Woche. Darum hat er auch kaum je Gelegenheit, einen Gottesdienst zu besuchen. Stattdessen hält er jeden Abend für sich selbst eine persönliche Andacht und er hört christliche Radiosender, damit er „geistlich fit bleibt", wie er sagt. James ist immer noch Single und lebt bei seiner gealterten Mutter Aling Epang in Bagong Silang.

Felix, der Lehrer, ist mir nie mehr begegnet. Es heißt, er sei in einer der vielen christlichen Kirchen in Bagong Silang aktiv.

Bic, der Zeuge, ist damals aus Angst vor Vergeltung der korrupten Polizei im Süden der Stadt untergetaucht. Ich habe nie wieder etwas von ihm gehört.

Dante war der erste Drogensüchtige in Potrero, der sich für Gott öffnete und Heilung fand. Wie mehrere andere, erhielt er einen Kredit für ein Selbsthilfeprojekt. Und wie den meisten anderen, gelang es auch ihm nicht, sein Motorradtaxi fertig abzubezahlen. Er verschwand plötzlich für längere Zeit in die Provinz, vermutlich aus Scham. Wenigstens kehrte er nicht zu seinem alten Leben als Gangster zurück. Später sorgte er sich wieder um seine Familie.

Papa Ramos blieb bis zu seinem Tod vor wenigen Jahren treues und aktives Mitglied der Glaubensgemeinschaft in Potrero.

Ate Lita ist bis heute eine lebensfrohe, fleißige Frau, eine Beterin und die Säule der Potrero-Gemeinschaft.

Michael, Ate Litas Sohn, und seine Frau **Jessa** konnten ihr Leben als „Tänzer" in Nachtclubs hinter sich lassen. Sie haben fünf Kinder, es geht ihnen gut. Michael arbeitet als Chefkoch in Dubai.

Ate Gloria singt und predigt auch heute noch mit viel Begeisterung in der kleinen Potrero-Gemeinschaft. Einige ihrer Kinder sind dort ebenfalls aktiv und spielen Gitarre in der Jugendband von Living Spring.

Dorie Morden, die schöne Rektorin mehrerer Vorschulen, lebt mit ihrem Mann, einem Arzt, in den USA.

Jojie Cesista erholte sich von der Tuberkulose, heiratete und wurde dreimal Vater. Die Familie lebte in einer stadtnahen Provinz und Jojie arbeitete als Fischer als Teil der Großfamilie seiner Frau. Er besuchte uns noch einige Male in NIA, bevor er 1999 an einem erneuten Ausbruch der Tuberkulose starb.

Edwin, Jojies Neffe, der mit der Kasse der Potrero-Gemeinschaft durchbrannte, habe ich nie mehr gesehen.

Katja, die Temporärmissionarin, lebt heute mit ihrer Familie in der Ostschweiz. Sie sind aktive Glieder einer Kirchengemeinde.

Christian Auer, der nach seiner Doktorarbeit in Epidemiologie die schöne **Janice** aus dem Potrero-Slum heiratete, arbeitete mehrere Jahre in verschiedenen Ländern auf dem Gebiet der Tuberkuloseforschung. Daneben half er immer wieder in Projekten von ONESIMO und SERVANTS mit. 2008 zogen Christian, Janice und ihre zwei Kinder zurück in die Schweiz, wo er für seine gebrechlichen Eltern da ist und mit weiteren Mandaten für die WHO seinen Lebensunterhalt verdient.

Joshua Palma, der Aktivist im gewaltlosen Widerstand gegen die Umsiedlung der Müllsammler, leitete vier Jahre lang die ONESIMO-Gemeinschaft in Tondo und war Mitgründer und kreativer Kopf in der Entwicklung von ONESIMO. Er ist ledig geblieben und arbeitet heute in einer Partner-NGO von SERVANTS mit dem Namen „Lilok". Dort entwickelt er zusammen mit **Regula Hauser** in einer Provinz bei Manila eine alternative Farm für Schulung und Retraiten für Slumbewohner.

Toni und Emi haben im NIA-Slum vier Feuersbrünste überlebt und immer wieder von vorn angefangen. Sie betreiben nach wie vor ein Motorradtaxi und einen kleinen Familienladen.

Die „Doña" ist immer noch unsere Camp-Rock-Nachbarin. Die Forbes-Liste der Milliardäre schätzt das Vermögen ihres Clans in Form von Großgrundbesitz für 2006 auf 1,3 Milliarden Dollar, für 2007 auf 2,6 Milliarden Dollar. Im Jahr 2010 – nach der Weltwirtschaftskrise – müssen sie laut Forbes-Liste mit 1,6 Milliarden auskommen.

Ron, unser Pflegekind von damals, ist heute 27, lebt zusammen mit seiner Freundin in Payatas und ist der Spielsucht erlegen. Er pflegt keinen Kontakt mehr zu ONESIMO und lebt vom Einkommen seiner Freundin.

Jessica, die mit Christine die erste Mädchengemeinschaft gründete, hat später Sozialarbeit studiert und ist heute eine wichtige Mitarbeiterin von ONESIMO.

Terry, der einstige Bandenführer, verliebte sich unglücklich in die Tochter eines Pastors. Als seine Liebe enttäuscht wurde, gab er seine Arbeit als ONESIMO-Gemeinschaftsleiter auf und fiel in sein früheres Leben zurück. Er sammelte wieder

Müll und nahm Drogen. Inzwischen scheint er mithilfe von Christen aus der Nachbarschaft den Weg in ein geordnetes Leben zu finden.

Jaymar, der kleinkriminelle Straßenjunge von Cubao, um dessen Leben wir einige Jahre gekämpft haben, lebt heute mit Frau und Kind im Frisco-Slum. Sein Leben ist ein Auf und Ab: Wenn es ihm gut geht, hilft er ehrenamtlich in der ONE-SIMO-Gemeinschaft mit und nimmt an der Leuchtturm-Gemeinschaft teil. Wenn es ihm schlecht geht, taucht er in seine alte Welt ab, bis er sich wieder fängt. Zum Glück stützt ihn seine starke Frau.

Joan, der Ex-Nachtclubtänzer, sowie sein Bruder **Antony**, ein ehemaliger Straßenjunge, leiten heute je eine therapeutische Gemeinschaft für Jungs von ONESIMO. Beide haben sie ihren Schulabschluss nachgeholt, sind verheiratet und verantwortungsbewusste Väter.

Randys zerquetscher Fuß erholte sich von der Operation gut. Er humpelte später kaum noch. Randy besuchte die ONESI-MO-Schule und schloss sie erfolgreich ab. Er war ein beliebter Mitarbeiter in den Gemeinschaften und in den Camps. Mit 19 zog er sich zurück zu seiner Familie, die unterdessen in der Provinz lebte. Dort infizierte er sich mit einem gefährlichen Parasiten und starb im Oktober 2007. Sein jüngerer Bruder **Runny**, er absolvierte ebenfalls einige Jahre Rehabilitation in ONESIMO, unterstützt bis heute seine Eltern als Fabrikarbeiter.

Daisy, das missbrauchte Mädchen, lebt bis heute im Slum von Payatas, wo sie sich zusammen mit ihrem Freund als Gemüseverkäuferin durchschlägt. Das kinderlose Paar gilt als fleißig und freundlich.

Arol begegnete ich bei meinem letzten Besuch in Payatas. Er saß in der Runde bei den Männern, trank Bier und rief: „Hallo Chris, wie geht's? Ich bin jetzt ein guter Junge!" Was immer er damit meint ...

Shionny und Steban, die Borderlinerin und der Bandenchef, haben vier schöne und gesunde Kinder. Sie sind Mitglieder in der ONESIMO-Leuchtturmgemeinschaft. Shionny scheint die starke Frau in der Familie zu sein. Steban arbeitete einige Jahre als Hilfskraft in Harrys Anwaltskanzlei, bis er diese gute Stelle vermasselte. Häufig geht er wieder auf der Müllhalde seiner alten Arbeit nach, um die Familie zu unterstützen.

Joseph Estrada, der in Tondo geborene ehemalige Schauspieler und Staatspräsident, wurde nach seiner Verhaftung 2001 als VIP-Gefangener unter Hausarrest genommen. Mit den Jahren wurden Zweifel an den Korruptionsvorwürfen gegen ihn sowie an der Legitimität der Präsidentschaft seiner Nachfolgerin Gloria Arroyo laut. 2007 wurde Estrada von Arroyo begnadigt. 2010 kandidierte er erneut für die Präsidentschaft, inszenierte sich im Wahlkampf als Politiker für „Law and Order", unterlag aber Benito Aquino III. (als Noynoy Aquino bekannt).

Marie-Thess konnte sich mit ihren Kindern und dem zurückgekehrten Ehemann einige Jahre in Philcoa durchschlagen und dann in die nahe Provinz „Laguna" ziehen. 2010 erhielten wir die Nachricht, es gehe ihr gut, ihr Mann arbeite als Familienchauffeur und ihre Kinder würden alle zur Schule gehen.
Iyeng eröffnete 2006 in ihrem Philcoa-Slum eine kleine Apotheke, die zu einer Kette gehört, die günstige Generika verkauft. Wann immer wir sie treffen, strahlt sie eine Lebensfreude und einen Frieden aus, der lauter spricht als viele Worte.

Hazel Formilleza, in deren Elternhaus wir 1996 die erste ONESIMO-Gemeinschaft einquartieren konnten, studierte Psychologie, betreute später die Leiterausbildungen und Jugendcamps und gehört heute zum Kern der ONESIMO-Leiterschaft. Sie ist verheiratet mit **Franklyn Sarol** und Mutter einer Tochter. Franklyn, einer der ersten ONESIMO-Mitarbeiter, arbeitet heute als Matrose.

Harry H. Roque, der Jurastudent, den ich im Oktober 1989 auf dem Dach eines Jeepneys kennengelernt hatte, wurde zu einem guten Freund und zur wichtigen Stütze von ONESIMO. Als ehrenamtlicher Präsident des Vorstandes von ONESIMO hat er uns über Jahre hinweg in juristisch heiklen Situationen entscheidend geholfen. 2007 übernahm ein neuer Vorstand die Verantwortung. Mit von der Partie war zu unserer Erleichterung Harrys Partner in der Anwaltspraxis, **Joel Butuyan**. Die beiden hatten bereits als Studenten mit anderen zusammen eine kostenlose Rechtshilfe für die Armen unterstützt. Um diese Hilfe finanziell abzustützen, konnte ich damals die OJC Reichelsheim gewinnen.

Als ONESIMO-Präsident trat Harry unter anderem zurück, um ONESIMO aus der Schusslinie zu nehmen. Harry ist nämlich als Anwalt, Hochschulprofessor und politischer Aktivist zunehmend zu einer wichtigen „Stimme der Straße" in der landesweiten Opposition gegenüber der korrupten Regierung Arroyo geworden. Seit deren Amtsantritt 2001 sind rund 600 Oppositionelle ermordet worden oder spurlos verschwunden. Auch Harry, der fast wöchentlich im TV und Radio sachlich und furchtlos Klartext spricht, hat wiederholt Todesdrohungen erhalten. Er und seine Familie sind darauf vorbereitet, im Notfall kurzfristig ins Ausland zu flüchten. Aber ich glaube, er wäre sogar bereit, in seinem Kampf um Gerechtigkeit für arme Landsleute zu sterben.

Pastor Pepe Gonzales ist Vorstandsmitglied von ONESIMO und unterrichtet an einer theologischen Ausbildungsstätte. Bis heute ist er immer zur Stelle, wenn ONESIMO oder die Potrero-Gemeinschaft seine Hilfe benötigen. Seine vier Kinder sind inzwischen erwachsen.

Raol Flores, der Ex-Gangster, war auch nach seiner Kehrtwendung zu Christus kein einfacher Charakter. Nach einem langen Weg mit Fortschritten und Rückschlägen machte er bei Pastor Pepe Gonzales eine theologische Ausbildung. Heute ist Raol Pastor der kleinen christlichen Gemeinde in Potrero. Als ich Raol 2007 besuchen wollte, fand ich ihn schwer verletzt auf der Unfallchirurgie des East Avenue Medical Centers. Er war überfallen worden und glücklich, noch am Leben zu sein. Er sei selbst einmal wie diese Straßenjungs gewesen, die ihn überfallen hätten, sagte er, „aber Gott hat mich befreit und mir neues Leben geschenkt".

Jesse Sarol, mein Sprachlehrer in Bagong Barrio und späterer Mitbegründer von ONESIMO, lebt heute mit seiner Familie außerhalb des Slums. Als Schulleiter eines Colleges für Matrosen und Direktor einer Reederei unterstützt er weiterhin ONESIMO.

Noel Gabaldon, der ehemalige ONESIMO-Gesamtleiter, räumte in der ersten Leiterschaftskrise nach unserer Rückkehr in die Schweiz seinen Platz zugunsten von **Armi Martinez.** Armi leitete ONESIMO gut zwei Jahre lang mit viel Fleiß und Scharfsinn. Noel fand verschiedene Anstellungen und arbeitet heute als Projektleiter für CCT (Center for Community Transformation) unter Obdachlosen in Manila. Er lebt mit seiner Frau und zwei Kindern in einem Wohnviertel außerhalb der Slums.

Rose Pecio ist seit den Gründungstagen von ONESIMO die zertifizierte Buchhalterin. Mit ihrem Mann Danny und ihren drei Kindern lebt sie freiwillig im Slum. Rose ist wohl die Frau, die wie keine andere mit großer Hingabe und Ausdauer alle Höhen und Tiefen der Arbeit bis zum heutigen Tag erlebt und mitgetragen hat. Sie ist nicht nur Leiterin der Administration, sondern auch in aller Stille das gute Herz der Arbeit und eine umsichtige Beraterin der Mitarbeitenden.

Camp Rock ist für Tausende von Kindern und Jugendlichen und für viele Familien aus den Armenvierteln Manilas zum Inbegriff für unvergessliche Urlaubserlebnisse geworden. Ferien in einer solchen Strandlandschaft kann sich sonst nur eine gut verdienende Mittelschicht leisten. Viele haben hier, in der Stille einer unversehrten Natur, Vertrauen in einen guten Schöpfer gefunden. Camp Rock wurde stetig renoviert und ausgebaut. Im Oktober 2009 wurde ein weiteres Gebäude mit Gästezimmern eingeweiht – in der Hoffnung, dass diese Freizeitanlage sich auf Dauer selbst tragen kann.

ONESIMO hat seit unserer Rückkehr in die Schweiz zwei Krisen in der Leitung überstanden. Nun steht die Arbeit auf festen Füßen (www.onesimo.ch). Das verdanken wir vor allem dem einheimischen Team unter der Gesamtleitung von **Dennis Manas** und dem treuen philippinischen Vorstand. Ebenso war **Regula Hauser,** unsere SERVANTS-Mitarbeiterin in Manila, sofort zur Stelle, wenn immer sie um Rat und zur Schlichtung gerufen wurde. Eine große Hilfe war auch das pensionierte Ehepaar **Ingrid und Lothar Weißenborn** aus Deutschland. In den vergangenen Jahren betreuten die beiden die Arbeit unter den Ehemaligen, die Familien und Singles der ONESIMO-Leuchtturmgemeinschaft. Daneben renovierten und vergrößerten sie Camp Rock.

Ein weiterer Meilenstein für ONESIMO war die Errichtung

eines Trainingszentrums für Schule und Berufskurse mit einer Autowerkstatt. Entscheidend unterstützt wurde dieses Projekt von der OJC Deutschland und der damaligen ONESIMO-Leiterin Armi Martinez.

Der junge Schweizer **Daniel Wartenweiler** gründete einen ONESIMO-Zweig für ganz junge Straßenkinder und obdachlose Familien. 2009 hat er diese beeindruckende Arbeit unter dem Namen „ONESIMO Bulilit Foundation" als eigene NGO registriert. Zusammen mit diesen „ONESIMO Kids" werden heute in Metro Manila zehn ONESIMO-Gemeinschaften betreut. Deren Beziehungsnetz unter der urbanen Bevölkerung, den Kirchen und NGO's wächst weiter. Hunderte von Menschen können darin jeden Tag Hilfe erfahren – und Hoffnung schöpfen.

Aus dem Fernsehsessel sind sie uns vertraut: Wenigstens ein-
bis zweimal im Jahr schwappt eine bildreiche Informations-
welle von den Philippinen in die wohltemperierten Wohnzimmer Mitteleuropas. Weltbekannt sind dann für ein paar
Momente die Müllhalden von Manila; legendär die Asche-
säule des Pinatubo; einmalig die Wildwetterküste vor den
Philippinen als Rekordregion für Wirbelstürme und Überschwemmungen.

Weltbekannt, aber weit weg. Christian und Christine
Schneider-Tanner holen uns ganz nah ran. Wer mit ihnen
durch den Slum watet, der kommt in eine ganz besondere
Sinnesschule durch ein verloren gegangenes Paradies. Man
riecht förmlich die Notdurft zwischen den Zeilen, hört das
Kratzen der Schaben unterm Bett und spürt den Zorn in der
eigenen Brust angesichts der Ungerechtigkeit, die Menschen
im Slum widerfährt. Dennoch bleibt die gemeinsame Tour
nicht auf den Parcours für die Sinne beschränkt, sondern sie
wird zu einer Herzensreise. Nicht nur Abgrund und Ekel,
sondern immer neue Sendboten der Hoffnung erreichen uns
durch Gestank und Schummerlicht hindurch: Bic der Kronzeuge, Mariebell die Todgeweihte, James der Gewerkschafter,
Joshua der Aktivist, Doña die Milliardärin, Terry der Bandenführer, Joan der Nachtclubtänzer, Noel der Widerstandskämpfer, Diego der Einäugige, Shionny die Borderlinerin,
Harry der Menschenrechtsanwalt, Arol der Vergewaltiger,
Bo-Boy der Mehrfachmörder, Felix der Lehrer.

Sendboten der Hoffnung. Das sind sie. Weil sie keine Chance haben und trotzdem kämpfen. Weil sie verloren scheinen
und trotzdem glauben. Weil sie schwach sind und trotzdem
lieben, so wie sie es vermögen. Weil sie auf dem schmalen Grat
wandeln zwischen Leben und Tod, Himmel und Straßenstaub.

Jene Sendboten sind uns Ermutigung und Herausforderung. Sie fordern uns heraus zum Registerwechsel: mehr zu sehen von unserer Welt als die Bildschirme in unsere Wohnzimmer transportieren; mehr zu erwarten vom Leben, als die befestigten Karrierewege einer selbstreferenziellen Gesellschaft; mehr zu glauben und zu vertrauen und zu wagen, als eine Geldanlage auf einem zinssicheren Konto. Ja, selber wieder zwischen Himmel und Straßenstaub leben lernen. Das eigene Leben wieder geräumiger machen für das Unerwartete, für den Umweg, für das Leben als Bedürftiger. Nur der Bedürftige ist angewiesen auf Engel und Wunder.

Der Registerwechsel, den das Buch provoziert, bezieht sich aber nicht nur auf die Manuale des eigenen Herzens. Das Buch von Christian und Christine ist auch wegweisend für eine neue Epoche der Mitverantwortung in einer globalen Welt. Nachhaltige Entwicklungshilfe kann heute keine Einbahnstraße mehr sein. Das Leiden in der Welt schreit nicht zuerst nach Lösung, sondern nach der Fähigkeit, mitzuleiden, näher heranzurücken und mitzuerleben, was gebraucht wird. In den zwei Jahrzehnten als Projektpartner von Onesimo haben wir in der OJC durch die Arbeit von Christine und Christian auch wesentliche Anstöße zur Überarbeitung unseres weltweiten Engagements als NGO bekommen: echte Partnerschaft auf Augenhöhe suchen, die einheimische Verwurzelung von Initiativen stärken, Selbsthilfekräfte und eigenverantwortliches Handeln vor Ort fördern, um Abhängigkeiten aller Art zu vermeiden. Und bei alledem Gottes Geist genügend Raum lassen, um das Unerwartete zu wirken.

„Gott umarmt uns durch die Wirklichkeit", lehren uns die Kirchenväter. Vielleicht ist es für den einen oder anderen von uns an der Zeit, Fernbedienung und Maus mal aus der Hand zu legen und, ermutigt durch dieses Buch, das eigene Herz zu prüfen. Auf Sendboten der Hoffnung kann man warten; man kann sich aber auch aufmachen, sie aufspüren – oder selbst einer werden. Es ist viel Raum in unserer Welt zwischen Himmel und Straßenstaub.

Dr. Dominik Klenk
Leiter und Prior der ökumenischen
Kommunität Offensive Junger Christen (OJC)

Die OJC fördert seit über drei Jahrzehnten Partnerprojekte in sich entwickelnden Ländern.
www.ojc.de/weihnachtsaktion

Fotonachweis

Fotos im Innenteil:
S. 231 Fotocopyright Friedel Ammann – Basel
alle übrigen: von den Autoren

Fotos auf den Farbbildseiten:
S. 6 unten (Kinder auf Gräbern) Benjamin Polidario
S. 12 (Foto vom Jungen mit Schiff) Natalie Fröhlich
S. 7 Fotocopyright Friedel Ammann – Basel
alle übrigen: von SERVANTS-Mitarbeitern

Gestaltung der Farbbildseiten:
David Meyle (www.wortbild.ch)

Dank

Unser Dank geht an Willi Näf (www.geistschreiber.ch), der uns beim Schreiben mit Begeisterung und scharfem Sachverstand begleitet hat. Wichtige Unterstützung für das Buch fanden wir auch bei den Familien Gerda und Lukas Ritz aus Bernex/Schweiz, bei Ursula und Silvio Albertini aus Bubendorf/Schweiz und bei Frau Busch, unserer Lektorin im Brunnen Verlag Gießen.

Außerdem möchten wir mit diesem Buch den vielen Menschen, Gemeinden und Institutionen danken, die uns die letzten Jahrzehnte in irgendeiner Form begleitet haben. Besonders auch den treuen Mitarbeitenden von SERVANTS Switzerland. Sie alle sind Teil dieser Geschichte, im Geben und im Beschenktwerden. Durch sie erlebten unzählige Menschen in Manila und wir selbst Gottes Nähe und Versorgung!

Dank gilt auch unseren Partnerorganisationen in Deutschland: OJC in Reichelsheim (www.ojc.de) und AFEK (www.afek-ev.de): Sie begleiten das ONESIMO-Projekt seit vielen Jahren.

Die Förderung der Infrastruktur- und Schulungsprojekte von ONESIMO verdanken wir auch dem CVJM/F – Domino Basel/Schweiz, dem Bundesministerium für wirtschaftliche Zusammenarbeit und Entwicklung (BMZ) in Deutschland, der Deutschen Botschaft in Manila, dem Regierungsrat des Kantons Basel-Stadt und dem Lotteriefonds des Kantons Basel-Land/Schweiz.

Christian und Christine Schneider

ONESIMO ist eine Partnerorganisation von SERVANTS to Asia's Urban Poor und SERVANTS Switzerland (www.onesimo.ch / www.servantsasia.org).

DVD Filme über die Arbeit von SERVANTS und ONESIMO:
1. „SERVANTS International, ein Überblick" (8 Minuten) &
„Armut Endstation?" (über ONESIMO, 15 Minuten)
2. „Wege aus dem Elend" (über ONESIMO, 37 Minuten,
2006)
3. „Von der Bank in den Slum" (über ONESIMO,
40 Minuten, 2009)
Zu bestellen bei: christian.schneider@onesimo.ch
(Kosten: Euro 7.-/Sfr. 10.- + Porto pro DVD)

Kontaktadresse:
SERVANTS SWITZERLAND
A. & N. Schmid, Rotbergerstr. 12
4054 Basel/Schweiz
Telefon: +41 61 382 80 30
E-Mail: switzerland@servantsasia.org

Spenden
Spenden mit dem Vermerk „ONESIMO" werden vollumfäng-
lich nach Manila überwiesen und lassen sich in Deutschland
und in der Schweiz von den Steuern abziehen.

Deutschland:
Sparda-Bank Hessen, BIC: GENODEF1S12
Zugunsten von AFEK e.V.
BLZ 50090500
oder IBAN: DE52 5009 0500 0000 2414 89
Verwendungszweck: ONESIMO

Schweiz:
Postfinance: 40-38079-9
IBAN: CH83 0900 0000 4003 8079 9
Zugunsten von: SERVANTS Switzerland, 4054 Basel
Verwendungszweck: ONESIMO

Shane Claiborne

Ich muss verrückt sein, so zu leben

Kompromisslose Experimente
in Sachen Nächstenliebe

368 Seiten, Taschenbuch
4. Auflage
ISBN 978-3-7655-3935-0

Shane Claiborne reist nach Kalkutta und begleitet Mutter Teresa zu den Ärmsten der Armen – und dort begegnet er Gott auf ganz neue Weise. Seine „Bekehrung zur radikalen Nachfolge" ruiniert seine beruflichen Pläne, führt ihn in die Innenstadtghettos an die Seite der Vergessenen der Wohlstandsgesellschaft und zu Beginn des Irakkriegs 2003 als Friedensaktivist nach Bagdad. Der „Extremist der Nächstenliebe" erzählt eine Geschichte voller Leidenschaft, Kreativität und eines Glaubens, der durch kleine Taten der Liebe die Welt verändert.

Claiborne schafft es, mit viel hintergründigem Humor und Leidenschaft die Leser für seine Vision zu begeistern. Dieses Buch hat mich fasziniert und sehr nachdenklich gemacht; es hat mich ermutigt und aufgefordert, etwas zu verändern.
Dies alles schafft der Autor ohne frommen Zeigefinger, sondern mit viel Herz und Verstand. „Ich muss verrückt sein, so zu leben" ist ein leidenschaftliches Buch, weit entfernt von grauer Theorie. Sehr, sehr empfehlenswert!
www.lehrerbibliothek.de

Klaus-Dieter John

„Ich habe Gott gesehen"

Diospi Suyana –
Hospital der Hoffnung

272 Seiten, gebunden
mit 16 Fotoseiten
3. Auflage
ISBN 978-3-7655-1757-0

„Seid ihr wahnsinnig geworden?" Das bekamen Martina und Klaus-Dieter John oft zu hören, als sie mit ihrer Idee in die Öffentlichkeit gingen. Ein modernes Krankenhaus für die Ärmsten der Armen im peruanischen Bergland? Wer soll das bezahlen?

Inzwischen hat das Ärztehepaar – zusammen mit unzähligen Unterstützern – seinen Lebenstraum verwirklicht. „Diospi Suyana" heißt die Klinik, „Wir vertrauen auf Gott". Der Name ist Programm, denn immer wieder erleben die beiden, dass mit Gott Unmögliches möglich werden kann. Für Klaus-Dieter John war die Bauzeit eine Zeit, in der ihm Gott auf besondere Weise begegnet ist. Anschaulich berichtet er, wie sich immer wieder Dinge zum Guten wendeten, auch wenn es zwischendurch Rückschläge gab. Nein, ohne Wunder hätte Diospi Suyana nicht das werden können, das es heute ist: eine hochmoderne Klinik – und ein Hospital der Hoffnung.

BRUNNEN VERLAG GIESSEN
www.brunnen-verlag.de